迁移如何影响生育？

基于乡城流动人口的分析

梁同贵　著

浙江大学出版社
ZHEJIANG UNIVERSITY PRESS

图书在版编目（CIP）数据

迁移如何影响生育？：基于乡城流动人口的分析 /
梁同贵著. —杭州：浙江大学出版社，2021.7(2022.5 重印)
ISBN 978-7-308-21527-5

Ⅰ.①迁… Ⅱ.①梁… Ⅲ.①流动人口—生育—社会
问题—研究—中国 Ⅳ.①C924.21

中国版本图书馆 CIP 数据核字(2021)第 121382 号

迁移如何影响生育？——基于乡城流动人口的分析

梁同贵 著

责任编辑	陈思佳(chensijia_ruc@163.com)
责任校对	许艺涛 沈巧华
封面设计	周 灵
出版发行	浙江大学出版社
	（杭州市天目山路 148 号 邮政编码 310007）
	（网址：http://www.zjupress.com）
排 版	杭州青翊图文设计有限公司
印 刷	广东虎彩云印刷有限公司绍兴分公司
开 本	710mm×1000mm 1/16
印 张	14.75
字 数	216 千
版 印 次	2021 年 7 月第 1 版 2022 年 5 月第 2 次印刷
书 号	ISBN 978-7-308-21527-5
定 价	58.00 元

序

迁移流动影响生育的人口学研究将迁移流动和生育联系起来,人们往往想到一个电视小品《超生游击队》,流动人口似乎被认为有较高的生育水平。但是 20 世纪 90 年代以来的较多研究发现,流动人口的生育水平可能并不是更高,而是更低的。流动人口的生育水平不仅低于流出地人口,甚至低于流入地城镇地区的生育水平。梁同贵博士的这本著作对流动人口生育的问题开展了细致的人口学分析。

梁同贵博士的这本著作是在其博士论文《人口的乡城流动与生育三维性:现状及影响》的基础上完成的。2015—2018 年,梁同贵在我指导下,在复旦大学攻读人口学专业博士学位。梁同贵的研究展现了其扎实的人口学基础和分析能力:他从生育水平、生育时间和性别偏好三个角度,对乡城流动人口的生育进行了分析,说明流动人口的生育率实际上低于流出地的农村人口,流动人口本身的生育间隔、不同孩次的生育间隔大于农村本地人口;通过对已经生育了女孩的流动人口继续生育概率的分析,说明流动人口本身的男孩偏好相对于农村人口是更弱的。研究在去除了影响流动人口和生育的相关选择性因素的基础上,说明人口流动过程中的生育率下降是非常显著的。

这些研究展现出梁同贵博士扎实的研究能力、严谨的科学态度。研究利用普查资料对进入 21 世纪以后的流动人口生育开展研究,给人口流动实际上会降低国家的人口生育水平这一观点提供了令人信服的分析结果。

梁同贵博士的研究表现出一些特点：

第一，本研究呈现出研究分析指标的综合性。我们一般只是简单使用时期总和生育率来描述生育水平，我们也意识到时期总和生育率受到生育年龄进度效应的影响，因此科学评估生育水平，应该利用递进生育率、更加细致的婚后年数别生育率、生育间隔年数别生育率等综合指标，以及对生育行为开展队列研究，分析其递进生育发生风险。本项研究对于人口生育的研究是细致和扎实的，其研究结论也比单纯利用总和生育率开展分析更加可靠。

第二，本研究呈现出研究手段的综合性。研究不仅利用了不同指标来分析流动人口的生育水平和生育模式，而且利用了对流动人口生育行为的回归分析，包括 Logit 回归的分析、Cox 风险回归的分析等。研究比较了不同群体的异质性，用多种手段来开展综合论证，这些综合论证也验证了研究结果的稳健性。

人口迁移流动对生育水平下降具有显著影响，因此人口迁移流动在一定程度上也是我国低生育水平的一个原因，或者说迁移流动进一步促进我国低生育率社会的形成。

分析迁移流动人口的生育水平和生育状况是有意义的工作。更为有趣的问题还不在于说明迁移流动是否降低了人口的生育水平，而是探索迁移流动是如何减少和削弱了人口的生育行为、生育意向，包括影响和改变人们的生育观念。探讨迁移流动如何对生育产生影响是富有挑战性的，迁移流动作为生命事件对生育产生影响，迁移流动对生育的影响通过家庭内部决策发生作用，同时，迁移过程中所带来的现代性的提高，也会影响迁移者的生育和他们后代的生育行为。

对于迁移流动如何影响生育，国际学术界也已经从中断机制、追赶机制、适应机制、融合机制，以及流动人口的社会化假设开展了不少研究。对于中国的社会发展而言，我国的制度安排使迁移流动具有一些具体特点。例如我国的迁移包括了户籍迁移和非户籍迁移，也就是人口流动,当前的人口迁移流动也存在家庭整体性迁移和家庭分离,包括我国的迁移和生育具有若干文化上的特点,通过研究这些具体的制度文化背景和迁移状态对于生育的影响,能更深层次地反映中国社会中的迁移和生育关系,也是更加富有挑战性的研究工作。

这些问题仍然是值得继续探索和富有挑战性的,这也揭示了这项研究工作具有继续深入的潜力和可能性。我也希望梁同贵博士和国内学界的同行,在这本著作的成功研究基础上能继续前进,更好地研究迁移过程对婚姻生育带来的影响,结合中国具体国情背景和制度约束,理解迁移流动人口的生育选择、生育意向和生育行为,从而在中国这个继续发展的高度流迁的社会中,为更好地提供人口的生育支持和服务提供知识建议。

博士研究对于一个学者而言是至关重要的,这是其学术道路的第一个台阶。从本书的出版,可以看到梁同贵在其学术生涯中迈出了完美和坚实的第一步,这是令人欣喜和值得祝贺的。我很高兴应邀为梁同贵博士的研究成果最后出版作序推荐,希望其一个台阶并一个台阶地不断进步,期望看到其未来取得更大的成绩。

任 远

2020 年 12 月 22 日

于复旦大学

前　言

　　改革开放以来,我国迁移流动人口大幅增加。流动人口的数量由1982年的657万增加到2015年的2.47亿,占全国总人口的比例也由0.66%升至17.97%。迁移流动人口的大幅增加与人口属性新特征的出现也引起了经济学、地理学与社会学等学科对其的关注,与此相关的热门话题的研究也得以大力开展。但在迁移流动人口生育问题上目前的研究成果相对比较少,而已有的研究成果仍存在着值得商榷及进一步完善的地方,如:人口的迁移流动究竟是提高了生育水平还是降低了生育水平？人口迁移流动究竟是弱化了男孩偏好还是保持了原来的男孩偏好？这些研究主题截至目前都仍存在着争论。而搞清楚这些问题,一方面可以帮助我们判断流动人口究竟是不是"超生游击队",从而具有实践与管理上的意义；另一方面还可以帮助我们认识我国总人口生育率下降过程中背后的机制与原理。

　　因此,本书将基于顾宝昌先生在1992年提出的生育三维性理论,选择在所有流动人口中占比最高的乡城流动人口作为研究对象,对流动妇女的生育做一个完整、系统的研究。本书将重点研究以下三个问题:一是乡城流动人口与农村本地人口生育水平差异现状,人口的乡城流动对生育水平的影响以及影响乡城流动人口生育水平的因素；二是乡城流动人口与农村本地人口生育时间差异,人口的乡城流动对生育时间的影响以及影响乡城流动人口生育时间的因素；三是乡城流动人口与农村本地人口生育男孩偏好差异，人口的乡城流动对生育男孩偏好的影响以及影响乡城流动人口生育男孩偏好的因素。

一、乡城流动人口的生育水平

通过对相关理论与实证研究进展的回顾，本书发现在我国迁移流动人口生育水平的研究上存在着生育水平的测量指标选取不能契合现有理论，截面数据制约着流动对生育影响的因果关系分析，对流动人口在流入地居住的时间长度研究不足，违法生育、计划外生育与多育在概念上混淆以及缺少一个严格意义上可以参照的非流动人口群体这样五个问题。本书基于 2000 年人口普查 0.95‰抽样调查数据，初步计算了乡城流动人口与农村本地人口的总和生育率、递进生育率、Logistic 回归、婚后年数别生育率，基于 2014 年全国流动人口动态监测数据与CFPS2010 年数据计算了两者的生育间隔年数别生育率，四个生育率指标与回归结果均显示乡城流动人口的生育水平低于农村本地人口，且已远低于更替水平。

为了深入考察人口的乡城流动对生育水平影响的因果关系，本书选择倾向值得分匹配方法来删除掉乡城流动的选择性。剔除掉乡城流动选择性后，本书基于 2000 年人口普查 0.95‰的抽样调查数据再次比较了乡城流动人口与农村本地人口在递进生育率上的差异。研究发现：农村本地人口的一孩递进生育率为 0.945，二孩递进生育率为 0.387，三孩递进生育率为 0.009；乡城流动人口分别为 0.916、0.227 与 0.004。乡城流动人口二孩、三孩递进生育率小于农村本地人口。人口的乡城流动与生育水平降低之间有着因果影响关系。

基于 2014 年全国流动人口动态监测数据中每个样本生育史的数据，本书将乡城流动人口按照各孩次的生育地结构进行细分，区分出各孩次生育均在流入地的乡城流动人口，一孩生育在流出地的乡城流动人口，一孩、二孩生育在流出地的乡城流动人口与一孩、二孩、三孩生育在流出地的乡城流动人口四类。

剔除掉乡城流动选择性后,本书采用 CFPS2010 年数据与 2014 年全国流动人口监测数据分析了乡城流动人口与农村本地人口在时期孩次递进比指标上的差异,并进一步计算了分孩次的生育率。研究发现:各孩次生育均在流入地的乡城流动人口与一孩生育在流出地的乡城流动人口的二孩、三孩生育水平均低于农村本地人口;一孩、二孩生育均在流出地的乡城流动人口的三孩生育水平低于农村本地人口。

剔除掉乡城流动选择性后,本书采用 CFPS2010 年数据与 2014 年全国流动人口监测数据计算了生育间隔年数别生育率。结果显示:各孩次生育均在流入地的乡城流动人口在各一孩生育年代上二孩生育率明显低于农村本地人口;各孩次生育均在流入地的乡城流动人口的三孩生育率高于农村本地人口——这很有可能是 2014 年流动监测样本搜集带来的问题。而在乡城流动人口二孩生育率明显偏低的情况下,三孩最终的生育率并不一定会高于农村本地人口;一孩生育在流出地的乡城流动人口,在各一孩生育年代上,二孩生育间隔年数别生育率均低于农村本地人口;二孩生育年代在 2000—2009 年的乡城流动人口三孩生育率略高于农村本地人口。原因解释同上。一孩、二孩生育在流出地的乡城流动人口,在各二孩生育年代上,三孩的生育率均低于农村本地人口。

随后,本书选取 CFPS2010 年数据与 2014 年全国流动人口监测数据,采用 Cox 回归模型分析了人口流动对各孩次递进生育的影响过程。研究结果显示,流入地居住时长越长则乡城流动人口二孩、三孩递进生育的概率越大,中断理论在我国这一问题的研究中适用。中断效应将会增大流动妇女生育孩子的年龄,人口流动对生育水平影响的进度效应存在。相比较于农村本地人口,人口流动确实减小了乡城流动人口在二孩及更高孩次递进生育的概率,人口流动对生育水平影响的数量效应存在。

最后,本书基于 2012 年上海市流动人口动态监测数据库,采用离散时间 Logit 模型分析了乡城流动人口的社会融合对二胎生育的影响,对于以往研究中对我国迁移流动人口生育水平下降原因的分析做进一步补充。研究发现在城市地区有稳定住房、有城镇职工养老保险、有读书看报学习活动、在老家不再有农村承包地、较长的流入地居住时间将会减小全部或者部分乡城流动人口二胎生育的概率。这一方面是因为乡城流动妇女在城镇地区的生活经验与经历改变了她们传统的生育观念，而城镇居民的社会范式也改变了乡城流动人口生育孩子的信念；另一方面，是因为乡城流动人口上向的社会流动将驱使他们投入更多的能量与资本到提高自身的社会阶层地位上，因而减少了孩子的生育。

二、乡城流动人口的生育时间

通过对相关理论与实证研究进展的回顾，本书发现目前专门针对全国迁移流动人口平均生育年龄的研究较少，关于生育时间的研究更是没有涉及生育间隔这一层面，从生育间隔的角度去研究流动人口的生育问题也是一个不可或缺的方面。对 2000 年第五次人口普查 0.95‰数据的分析发现，乡城流动人口一孩、二孩与三孩的生育年龄均增大；根据赖德（Ryder）方法计算的农村本地人口一孩生育间隔为 1.39 年，乡城流动人口为 2.22 年，高出农村本地人口 0.83 年。进一步，本书采用 2014 年全国流动监测数据与 CFPS2010 年数据，基于 Cutler 和 Ederer（1958）提出的生命表技术计算的乡城流动人口生育间隔显示，当以生育间隔的中位数为生育间隔集中趋势的指标时，乡城流动人口在各孩次上的生育间隔均大于农村本地人口。以生育间隔的平均数为生育间隔集中趋势测量指标时，乡城流动人口的一孩、二孩生育间隔均大于农村本地人口。二孩生育年代在 1970—1979 年与 1980—1989 年的三孩生育间隔小于农村本地人口，在 1990—1999 年与 2000—2009 年的三孩生育间隔均大于农村本地人口。总体来看，乡城流动人口的一孩、二孩与三孩的生育间隔大于农村本地人口。

剔除乡城流动的选择性后，本书发现人口的乡城流动对生育间隔有着重要的影响。人口的乡城流动将会扩大生育间隔，对于离流动最近的下一孩次的生育，这种影响最为显著。对 2012 年上海市流动人口动态监测数据的 Cox 回归实证结果显示，上一胎生育地为流出地的育龄妇女，其下一胎在流入地的生育间隔将会被扩大。这一方面是因为迁移流动带来了压力;另一方面,绝大部分迁移流动的育龄妇女迁入城镇地区是为了寻找工作机会,当她们变成养家糊口的人或者为后续家庭成员的到来做准备的时候,即便她们在迁入地工作生活几年后也仍然不会生育。

三、乡城流动人口的生育男孩偏好

通过对相关理论与实证研究进展的回顾,本书发现在我国迁移流动人口生育男孩偏好的研究上,有以下几点需要进一步改进的地方:一是以往研究过多倚重对生育男孩偏好意愿的分析,二是以往研究往往单就生育男孩偏好论男孩偏好,三是在研究方法上仍需进一步改进,四是迁移流动人口男孩偏好的影响因素需要进一步补充。

本书基于CFPS2010年与2014年全国流动人口以及2012年上海市流动人口动态监测数据,从与农村本地人口比较视角,采用Cox回归与Logistic回归模型从具体生育行为上实证分析乡城流动人口生育男孩偏好及其影响因素。结果表明:无论乡城流动人口还是农村本地人口仍具生育男孩偏好,但乡城流动人口偏好明显弱化;乡城流动人口无论各孩次生育均在流入地的,还是一孩或一孩二孩生育在流出地的,在没有男孩的情况下,二孩与三孩递进生育概率均小于农村本地人口。在社会融合五个维度中,经济融合维度尤其是社会养老保险制度将会明显弱化乡城流动人口生育男孩偏好。提高农民工参保率并积极开展社区文体活动对平衡出生婴儿性别结构很有帮助。

目 录

第一章 绪 论 / 1

一、研究背景与研究意义 / 1

二、迁移转变理论与"乡城流动"的选择 / 4

三、生育三维性简析及其内部逻辑辨析 / 5

四、研究思路与研究框架 / 7

五、本书创新点 / 10

第二章 国内外迁移流动与生育三维性的相关理论及实证研究 进展 / 12

一、迁移流动与生育水平 / 12

二、迁移流动与生育时间 / 35

三、迁移流动与生育男孩偏好 / 39

第三章 数据基础与研究方法 / 44

一、数据库介绍、评价与整理 / 44

二、主要研究方法介绍 / 59

第四章　人口的乡城流动与生育水平　/ 64

一、乡城流动人口生育水平现状　/ 64

二、人口的乡城流动对生育水平的影响　/ 80

三、影响乡城流动人口生育水平的因素分析　/ 126

四、本章小结　/ 135

第五章　人口的乡城流动与生育时间　/ 149

一、乡城流动人口生育时间现状　/ 149

二、人口的乡城流动对生育间隔的影响　/ 153

三、影响乡城流动人口生育间隔的因素分析　/ 157

四、本章小结　/ 166

第六章　人口的乡城流动与生育男孩偏好　/ 169

一、乡城流动人口生育男孩偏好现状　/ 169

二、人口的乡城流动对生育男孩偏好的影响　/ 171

三、影响乡城流动人口生育男孩偏好的因素分析　/ 180

四、本章小结　/ 186

第七章　结论、讨论与研究展望　/ 188

一、主要结论　/ 188

二、可能的贡献与不足　/ 191

三、研究展望　/ 192

参考文献　/ 195

后记一　/ 220

后记二　/ 222

第一章　绪　论

一、研究背景与研究意义

20 世纪 70 年代末,我国开始实施对内改革、对外开放的基本国策。与此同时,我国二元户籍制度对人身地域范围的限制开始放宽。在此背景下,我国开始出现了越来越多的迁移流动人口。段成荣等(2013)的研究显示:"1982 年我国第三次人口普查时流动人口数量 657 万,占全国人口总规模的 0.66%;1990 年我国第四次人口普查时 2135 万,占全国人口总规模的 1.89%,流动人口数量在这期间增加了 1400 多万;2000年第五次人口普查时增至 10229 万,占全国人口总规模的 7.90%,流动人口数量在 1990—2000 年增加了 8000 多万;2005 年全国 1% 人口抽样调查数据显示流动人口数量为 14735 万,占全国人口总规模的 11.27%;2010 年第六次人口普查时增至 22143 万,近三十年的时间里,流动人口占全国人口总规模的比重也由 1982 年第三次人口普查时的 0.66% 上升至 2010 年第六次人口普查时的 16.53%,流动人口数量在 2000—2010 年的十年间增加了将近 12000 万。"而从增长的规模上看,流动人口规模呈现出加速扩大的趋势。2015 年全国国民经济和社会发展统计公报显示,2015 年末全国流动人口达 2.47 亿,经计算占内地总人口 13.75 亿的 17.96%。

在流动人口总体规模不断扩大的同时,流动人口中的育龄妇女规模也在不断扩大。段成荣等(2013)的研究显示:1982年第三次人口普查的数据资料显示,流动人口中育龄妇女的规模为187万,流动育龄妇女占总流动人口28.47%;1990年第四次人口普查时,流动人口中育龄妇女的规模为693万,流动育龄妇女占总流动人口32.47%;2000年第五次人口普查时,流动人口中育龄妇女的规模为3784万,流动育龄妇女占总流动人口37.00%;2010年第六次人口普查时,流动人口中育龄妇女的规模为8213万,流动育龄妇女占总流动人口37.16%。2010年我国育龄妇女总人数为37978万,由此计算得出,2010年流动育龄妇女人数占总育龄妇女人数的21.63%,超过了五分之一。

在数量日益增多的同时,流动人口在经济社会等方面也表现出一些新的特征。"中国2010年人口普查资料"中全国按现住地、离开户口登记地时间分的户口登记地在外乡镇街道的人口的数据显示,流动人口离开户籍地时长在两年及以上的比例为58.2%,在三年及以上的比例为43.2%,这说明了很多流动人口已经在流入地定居下来,处于一种"流而不动"的状态。

流动人口呈现出整个家庭一起流动的趋势,段成荣等(2013)根据2010年六普数据进行分析,结果显示:"流动人口家庭中两代户及以上户数所占比例为43.63%,一代户中仅有一个人独自流动的占总户数的26.76%。"

"中国2010年人口普查资料"中全国分年龄、性别、迁移原因的户口登记地在外乡镇街道的人口的数据统计分析结果显示,在流动人口中,经济型的迁移流动仍然占据主要部分,所有的流动人口中,因为"务工经商"、"工作调动"、"学习培训"三项原因而流动的比例占60.4%。流动男性人口中,这一比例为66.1%;流动女性人口中,这一比例为54.1%。在流动育龄妇女中,经济型的迁移仍然占据大部分,流动育龄妇女因为"务工经商"、"工作调动"、"学习培训"而流动的比例占65.5%。这说明了流动女性不再是从属流动,其自由化流动的倾向在增强。

　　流动人口数量的大量增长与新特征的出现也引起了经济学、地理学与社会学等学科对其的关注,与此相关的热门话题的研究也开展得如火如荼,但在流动人口生育问题上目前的研究成果相对比较少。整体上,目前流动人口生育问题的研究内容集中在生育水平与生育男孩偏好的研究上,尚缺少对于生育时间的研究。而且在已有的研究成果中也存在着不一致的结论,如:人口流动究竟是提高了生育水平还是降低了生育水平? 人口流动究竟是弱化了男孩偏好还是保持了原来的男孩偏好? 这些研究主题截至目前都仍存在着争论。还有,以上研究在研究方法上还存在着不完善和尚需进一步改进的地方。外加流动人口出现的这些新特征,尤其是流动育龄妇女家庭化趋势与流动自主化倾向加强的新特征必将对她们在流入地的生育产生影响。对于人口规模如此庞大的一个育龄妇女群体,一个完整、系统的关于该类群体生育问题的研究尤为必要,也迫在眉睫。

　　2015 年,党的十八届五中全会决定从 2016 年起,全面实施一对夫妇可生育两个孩子的生育政策。我国总人口的总和生育率已经远降到更替水平以下,且大部分学者对流动人口总和生育率的测算结果均表明流动人口生育水平明显低于非流动人口的(陈卫等,2006;郭志刚,2010;李丁等,2014;周皓,2015),在这些背景下,生育政策的放开,使得对流动人口是否会违反计划生育政策而超生的研究在实践与管理上的意义变弱。但是从学术研究的意义上看:我们一方面需要弄清楚流动人口的真实生育水平,并且识别人口流动在我国总体生育率下降过程中是否起到作用;另一方面,我们也需要对流动人口的生育问题做一个完整的分析,按照顾宝昌(1992)提出的生育三维性理论,“生育的研究不能仅仅包括生育水平,还应该包括生育时间与生育性别偏好”,而生育时间的问题也是生育模式研究中最为重要的研究内容,生育模式与生育水平在生育研究中的对照分析,可以帮助我们认识迁移流动人口生育的过程,并依此来窥见人口的迁移流动在我们国家整个生育转变过程中所起的作用。本书的研究初衷正基于此。

二、迁移转变理论与"乡城流动"的选择

Zelinsky（1971）认为迁移转变理论（也称为 Zelinsky 模型）可以定义为，"在近代历史上，个人迁移在时空上的增长有着固定的、模式化的规则，这个规则是现代化过程的重要组成部分"。一个完整的迁移转变分为五个阶段：第一个阶段是在现代化前的传统型社会，这个阶段发生在城镇化前，这时几乎没有迁移，并且人口的自然增长率在 0 附近，这时有高水平的空间上的移动，主要指游牧。第二个阶段是早期转变的社会，这个阶段有大量的移民从乡村迁往城镇，人口的自然增长较快，国际移民的比例也较高。第三个阶段是后期转变的社会，这个阶段城城迁移的数量超过了乡城迁移，在城市间或者大城市群间的城市网络里出现了大量迁移或者循环迁移，乡城迁移还存在着，但比例非常小。第四个阶段是发达社会，这个阶段乡城移民还存在着，但移民数量绝对地或者相对地进一步减少，移民从城市到城市或在个别城市群内剧烈移动，特别是在一个高度发达的主要和次要大都市群内移动。从城市到郊区的迁移大量出现，人口的自然增长率接近 0 或等于 0。第五个阶段是未来超级发达社会，人口几乎不再迁移，有迁移的话，几乎所有的居民迁移都可能是城市间和城市间的变化，在人口转变上，稳定的死亡率略低于目前的水平。

据此理论，我们国家的人口迁移处于哪一个阶段上呢？王桂新（2004）根据抽样调查与人口普查的数据资料对改革开放以来中国人口迁移的发展特征做了分析，按照五年前常住地分的迁移人口数据的分析发现："1982—1987 年农村迁向市镇的人口为 1545.19 万人，占总迁移人口的 74.43％；1985—1990 年为 1671.82 万人，占 78.48％；1990—1995 年为 1194.71 万人，占 60.17％；1995—2000 年为 5065.50 万人，占 68.96％。"研究认为"农村人口的非户籍乡城迁移始终为迁移主流"。而马小红（2014）将全部流动人口分为乡城流动人口、城城流动人口、城乡流动人口与乡乡流动人口四类，基于 2010 年第六次人口普查 1‰的时点数据分析发现，乡城流动人口在所有流动人口中所占的比例最

高,为 63.30%,而第五次人口普查时,乡城流动人口占全部流动人口比例为 52.22%,十年来提高了 11 个百分点。所以,本书只在所有流动人口中选取乡城流动人口来进行研究,一方面是因为乡城流动人口在所有流动人口中所占比例最高,另一方面,从狭义的城镇化定义上看,城镇化就是人口由农村向城镇集聚的过程(王桂新,2013),所以人口的乡城流动也就是狭义的城镇化,从这个角度讲,本书也将研究城镇化过程对人口生育影响的机制与原理。

另外,我国在"迁移"与"流动"概念的界定上,主要以户籍是否随迁作为区分的依据(段成荣等,2006),户籍与人口一起转移的称为迁移,人口转移但户籍不动的称为流动。又因为下文的分析中,主要用到了2014 年全国流动人口动态监测与 2012 年上海市流动人口动态监测两个数据库,所以本书在概念上选择了"流动"。

三、生育三维性简析及其内部逻辑辨析

生育三维性理论最初由顾宝昌(1992)提出,后被学界广泛认可并写入了相关的教科书中(曾毅等,2011)。"生育作为一种社会现象,同时兼有三个特征:数量、时间和性别。"这就是生育的三维性。生育的三维性其实就是在讲一个妇女生几个,什么时间生以及生男生女的问题。

(一)生育水平与生育时间的关系

结婚、怀孕、生育这些事件已经被社会科学家拿来研究妇女的生育行为。生育史分析毋庸置疑地为人口再生产和家庭的形成提供了有用的信息。生育不仅仅是夫妇主观的决定,同时与社会经济、人口学与健康的因素相关,甚至与传统和情感因素都有关系。人口的因素中,妇女的初婚年龄与初育年龄对整个家庭规模有着重要影响(Bumpass,1969;Bumpass et al.,1977),初婚与初育年龄较大的妇女将比初婚与初育年龄较小的妇女更倾向于少生孩子。影响生育的因素对生育间隔也有着各样的影响。因此,育龄妇女生育间隔也将揭露她们人口再生产的模式。更为重要的是,妇女相继生育步伐的详细分析将提供一

个更为全面的生育转变的动态画面(Hirschman et al.,1980)。一个妇女的生育间隔不仅决定了她生育的步伐,而且反映了她在更高孩次递进生育上的愿望,而这也最终决定了家庭规模。这有助于我们全面揭示与分析生育水平的高低及其深层次原因。

Bongaart(1978)提出妇女的生育水平主要受到已婚比例、产后不孕、避孕与流产四个中介因素的影响。换句话说,怀孕概率的不同、孩次生育间隔的不同将会导致生育水平的不同(Trussell et al.,1985)。因此,我们又可以通过改变或者调整某一生育时间去实现某一生育水平,因为生育时间有影响生育水平的作用,所以当我们对某一生育时间加以调整,如变早育为晚育、变短生育间隔为长生育间隔等,都会使高生育水平向低生育水平转化。

(二)生育水平与男孩偏好的关系

理论上,强烈的男孩偏好是生育水平下降的重要障碍,当夫妇生育的孩子数达到他们的预期但孩子的性别结构并没有满足他们的愿望时,他们会选择继续生育。但现有的研究并没有证实男孩偏好对生育水平有着强烈影响作用(Arnold,1992;Bairagi et al.,1986;Das,1984;Das,1987,Parasuraman et al.,1994)。并且,生育水平在一些男孩偏好比较严重的国家(如中国与韩国)持续地保持下降。关于男孩偏好与生育水平关系的研究显示,在高生育率与低生育率的国家或地区两者基本上没有什么联系。在高生育率的社会中,大部分妇女将会继续生育,不管她们现在已经有了几个男孩几个女孩。在低生育率的社会,男孩偏好的影响也较弱,主要是因为几乎没有哪对夫妇想要两个或者两个以上的孩子,即便男孩与女孩的数量并没有达到他们的预期。因此,男孩偏好对生育率的影响仅仅会发生在印度这样的处于生育转变的中期阶段的国家(Mutharayappa et al.,1997)。Mutharayappa等(1997)的实证研究发现,印度的男孩偏好对生育水平的影响在不同的地区与州大体上都不一样。在生育率较高与较低的区域,生育率几乎不受到男孩偏好的影响。但在中等生育水平(2～3个孩子)的州区别也较大。男孩偏好在喜马偕尔邦、旁遮普邦、古吉拉特邦、马哈拉施特拉邦的影响最大,在西孟加拉邦和南部大部分州影响最小。如果男孩偏好在整个印度消除的话,印度的生育水平将会下降大约 8%。Zhang(2011)采用中国 CHNS 2006 年数据进行研究,发现男孩偏好对于二孩生育的影响较为强烈,一孩为女孩的妇女生育二孩的概率远远大于一孩生育男孩的妇女。

（三）生育时间与男孩偏好的关系

已有孩子的性别结构是影响生育间隔的重要因素。曼尼普尔邦的研究发现,前一孩是女孩的情况下平均生育间隔将会缩短(Sanajaoba et al.,2011)。沙特阿拉伯(Moataz et al.,2007)、伊朗的巴博勒(Hajian et al.,2009)、约旦(Youssef,2005)的研究也呈现了相似的结论。这主要是因为,男孩通常被认为是整个家庭未来的经济财富,因此,当一个家庭没有生育自己想要的足够多的男孩时,母亲往往不会长时间地哺育已经生育的孩子,往往也不会采取现代化的避孕技术。但来自 EDHS的研究发现前有孩子的性别并不对生育间隔有着显著性影响(Ethiopia Central Statistical Agency,2012)。

四、研究思路与研究框架

本书研究逻辑如下:

第一,对国外国内迁移流动和生育三维性的相关理论与实证研究进展进行回顾,以期发现现有研究中仍然存在的问题与不足。为下文进一步改进这项研究提供理论支撑与技术支持。

第二,按照从感性到理性认识事物的一般规律,在每一章的开始,从微观的数据角度对乡城流动人口生育三维性进行深刻的描述性分析,以初步发现乡城流动人口生育三维性特征以及与农村本地人口之间的区别。

第三,基于梳理出的新理论模型与研究方法,对于人口的乡城流动对生育三维性的影响进行详细的分析。本书这一部分将重点讨论以下这些问题。①关于人口的乡城流动对生育水平的影响,主要回答以下三个问题:乡城流动人口的生育水平是否低于农村本地人口? 人口的乡城流动对生育水平的影响是否存在着因果关系？影响乡城流动人口生育水平的因素是什么？②关于人口的乡城流动对生育时间的影响,主要回答以下四个问题:乡城流动人口与农村本地人口各胎次的生育间隔是否出现差异？存在着什么样的差异？影响乡城流动人口生育间隔的因素是什么？这些影响因素的背后又有着什么样的社会政策寓意？③关于人口的乡城流动对生育男孩偏好的影响,主要回答以下两个问题:乡城流动人口的生育男孩偏好是否弱化？影响乡城流动人口生育男孩偏好的因素是什么？

第四,对本书的研究内容进行回顾,对研究结论进行总结归纳,并结合现有的结论进行比较讨论,最后对未来的研究方向与研究内容进行展望。

本书数据基础、研究方法、研究内容与研究意义的具体逻辑分析框架见图 1-1。

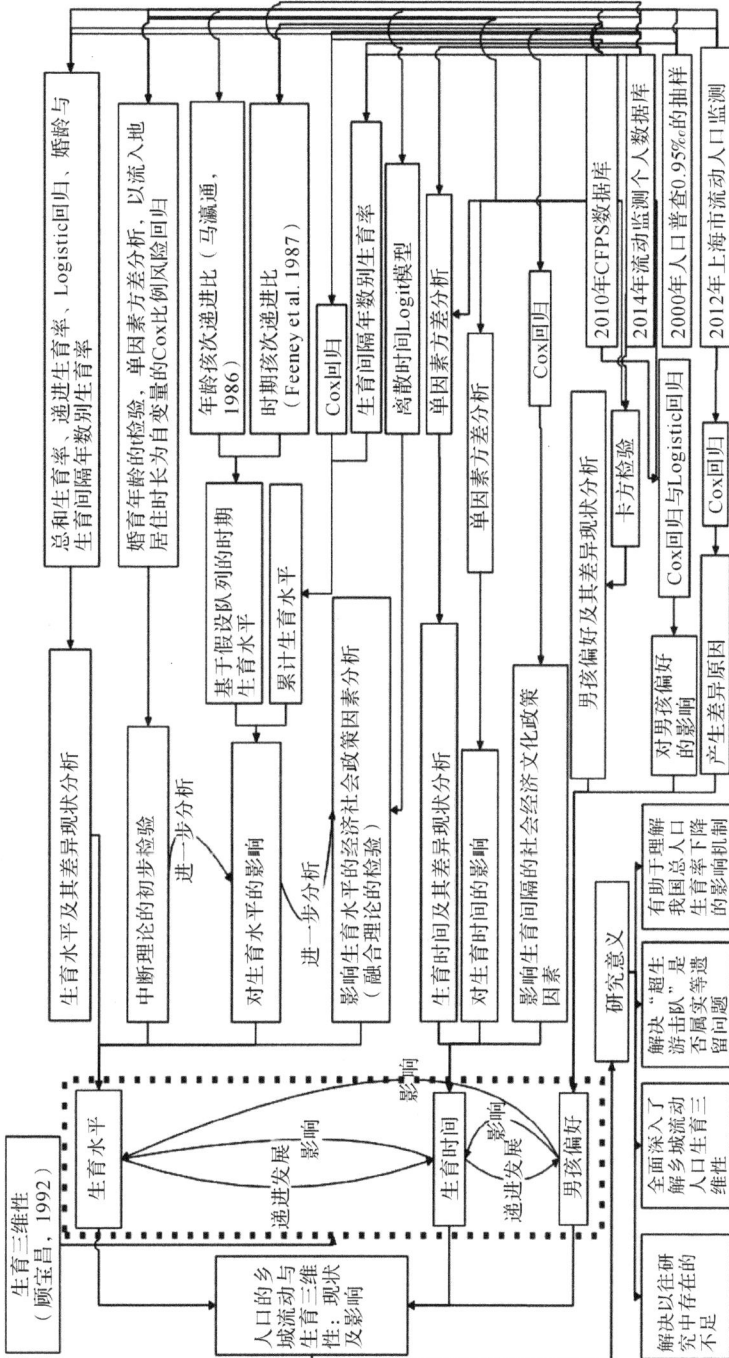

图1-1 本书的研究逻辑框架

五、本书创新点

本书的创新之处主要体现在研究视角、理论模型与实证方法三个方面。这些创新之处仅仅围绕本书研究的迁移流动与生育三维性之间的关系展开。

（一）研究视角

第一，本书系统地研究了人口的迁移流动与生育三维性之间的关系。目前国内关于迁移流动人口生育问题的研究主要集中在两个方面，即迁移流动人口的生育水平与生育男孩偏好。从生育时间看，减少生育和改善母亲及其子女健康状况的关键策略之一就是采取最佳生育间隔，但关于迁移流动妇女的生育时间及其决定因素的研究很少，本书将生育时间这一内容也加进来。从这个角度讲，本书对于迁移流动人口生育问题的研究更为全面。

第二，本书根据人口的乡城流动与各孩次生育时间的先后关系，将乡城流动人口按照孩次生育地进行了细分。具体分为各孩次生育均在流入地、一孩生育在流出地二孩及以上孩次生育均在流入地、一孩二孩生育在流出地三孩及以上孩次生育均在流入地、一孩二孩三孩生育在流出地四孩及以上孩次生育均在流入地等几种类型的乡城流动人口，并将依此分类的乡城流动人口各孩次的生育率分别与农村本地人口相应孩次进行比较，以期发现两者的差异，而这样的区分可以帮助发现乡城流动对生育水平的影响是否具有因果关系。这种分类的模式在国内以往的研究中尚不多见。

（二）理论模型

在影响乡城流动人口生育水平因素的解释上，本书详细地梳理了由经典的人口转变理论向社会互动理论的发展过程，并采用周皓（2012）归纳的国内外社会融合理论详细地探讨了社会融合理论、社会互动理论与融合理论之间的关系。进一步，使用社会融合理论检验了人口的乡城流动影响生育水平的机制。

（三）实证方法

本书根据乡城流动人口与农村本地人口各自的生育史记录，采用事件史分析方法中的 Cox 比例风险回归与离散时间 Logit 模型对乡城流动人口的生育水平及其影响因素、乡城流动人口生育间隔的影响因素、乡城流动人口生育男孩偏好及其影响因素进行了分析。因为有一部分乡城流动妇女与农村本地妇女在调查时点上尚未度过育龄期，而事件史分析方法可以有效处理这些截尾数据。

第二章 国内外迁移流动与生育三维性的相关理论及实证研究进展

本章将对国内外迁移流动与生育三维性相关理论和实证研究进展进行回顾,根据相关内容来充实理论,完善或者改进实证研究方法,以便后文在研究上做进一步推进。

一、迁移流动与生育水平

(一)迁移流动对生育水平影响的理论与实证研究进展

1.相关理论

第一,中断理论(disruption theory)。中断理论起源于 Goldstein (1973),其研究发现来自泰国的移民的生育水平比那些没有迁移的人口要低。中断理论认为迁移过程带来的变化将会干扰移民的生育,也包括迁移前与迁移后这两段时间(Ford,1990;Stephen at al.,1992;Hill et al.,2004;Kulu,2005;Vila et al.,2007)。最常见的中断包括择偶的中断(Hendershot,1976)与夫妻分离的中断(Millman et al.,1984;Carter et al.,2000),夫妻之间的分离造成婚内生育的中断主要受到分离、产后闭经与受孕的时间长度的影响(Millman et al.,1984),或者流迁过程中遇到的困难将会导致生育孩子的中断(Carter et al.,2000),流动迁移人口迫于迁移后的压力而延缓生育孩子(Milewski,

2010)，如在城市里定居的压力、寻找住所与工作的压力等。另外，当迁移流动育龄妇女迁入城镇地区是为了跟自己的丈夫汇合时，并且他们以前也没有孩子，那么迁移之后她们会在短时间内生育。但当绝大部分迁移流动的育龄妇女迁入城镇地区是为了寻找工作机会时，当她们变成养家糊口的人或者为后续家庭成员的到来做准备的时候，即便她们在迁入地工作生活几年后也仍然不会生育。中断理论并不考察移民在长时间内的生育率。所以，从这种角度理解，石人炳、熊波(2011)认为即便夫妻在一个地方生活工作，他们生育孩子数同样会减少。这个理论背后的思想是说当育龄妇女在经历迁移过程中的困难时，她们生育的年龄将会增大。这种中断所带来的降低生育率的效应在高生育率群体中表现得尤为突出(Stephen et al.，1992)，并且随夫妇的社会经济特征而变化(Yadava et al.，1990)。

第二，追赶理论(catching-up theory)。追赶理论认为迁移流动人口原迁出地的生育率较高，他们的生育意愿同样保持在较高的水平，经过一段时间的调整后他们适应了迁入地的生活，生育孩子变得容易，可能会对中断引起的生育率下降有一个补偿的行为，或者"追赶行为"(catching up behavior)，生育率相应地也会提高。

第三，选择理论(selection theory)。选择理论认为迁移者并不是从迁出地中随机选出的那一部分群体，生育本身就是他们的一个特殊影响因素，或者是一些社会人口特征，如年龄、婚姻与教育，这些特征在影响着生育，而不是迁移的过程或者迁入地的环境解释了迁移者与非迁移者之间生育水平上的差异(Bacal,1988)。从农村向城镇流动迁移的人口都是那些有着向上流动的欲望与动力的人口，这部分人口在开始长时间的迁移之前，就模拟着迁入地育龄妇女的生育行为进行生育(White et al.，1995;Chattopadhyay et al.，2006)。这种选择可能会被一些看得到的特征所影响，如受教育程度(Blau,1992)，也可能是一些看不到的特征(Ribe et al.，1980)，如社会迁移的欲望。

第四，融合理论(assimilation theory)。移民研究往往假设在迁入地的居住时间越长则越会趋同于迁入地的行为规范与价值观念(Gordon，

1964）。融合就是相互渗透与同化，个人或群族通过分享经验与历史去接受其他个人或群族的记忆、情绪和态度，并在同一个文化价值体系下合作。经过一段时间的与当地人群的交流接触后，移民人口的特征将会接近当地人口。在迁入地居住，移民将会经历劳动力市场的同化（Chiswick，1978），居住地的碎片化倾向也将会减弱，生育水平也将接近当地人口（Rindfuss，1976）。因此乡城间的移民比起农村原著居民将会降低生育水平，并在现代化媒介的作用下适应城镇较低的生育水平（Goldstein，1978；Lee et al.，1984），仅具有基本的社会经济基础的城镇移民需要通过获取城镇居住者的角色特征来适应城镇的生活，角色的转变增加了他们生育孩子的机会成本，他们逐渐开始变得像迁入地的居民那样少生育（Alba et al.，1997；Ford，1990；Carter，2000）。在美国，人们使用融合理论去研究美国移民的生育经历，但 Lyman（1968）曾指出融合理论在实证研究上是比较困难的，因为它并没有明确指定融合开始的具体时间。之后，融合理论通常被用来研究移民代际生育变化（Bean et al.，1984；Rosenwaike，1973；Goldsheider，1965），以及第一代移民是如何适应美国的（Chiswick，1979）。这些研究通常假设在美国的居住时间越长，各类移民群体之间的生育越相似。这些结果通常用融合理论来解释，当他（她）们在与美国当地居民交往时，移民的生育率将会越来越接近美国当地居民。融合理论、中断理论与追赶理论分别对应迁入后的不同时间点，融合理论用来分析在迁入地居住过的一段时间，中断理论与追赶理论用来分析围绕着迁移的那段相对短暂的时间。

第五，社会化理论（socialization theory）。社会化理论可以追溯到Goldberg（1959，1960）研究国内移民的两篇论文，Goldberg 最主要目的是研究城镇地区生育的社会经济差异。当时已有的研究结果显示白领工人家庭规模比蓝领工人小，Goldberg 认为职业与生育之间的关系远非那么简单，蓝领工人较高的生育率可能来自乡村-城镇移民的职业选择，这主要是由孩童时代的社会化差异所导致的。为了验证这一假设，Goldberg 分析了底特律与印第安纳波利斯人口的生育水平。这两个研究结果均显示出来自农村地区移民的生育水平显著高于城镇本地人口，生育水平的社会经济差异可以主要地归咎于乡村-城镇移民的生育行为与较低的社会经济地位。这个理论强调迁移者的社会化角色扮演,强调的是个人在孩提时代形成的价值观、行为规范将会在整个人生中起到支配作用,迁入者在迁入地也将保持着他们原住地的生育水平,即便这一水平与迁入地有着很大的差异。因此来自不同国家的迁入者在迁入地也将保持着不同的生育水平(Schoorl,1990;Alders,2000)。

2.国外人口迁移对生育水平影响的实证研究

第一,中断理论与追赶理论。中断理论已经在迁往澳大利亚的移民(Carlson,1985)、巴西移民(Hervitz,1985)、墨西哥迁往美国的移民中(Stephen,1992)得以证实。Goldstein 和 Goldstein(1984)研究了马来半岛内的移民的生育状况,发现在生育上出现了中断的行为,迁移的妇女初婚到一孩、一孩到二孩、二孩到三孩等的间隔时间都要长于非迁移妇女。Bach(1981)针对马来半岛的研究显示出了同样的结果。Carlson(1985)针对澳大利亚的来自国外的移民的研究同样呈现了这样的结果,但澳大利亚的研究结果另外显示了移民的终身生育水平基本不变,追赶理论所描述的效应同时存在。Bean 等(1984)对美国国内来自墨西哥的移民的生育率进行了分析,发现来自墨西哥的第一代移民比起他们的后代生育年龄较大。但他们的研究同样发现来自墨西哥的移民在早期生育年份曾生子女少于美国本地白种居民,但是在后期生育年份的曾生子女多于美国本地白种居民。Brockerhoff(1995)的研究结果发现非洲几个国家的乡村-城镇移民在刚迁入城镇几年内的生育率明显降低,他认为这是移民未婚比例较高且夫妻分离所致。White 等(1995)对秘鲁的移民的生育率的研究结果显示,在迁入地重新定居扩大了孩子的生育间隔。

但有些研究发现中断理论有时不一定适用。Singley 和 Landale(1998)采用纵向数据比较分析了几类波多黎各妇女的一孩生育,发现迁入美国的单身女性比起那些没有迁移的留在波多黎各的单身女性更容易尽快地构建家庭并且怀孕,他们认为迁往美国的过程就是一个构建家庭的过程。Andersson (2004)对迁往瑞典的来自各个国家的育龄妇女

的研究结果发现,大部分迁入群体在迁入后的短暂时间内呈现出了一个
较高的生育水平,这一结果并不支持在国际迁移或者长距离迁移所普遍
适用的中断理论。他认为如果中断理论真的很重要,它应该在迁移之前
就开始起作用,由于迁移恰恰增大了生育年龄而使得在迁入地的生育变
得更加集中。他进一步指出迁移与家庭的组建是一个相互影响的过程,
如在因婚姻而选择迁移的情况下,一孩的生育率在迁入后的短时间内就
会提高。Mulder 和 Wagner(2001)对西德与荷兰两个国家家庭构建和
家庭所属的研究发现,夫妇迁往自己的房子后短时间内生育一孩的概率
会增大。同样,Milewski(2007)的研究发现中断理论并不适用。Carter
(2000)的研究同样显示当在美国定居时,这些墨西哥裔美国人又开始了
他们在迁移之前的生育行为,并对他们在中断期间减少生育的孩子进行
补偿。

第二,选择理论(selection theory)。Macisco 等(1970)比较了波多
黎各圣胡安移民与非移民之间的生育率,发现两者的生育水平均比乡村
本地人口低,移民的生育水平甚至比城镇本地还低。研究结果显示移民
较高的社会活动率与较高的受教育程度可以解释这一差异的部分,但不
是全部。作者进一步做出论断,认为波多黎各圣胡安乡村-城镇移民更
倾向于获取成就与创造的人口。农村地区的早婚与生育经常被视作是
向上流动的障碍,往往以延迟结婚与生育、获取高学历和迁入城镇作为
回应(Zarate et al.,1975)。之后也有些论文讨论了移民的选择性问题
(Goldstein et al.,1981;Murphy et al.,1985)。Courgeau(1989)采用纵
向数据与多元分析方法研究了法国的乡村-城镇与乡村-乡村移民生育
率,其结果也支持了选择理论。迁往城镇的移民降低了生育水平,而迁
往农村的移民提高了生育水平。White 等(1995)对秘鲁国内移民生育
率的研究也支持了选择理论。

第三,融合理论(assimilation theory)。Myers 和 Morris(1966)使
用普查数据研究了波多黎各国内移民的生育水平,发现乡村-城镇的
移民的生育水平与城镇本地居民接近;Goldstein(1973)研究泰国乡村
-城镇移民的生育率时发现了同样的现象,乡村-城镇移民的生育水平

显著低于农村地区的非移民,这一点在首都曼谷的表现尤为突出。同样的情况也出现在泰国(Goldstein,1973)、菲律宾 (Hiday,1978)、韩国 (Farber et al.,1984)与巴西(Lee et al.,1993)的乡村-城镇移民身上。Brockeroff 和 Yang (1994)的研究发现融合理论在非洲国家同样适用,他们对六个国家乡村-城镇移民的生育水平进行了比较分析,发现迁移前后移民的生育水平大幅下降,大部分移民在较长时间内都保持了一个较低的生育水平。早期移民生育水平下降的原因主要在于迁移后生活水准的大幅提高与现代避孕措施的使用。

Andersson(2004)使用瑞典人口登记系统中的纵向数据分析了国外出生的妇女的生育动力,也就是瑞典第一代移民在 20 世纪最后四十年的生育过程。研究结果发现国外迁入的育龄妇女孩次别生育率的时期趋势总体上与瑞典本地人是近似的,在瑞典这样一个全员覆盖福利的国家,来自各个国家的妇女的生育行为相比较于其余任何国家都更加相似,移民在瑞典注册以后就有了同瑞典本土人同样的权利(Andersen,1990)。但来自不同国家的育龄妇女之间的生育率存在着明显的差异。她的研究进一步指出那些在瑞典生活五年及以上的来自其他国家的妇女的生育率与瑞典人基本一致,证明了融合理论的存在。因此在研究迁入者生育率时,对迁入后时间的计量尤为重要。

Ford (1990)使用美国迁入者生育率普查数据研究了移民迁入后生育率的变化趋势,研究结果同时支持了中断理论与融合理论。分析结果显示迁入者迁入新的国家后生育率将会提高,因为迁入者迁入后在短时间内弥补了由于迁移而导致的婚姻与生育的推迟。一段时期后,这些迁入者的生育率将会降低。随着这些迁入者在迁入地的进一步融合,他们的生育率将会与长期居住的本地人相似。但这两种模型是相对总体移民与来自欧洲的移民而言的,对于来自中南美洲、加勒比海与亚洲区域的移民而言这两种模型的影响作用并不是那么明显。对于来自中南美洲与加勒比海地区的国家的移民而言,因为他们的迁移是迁入迁出再迁入再迁出这样一个循环的过程,在最终定居下来前他们将迁移数次,他们将会经历一个长时间的低生育率,这主要是由大量的暂时性中断造成的，在研究美国与墨西哥之间的移民的生育率时也得出了这样的结论（Massey et al.，1984）；而对于来自亚洲的移民来说，这主要是因为他们生育孩子的时间相对较晚，生育时间发生了改变。Ford（1990）的研究结果暗示我们，当研究移民生育率时，如果不考虑移民在迁入地居住时间的长短，那么研究迁移流动对生育的影响作用就很容易得出一个错误的结论。

第四，社会化理论（socialization theory）。一些美国生育的社会经济差异研究得出的结论也支持了社会化理论，Freedman 和 Slesinger（1961）分析了美国全部人口数据，但是当只拿出城镇本地人口进行分析时，传统意义上发现的收入与生育、教育与生育之间的负相关关系消失了。因此整个城镇人口生育的社会经济差异的确来自乡村-城镇移民之间的差异，这些人往往是有着较低收入与较低的受教育水平的那一部分人口。McGirr 和 Hirschman（1979）在研究中发现乡村-城镇移民之间的社会经济差异显著，但最近的一代移民中这种差异并不显著。他们的研究结果也显示，无论受教育程度如何，乡村-城镇移民均有着一个较高的生育水平。Billari（2008）认为意大利时期总和生育率上升的主要原因是国外人口的流入，即便国外的迁入者只是部分地提升了意大利的总和生育率，相比较于其他欧洲国家，这种提升作用也已经非常明显（Goldstein et al.，2009）。Eleonora 和 Salvatore（2012）研究证实了来自国外的育龄妇女生育的异质性原因主要是来源国的背景。

也有一些研究得出了不一致的结论，如：Hervitz（1985）在研究巴西国内跨区域移民的生育水平时仅有限地支持了这个理论；Rosenwaite（1973）发现第一代意大利裔的美国人仍保持了他们自己的生育行为，但是第二代移民的生育行为与美国当地人相似；Stephen 和 Bean（1992）对于墨西哥裔美国人的研究得出了同样的结论；Kahn（1994）的研究显示美国的大部分移民群体之间的生育行为并没有明显差异。

3. 国内人口迁移流动对生育水平影响的实证研究

在我国，学者们是想判断"超生游击队"一说是否属实而对流动人口的生育水平展开研究的。一部分学者认为人口流迁将会提高生育水平，这些研究主要集中在违背计划生育政策相关规章制度的生育。如廖学斌(1988)的研究指出,"湖南常德地区流动人口计划外超生与计划外生育的情况就非常明显"。武俊青等(2008)的研究指出,"我国违背计划生育政策出生的人口中,流动人口的违法占大部分,约占75％"。他们以湖南省的调查数据为例做了进一步分析:"湖南省2002年的违背计划生育政策的出生人口中,省内流动人口的比例为82.38％,省外流动人口的比例为64.17％;在2007年时,这一比例分别为83.82％与66.68％。"叶菊英(2010)的研究也指出,"流动人口在计划生育政策外生育的案例非常多"。陈颐(2008)认为流动人口的不同特征将导致不同的生育水平,"与配偶一同居住的迁移流动人口倾向于生育更多的孩子"。

　　另一部分学者认为人口流迁有利于生育水平的降低。杨子慧(1991)认为人口的迁移流动对生育行为与生育率"'影响'的主基调有利于生育观念的转变和生育率的降低"。近期,随着人口普查与小普查数据库的开发与使用,以及从2009年开始的全国流动人口动态监测调查项目的实施,越来越多的关于流动人口生育水平的研究开始采用全国范围内大样本数据,并且也逐渐脱离了是否是"超生游击队"这样的服务于计划生育管理政策的争论,开始变得更具学术上的理论意义,在研究方法上也越来越保持了统计上的严谨性。这些研究主要以曾生子女数和调查前一年的生育为生育指标,而且均显示了迁移流动对生育水平降低有着显著性影响作用。慈勤英、杨慧(2002)利用第五次人口普查中武汉市七城区的长表机样数据进行分析,认为"流动人口育龄妇女的生育率较之以前明显降低,一孩率升高,二孩率与多孩率则大幅降低"。陈卫、吴丽丽(2006)的研究结果显示,"城市外来人口的生育率介于较高的农村本地人口生育率与较低的城市本地人口生育率之间"。郭志刚(2010)的研究也得出了农业户口流动妇女生育率低于农业户口非流动妇女生育率的结论,两者之间的差距高达0.45。最近的研究中,周皓(2015)主要从人口流动选择性的角度分析了以往研究中的不足,通过删除选择性,"传统人口学方法无法解决人口流动选择性的多维度特征导致的结构偏差"这一问题得以解决,这样流动人口与非流动人口生育水平上的差异就不再包含所有由结构性偏差带来的那部分，仅剩下一个真实的生育水平差异，研究结果同样显示流动人口的生育水平低于非流动人口，从而将我国这一问题的研究着实向前推进了一步。

（二）生育率下降相关理论与实证研究进展

1.相关理论

（1）人口转变理论

人口转变理论是在 19 世纪末 20 世纪初人口经济发展状况的背景下形成的，这个时期最明显的时代特征就是第二次工业革命的发展已经接近尾声。人口转变理论为人口学者提供了一个可以将他们观察到的很多事件和趋势都囊括进来分析的框架，以至于成了现代人口学最为关注的聚焦点。

人口转变理论是关于人口再生产行为中一系列的变化，这些变化经历了传统的前工业社会到高度发达的现代化社会的过程。人口转变的过程本质上是由高生育率、高死亡率到低生育率、低死亡率的代换。人口转变的过程中，通过采用避孕这一避免较多的生育的手段，来实现过渡期间的生育数量的减少。后来欧洲的对于人口转变理论拓展性的研究认为，教育、城镇化率、婴儿死亡率等其他的与生育相关的发展因素都应该考虑进来，还表明了诸如与共同语言相关的共同习俗以及宗教传统的力量等文化因素的重要性。然而，过度的现代化并不总是带来低生育率低死亡率的转变。

人口转变理论下最普遍的解释是社会的现代化通过改变孩子的经济价值使得生育较多的孩子已经成了父母的一种劣势，生育率下降是与客观经济环境的发展相伴而来的。在传统型社会中，孩子从很小的时候就开始作为一种劳动力给整个家庭做贡献，同时也是满足父母老年保障需求的一种投资。但随着经济发展，社会保障制度的完善使得人们减少了生育。经济的货币化强化了养育孩子成本的意识，如食物和衣服。这些费用直接由教育费用增加，间接地由母亲失去了就业前景导致。以上观点就是早期转变理论的核心思想。Thompson（1929）、Davis（1945）与 Notestein（1945）非常清晰地提出了工业化与城镇化的发展破坏了原来支撑高生育率的传统观念。Notestein 等古典人口转变理论的倡导者主要是从宏观角度来论证的。之后，Notestein(1953)继续发表论文"Economic Problems of Population Change"，论文中提出的理论标志着整个人口转变理论进入成熟完整的阶段，论文中提出的观点也成了后来对生育率下降最具有影响力的解释。传统的农业社会中，一个高生育率用于抵消高死亡率来维持人类存在。随着社会的发展，工业化、城镇化水平与受教育程度提高等经济社会各方面出现的变化导致死亡率降低，生育率也一起降低。Notestein 认为生养孩子成本的上升与孩子经济价值的下降是生育率下降的核心作用力。生育孩子动力的减弱与孩子存活率的提高导致了生育控制。

后来，Becker(1960)在其论文《生育率的经济分析》中，首次将西方经济学的消费者行为理论和消费需求理论引入生育率的分析，据此分析了家庭的生育决策。在后续一系列研究中，逐步形成了孩子数量质量替代理论。Becker 和 Barro (1988)的微观经济论文，与各种各样的"需求理论"、"芝加哥学派"、"新家庭经济学"等更多严谨的理论对人口转变的原因做了进一步分析和拓展，但始终没有突破这个中心论点：生育孩子数量的减少是背后动力的转变导致的。生育率的需求理论学派作为消费选择的一个分支得以发展，它的核心思想是理性人消费总是以获得最大满足为标准，人们开始大量消费汽车等其他物品，而不是选择大量生育孩子。

在 20 世纪 80 年代后期，Van de Kaa(1987)又提出第二次人口转变理论，该理论认为西欧国家的人口制度正在发生变化，并且这些变化与家庭生活和孩子价值的转变有关。其认为欧洲国家第一次人口转变主要是由人们对家庭与后代的关注所推动的，第二次人口转变主要是人们所要求的自我进步与个人主义所推动的，这些使婚姻与父母身份离这些欧洲人越来越远。同居与非婚生育越来越被接受，人们为了实现更多的自我满足而放弃生养孩子，家庭模式更加多元化。

（2）边际孩子合理选择理论

Leibenstein(1975)认为，在家庭收入与社会地位给定的情况下，生育孩子的边际效用随着孩子数量的增长而下降。而在其他条件不变的情况下，效用成本将会上升，如养育孩子费用的支出。如果养育第四个孩子的成本与第五个孩子的成本一样，但第五个孩子的效用成本将会上升。间接的边际机会成本(如母亲放弃的间接收入)一般是一样的，但生育孩子的数量较多且生育间隔较小则机会成本上升。通常生育孩子越多时年龄越大，此时收入越高，机会成本越大。换句话说，较高的孩次需要整个家庭放弃现有的社会经济地位，这种可能性在越高收入的家庭越容易实现。这样，人们往往不愿再多生育。

(3)代际财富流理论

Caldwell(1982)在其出版的《生育率下降理论》中，系统地论述了自己的代际财富流理论。代际财富流理论以人们的理性行为为前提，认为人们的生育行为尤其在经济上是理性的，这种理性控制在人们的生理与心理可接受的特定范围内。在 Caldwell 看来，世界上存在着两种社会：一种是稳定的高生育率社会，这个社会中减少孩子的生育并不会给整个家庭或者家庭决策者带来净经济收益；另一个社会中，经济因素往往隐含了较低的生育意愿。在前一个社会中，终身来看，子女反哺父母的经济资源远多于父母给予子女的；在后一个社会中，子女反哺父母的与父母给予子女的经济资源基本平衡。代际累积的财富转移从有利于父母转向了有利于子女，父母将会减少生育。Caldwell 认为家庭内部代际财富的这种逆转与受教育水平的提高、劳动力市场带来的就业机会以及西方社会带来的家庭观念有关。所有这些因素起到了均衡家庭成员消费，弱化个人对于传统的扩大型家庭、更广泛的亲属关系以及当地社区或者部落联盟的义务的作用。

2.实证研究进展

Notestein 的理论与其他的现代化对生育行为影响作用的提法逐渐形成古典人口转变理论，这一理论也激发了很多的实证研究，但结果往往并不显著。Coale 和 Watkins (1986)使用欧洲国家 1870—1960 年省级层面的数据全面地尝试着检验了该理论，得出来两个显著结论：社会经济条件与生育率下降关系甚微，生育率降低在不同的发展水平下都会开始；一旦一个国家的生育率开始下降，周边语言与文化相同的国家在经历一个短暂的延迟后也会出现下降，即便这些国家的发展水平相对落后。Cleland 和 Wilson(1987)对 42 个发展中国家个人数据的实证结果也没有发现社会经济特征对生育率下降的重要影响作用。Bongaarts 和 Watkins(1996)考察了亚洲、拉丁美洲、中东北非、撒哈拉以南非洲四个区域 69 个发展中国家的 HDI 指数与总和生育率之间的关系，发现经济社会的发展与生育转变前的生育率、生育转变开始的时间与生育转变步伐的快慢之间的关系严重偏离了古典人口转变理论。

与现代工业社会相比，大部分传统社会有着较高的生育率，但生育率转变基本上没有被常用的实证研究方法所证实。尽管这样，社会经济发展对生育率降低的影响作用在本质上是合理的，成本收益模型在个人生育决策中仍然占据统治性的影响作用。大部分当代的研究承认社会经济发展在生育转变中的重要作用，但是对影响生育的具体社会经济变量与过程存在着争论。尽管这些研究已经取得了丰硕的成果，但始终没有弄明白两个问题：为什么有的国家生育转变开始得早，有的开始得晚？为什么有的国家生育率转变是直线下降，有的国家转变得比较缓慢？Charles Hirschma(1994)就这一现象总结道："这种困境在于在人口转变理论之外还没有其余的可以达成共识的理论供选择，人们围绕着这个理论继续拓展了大量的理论框架，但没有一个得到了广泛的遵守，所以争论仍然在继续着。"

欧洲的一些研究证明了具有共同语言与共同文化的地理位置邻近的省份几乎在同一时间开始生育率下降，而这与发展水平几乎没有关系(Anderson，1986；Coale et al.，1993)，生育转变往往最先发生在工业化发达的、识字率较高的省份，稍作推迟后发生在同一区域的其他省份，即便这些省份发展水平较低。Bongaarts 和 Watkins(1996)研究发现生育转变最先发生在亚洲、拉丁美洲、中东北非、撒哈拉以南非洲四个区域内最发达的国家，之后在次发达的国家逐步蔓延开来。生育转变开始的这种形式像移动阀门模式(moving threshold mode)，也就是说，当第一批国家在获得较高发展水平的不久后，生育转变开始，生育率不断下降，这时候阀门被打开，其余国家的生育率随后也跟着下降，最后一批进入生育转变的国家发展水平要远远低于第一批国家。移动阀门带来的最重要的影响就是大大缩短了第一批国家与最后一批国家生育转变开始的时间间隔，由原来的数十年甚至缩减为两三年。如果孟加拉国的发展水平达到中国香港或者新加坡1960年那样的水平时才能开始生育转变，估计要拖到21世纪。由于移动阀门的作用，整个亚洲和拉丁美洲生育转变仅仅集中在20世纪60年代与70年代就都开始了。

Bongaarts和Watkins（1996）的研究发现，有些国家（如玻利维亚、海地、洪都拉斯、印度、尼加拉瓜和津巴布韦）生育转变开始后十年内生育率下降了10%～15%，但有些国家或地区（如智利、哥伦比亚、哥斯达黎加、毛里求斯、墨西哥、新加坡和泰国）每十年下降30%甚至更多。整体上，发展中国家生育率下降的步伐比欧洲显著要快（Kirk，1971）。之前的研究中往往从两个假设来解释这种现象：一是发展中国家生育转变时的社会经济发展水平高于之前的欧洲国家；二是生育率下降越快的国家经济社会发展水平往往越高。但事实上两个假设都不成立，发展中国家生育转变开始时经济社会发展指标并没有显著差异。更为重要的是，生育转变的前十年内发展指标的变化与生育率下降之间没有关系。生育率下降并不随着宏观社会经济环境改变而改变。与古典人口转变理论所预期的人口再生产方式的不同，让众多学者将目光投向了生育控制的信息扩散假说这一因素上（Knodel et al.，1979；Watkins，1987；Cleland et al.，1987；Montgomery et al.，1993；Rosero-Bixby et al.，1993）。信息扩散是一个过程，指的是一些革新技术在区域间、群体间与个人间的传播、扩散和经济社会发展背景是没有关系的。随后一些学者也对信息扩散假说进行了质疑，Greenhalgh指出这种扩散假说仅限于生育控制技术的传播，并且是由西方国家向第三世界国家居民的传播（Bongaarts et al.，1996）。McNicoll（1980）认为扩散假说仅仅是"机器的润滑剂"，它仅仅能对生育率下降步伐快慢的机制做出一些解释，却不能告诉我们生育转变开始的时间与方向。Bongaarts和Watkins（1996）通过实证研究的数据结果，在扩散假说的基础上，构造了社会互动假说,进一步指出了社会互动在解释生育率下降中的作用,他们认为这一因素是至关重要的但也是被忽视掉的。社会互动包括新信息与思想的积极评估和变革。社会互动的三个方面将会与生育转变有关系,分别为信息与思想的交换、这些信息与思想的评估、限制或者鼓励生育的社会影响。生育转变的影响模式不仅仅包括社会经济环境变量,也包括社会互动与信息传播的当地的、国家的与国家间的渠道的分析。

社会互动理论研究人们互相交流的方式。来自许多学科的学者,包括人类学、社会学、心理学和语言学,都对社会互动和在这种互动中可以发现的模式感兴趣。观察到的模式帮助社会科学家开发理论来描述和预测人类的行为。Freedman(1979)提到"覆盖了生活很多方面的新思想和模式将会通过影响其他需求的愿望选择而影响孩子的需求"。这些思想或许就是最接近地影响生育转变的因素,就像家庭计划项目通过宣传使用现代避孕方式而控制生育的思想那样(Caldwell,1976)。社会影响就是个人从他人那里接收到的新思想将会影响到个人的行为。信息将会由观察传递,赞许或者排斥将会通过他人的行为或者从他们的评论中感知(Montgomery et al.,1993)。媒体不单单传播家庭计划项目的消息,而且传递新的消费品需求以及富人、名人的生活方式(Westoff et al.,1995)。Bongaarts 和 Watkins(1996)进一步提出社会互动并不是随机发生的,而是有着特定模式的,这需要借助于渠道。渠道分为当地渠道、国内渠道与国际渠道三种。通过这三个渠道,个人在这三个层次上交换和评估新信息与思想,输出与输入社会互动。渠道包括空间接近(村庄、郡)与社会属性接近(民族、教育、职业),交流发生在空间接近与社会属性接近的群体,没有渠道也就没有交流。当地渠道往往寓意为个人日常交流的社会网络。研究发现社会网络中有执行家庭计划的群体也将会执行这一政策(Montgomery et al.,1998;Valente,1996)。国内渠道则通过资源的分配来影响生育,这些资源包括教育、健康与交通设施等。国内媒体所起的作用也尤为重要,因为它可以穿过种族、语言、阶层与地域的障碍来宣传新的生活方式。国内社会互动渠道对理解发展中国家生育转变步伐的快慢起重要作用。国际渠道主要通过全球化来实现,如国际贸易、移民、旅游及媒体。国际渠道则在发展中国家生育转变开始的时间起重要作用。

Coale 和 Watkins(1986)在研究现代社会中生育率下降的影响因素时,将社会互动考虑了进去。后续的研究(Bongaarts et al.,1996;Kohler,2001;Montgomery et al.,1996)中,基于发展中国家避孕技术扩散的理论研究了社会互动的作用。这些文章集中研究了社会互动方式如何影响人们是否生一个孩子,在什么时候生孩子,以及背后的原因。

近期更多的定性研究已经有充足的证据证明来自不同领域(家人、朋友、熟人、同事与邻居)的社会互动将会影响生育孩子的决策。也有学者进行了定量研究,Lyngstad 和 Prskawetz(2010)采用挪威注册数据研究了兄弟姐妹之间的生育决策是否会影响彼此。研究发现侄子与侄女出生后的一两个月内其他人怀孕的概率显著增大;但 Kotte 和 Ludwig(2011)的研究结果显示兄弟姐妹间生育意愿与生育行为并不互相影响,社会网络中朋友生育孩子的事件将会增大其变成父母的概率。Aparicio 等(2011)使用奥地利普查数据同样发现社会网络中有孩子的成员将会提升其成为母亲的概率;Asphjell 等(2013)使用瑞典注册者的数据发现一个工作同事生育过一孩后的第二年其他人生育孩子的概率增大。但他们的研究同时呈现了一个有意思的发现,对于没有生育的妇女,其他人各孩次的生育均对她们一孩生育产生影响,但对于更高孩次的生育,只有那些有着相同孩次妇女的再生育才会有影响。另一项使用丹麦管理数据所做的研究得出了类似的结论(Ciliberto et al.,2013)。总体上,这些研究成果支持了社会互动影响孩子生育。

以上研究往往从四个方面解释社会互动对生育影响的动力机制,分别是社会支持、社会压力、社会影响与社会学习。社会支持指的是从社会网络成员中获取经济、物质与情感的机会,常见的如从父母那里获得的照料孩子的帮助。社会压力指通过权威或者奖励来影响生育,如父母表达的想要看到孙子女的愿望。社会影响指的是无意识中受到的情感反应,如跟孕妇或者新生儿母亲的接触会激发自己想要孩子的欲望。社会学习指的是从社会网络中接触到的新信息、新思想对自己的生育决策产生影响作用,Bernardi(2003)认为这种影响机制格外有效。

　　在城镇化的发展过程中,哪一个机制会影响到乡城流动人口生育?根据融合理论,社会影响与社会学习两者的作用最为重要。融合理论认为,迁移后移民的生育态度和生育行为将会为适应迁入地的社会经济、文化与物质环境而发生改变(Hervitz,1985)。社会学习机制强调城镇居民社会范式给乡城流动人口带来的生育孩子信念的改变,如乡城流动人口将会看到城镇居民少生孩子带给他们生活的变化。Rossier 和Bernardi (2009)认为生育行为不仅仅被社会学习机制所控制,同时也被趋同性的规则所影响。这种规则是由一种无意识的去适应社会网络中其他群体成员行为的倾向所引致的。城镇居民的生育行为无形中将引导乡城流动人口在心理上趋向于他们的生育规则。

　　然而,李培林(1996)使用 1995 年在济南市四个区所做调查的 1504个有效样本,发现农民工的信息来源、寻找工作的方法、进城工作的行为方式、城市中人际交往都严重依赖于地缘亲缘为中心的社会网络。悦中山等(2011)使用 2009 年 11 月底在福建省东南沿海 X 市的 Y 区调查的1507 个样本,同样发现农民工城市中的社会网络仍然以亲缘地缘关系为主。有着市民非亲属关系的农民工往往有着较高的现代性,也有着较高的城市归属感,非市民亲属关系与农民工的城市社会融合关系紧密。他们也发现了这样的非市民关系对农民工的现代性同样有着促进作用。两项调查时隔十四年,农民工仍以亲缘地缘关系为主的社会网络并没有很明显的改变。但济南市四个区的调查已经久远,调查对象基本是老一代农民工,Y 区的调查显示新生代农民工在文化融合、社会经济融合与心理融合许多方面上均要优于老一代农民工。刘传江、程建林(2008)的研究显示,"新生代农民工有着强烈的市民化倾向",并根据数据进一步分析,认为新生代农民工已经处在向市民转化的进程中。刘程(2010)的研究显示,当前新生代农民工已经度过了适应城市的阶段,正在向着融入城市的阶段迈进。冯建蓉(2011)的研究显示,依靠以异质性、多样性、工具性为特点的弱关系,农民工成功在城市扎下根。新生代农民工的社会网络从以亲缘地缘为基础的强关系到以业缘为基础的弱关系的转变大大加剧。而 Y 区是一个明显的外来人口比例倒挂区，70.98 万总人口中户籍人口占 27.59％，外来人口占 72.41％。农民工在 Y 区的社会网络构建不得不面对大量外来人口这样的一个客观现实。以上调查存在的缺陷是，需要采用新的数据来进一步分析乡城流动人口在城镇地区的社会互动与社会网络构建，以及在此基础上考察社会互动与社会网络对生育水平的影响。

(三)总结与评述

1.人口的迁移流动对生育水平的影响

在阅读完上述文章之后，笔者认为仍存在一些问题需要进一步深入分析与探讨。这些问题集中表现在生育水平的测量指标选取不能契合现有理论，生育水平指标的选取不能考察流动对生育影响作用的因果关系以及缺少一个严格意义上可以参照的非流动人口群体等方面。

(1)测量生育水平指标选取的问题

国内学者通常根据普查前一年或抽样调查前一年的生育情况来计算"总和生育率"、"分孩次总和生育率"、"一般生育率"等，以及进行二分类 Logistic 回归，以此作为时期生育水平的测量指标。然而，"常规生育模式计算方法的优点是数据容易获得和计算过程简单，缺点是在分孩次分析时存在一定缺陷，例如受生育进度变化影响很大，在平均生育年龄大幅度减小或增大的情况下 TFR_t（TFR 即时期总和生育率）可能大于 1 或远小于实际终身生育水平"（王广州，2004）。郭志刚（2010）在研究中发现流动人口"各孩次平均生育年龄都显著地大于非流动人口"，而生育时间的推迟产生的时期进度效应将会很明显地降低普查年份计算出来的生育水平。同样，按照李丁、郭志刚（2014）依据第六次人口普查长表样本中的流动妇女相关数据计算出一孩总和生育率为 0.770，二孩总和生育率为 0.316，三孩总和生育率为 0.058，合计为 1.143，认为第六次人口普查"反映出流动妇女存在明显的生育推迟时期效应，导致一孩总和生育率降低"，证明了中断理论在这个过程中起了作用。迁移对生育水平影响作用的中断理论认为迁移过程带来的变化将会干扰移民的生育，这个过程也包括迁移前与迁移后这两段时间。最常见的中断包括择偶的中断与夫妻分离的中断(夫妻分离造成婚内生育的中断主要受到分离、产后闭经与受孕的时间长度的影响),或者迁移过程中遇到的困难将会导致生育孩子的中断,迁移人口迫于迁移后的压力而延迟生育孩子。但中断理论并不考察移民在长时间内的生育率。理论上,婚育年龄的增大使得总和生育率这一时期生育水平指标与其所寓意的终身生育水平在计算数值上相背离。而流动人口与非流动人口所受时期进度效应影响作用的差异,又使得时期总和生育率在流动人口与非流动人口之间比较时产生了误差。简单地说,以"普查前一年的生育"为生育水平的测量指标并不能避免由生育的时期进度效应带来的误差。另外,时期总和生育率虽然不受人口年龄、性别构成的影响,但因未考虑育龄妇女的孩次结构,故当生育率较低且波动比较明显时不能准确地反映妇女的生育水平。因此,如果流动人口与非流动人口在普查或者调查年份生育的孩次结构差别比较大,那么两者总和生育率上的差异就有可能是真实的生育水平或者是孩次结构造成的,但我们是区分不出来的。

事实上,国外一些研究也指出通常使用的时期总和生育率(TFR)在研究移民生育率上并不是一个可靠的指标(Andersson,2004;Sobotka,2008;Robards et al.,2016)。Andersson(2004)在研究瑞典移民的生育模式时提到,"基本而言,总和生育率是对队列生育率的测量,当尝试着去对潜在的生育动力做调查时,它将变得不再适用,如不能测量日历翻过一段时间或迁移发生后的一段时间内的生育动态。对于来自国外的且来源国范围不断扩大的育龄妇女,用此指标去理解生育动力便不准确"。Sobotka(2008)认为时期总和生育率在反映国外移民中在迁入地居留时间较短的那部分妇女的生育水平时,这种潜在的失真也就更为严重。因此,时期总和生育率并不能够检验流动人口在流入地居住一段时间后,究竟是追赶理论(catch-up theory)还是融合理论(assimilation theory)在终身生育水平上起了作用。追赶理论认为迁移人口原迁出地的生育水平较高,他们的生育意愿同样保持在较高的水平,经过一段时间的调整后他们适应了迁入地的生活,生育孩子变得容易,可能会对中断引起的生育率下降有一个补偿的行为,或者"追赶行为"(catch-up behavior),生育水平相应地也会提高。融合理论恰恰相反,认为迁移后移民的生育态度与生育行为将会为适应迁入地的社会经济、文化和物质环境而发生改变。因此乡城间的移民比起农村原住居民将会降低生育水平,并在现代化媒介的作用下适应城镇较低的生育水平。仅具有基本的社会经济基础的城镇移民需要通过获取城镇居住者的角色特征来适应城镇的生活,角色的转变增加了他们生育孩子的机会成本,他们逐渐开始变得像迁入地的居民那样少生育。Hervizt(1985)也曾指出中断理论与融合理论关注的迁移对生育率影响作用的时间点不同,这也将导致产生不同的结论。Ford(1990)的研究结果表明美国移民刚到美国时生育水平较高,这或许是出于对迁移而导致的结婚与生育延迟的一种补偿。但过了一段时间,移民的生育水平降低。他进一步强调,"在不考虑移民迁入地居住时间的情况下简单计算的生育水平,据此得出迁移对生育水平影响的结论可能会被误导"。时期总和生育率在移民生育水平研究上的缺陷要求寻找新的指标或者研究方法。

在以"曾生子女数"以及由此衍生出来的"分年龄的平均生育子女数"等为累计生育水平指标来分析流动人口与非流动人口之间生育水平差异的研究中,由于不能明确调查时点上流动人口曾生子女有哪些是在流动前生育的,哪些是在流动后生育的,如果仅仅因为被调查者在调查时点上是流动人口,就将其曾生子女数算作一个流动人口样本的生育水平并与非流动人口进行比较,这样的数值计算与比较显然是值得商榷的。甚至"曾生子女数"能否作为衡量流动人口生育水平的指标都是有待考究的,因为存在着一种极可能的情况就是调查时点的流动人口是在结束生育后才开始流动的,在流入地不会再生育,在实际意义上,他们所拥有的子女数与其流动是没有任何关系的。由于这些研究并没有区分流动与孩子生育在时间上的先后关系,所以人口流动对生育水平影响作用是否存在着因果关系还不得证,这一点在周皓(2015)文章中"结论与讨论"部分也已提到。

（2）截面数据制约着流动对生育影响的因果关系分析

国内学者对于这一问题的研究目前仍停留在均采用截面数据的阶段，对流迁人口的数据资料统计均来自一次性全国的抽样调查或者地方抽样调查（李丁等，2014；周皓，2015；廖学斌，1988；武俊青等，2008；叶菊英，2010；杨子慧，1991；陈卫等，2006；郭志刚，2010；陈颐，2008），"但截面数据对静止状况的描述性研究更有效，而对于解释因果关系的有效性较差"（郭志刚，2001），"截面数据本身就存在着原因与结果在同一时点的问题"（周皓，2015）。由于这样的调查缺少对流迁人口迁入地与生育孩次的跟踪，也即并不能明确调查时点上流动人口曾生子女究竟是在流动前生育还是流动后生育的，这两者不能一一对应起来，所以人口流动对生育水平的影响作用是否存在着因果关系还不得证。近期，国外越来越多的研究开始使用纵向数据来分析迁移对生育行为的影响作用（Charles et al. ，2011；Nadja，2007；Reed et al. ，2010；Choi，2014），因此在我国现有调查数据库中，选取并且构建一套纵向数据也成了后续研究的数据基础工作。

（3）对流动人口在流入地居住的时间长度研究不足

对于世界上大部分国家或地区而言，大规模移民仍然是一个新近现象，在各种人口群体中，对于移民的研究往往更为关注他们短期行为的变化而不是长期行为的调整。大部分对迁移与生育率之间关系的研究基本上都是分析了移民身份与调查时点时的累计生育率之间的关系（Larry，1970；John et al. ，1969；George et al. ，1966），很少有作者对迁移后的生育时间点感兴趣。另外，融合理论（assimilation theory）在研究迁移对生育影响的作用上被广泛地提及，融合理论与中断理论并不冲突，因为它们解释了迁移后不同时间点上的生育率，就像 Hervizt（1985）指出的那样，这两个理论模型因为关注的迁移对生育率影响作用的时间点不同，将导致产生不同的结论。因此结合迁移后在迁入地居住时长来分析移民生育率的变动趋势也十分有必要。这样的研究能够帮助我们认清中断效应之后，是追赶理论还是融合理论在起作用，但关于这一问题的研究在国内开展得比较少。Lyman（1968）同时指出，融合理论在实证研究中往往很难被纳入进来，因为融合理论并没有明确区分它将在什么时间段起作用。

（4）国内研究对于流动人口类型的界定杂乱

在流迁人口内部类型的区分上，国际上一般采用乡村-城镇迁移、乡村-乡村迁移、城镇-城镇迁移、城镇-乡村迁移四种口径来划分，按照国际口径区分流迁人口类型，能更好地理解城镇化和人口流迁过程对生育的影响，更好地分析这种影响作用背后的机制，也能检验相关理论在这种影响作用上的适用性。而国内相关的研究中往往不对流动人口内部类型进行区分，统称为"迁移妇女"、"流动人口"（杨子慧，1991；李丁等，2014；周皓，2015），或者采用其他方式区分，如"城市外来"与"农村外来"（陈卫等，2006）、"农业流动"与"非农业流动"（郭志刚，2010）。另外国内研究中这样的区分模式使得流动人口缺少严格意义上与之对应的非流动人口参照群体，也为流动人口与非流动人口生育水平之间的比较带来了一定的困难，这也是石人炳、熊波（2011）在其研究评述中提到的我国流动人口生育水平更低这个结论仍然需要再次检验的原因，"国外的许多研究，将迁移流动人口生育率的比较对象设定为原居住地的非迁移者，而国内学者的研究往往将迁移流动人口的生育率的比较对象设定为全国人口的平均水平，或者是迁入地的非迁移者"。

（5）违法生育、计划外生育与多育在概念上混淆

国内有部分学者认为人口流迁将会提高生育水平，这些研究主要集中在区域调查的违法生育与计划外生育上（廖学斌，1988；武俊青等，2008；高春凤等，2009；叶菊英，2010），但这些研究中有些并没有严格区分超生与计划外生育概念上的不同。计划外生育通常指以下四种情况：早育、间隔不足生育、多育、其他未获得当年指标的生育。对于前面三项，各地衡量的标准比较"死"，属较明确的"计划外生育"。第四项的"弹性"则比较大（阎海琴，1991）。陈文金（1999）对1996年以来繁昌县161例计划外生育进行了一次回顾性的问卷调查，发现："早婚早育的有21例，占13.04%；一女户间隔期未到而抢生的有93例，占计划外生育总数的57.76%；一男户超生二孩的有22例，占13.66%；纯女户超生多孩

的有 25 例,占 15.53％”。据此计算,计划外生育中仅有 29.20％与生育水平相关,而这一调查并没有区分是否为迁移流动人口,迁移流动人口的计划外生育的内部结构我们还不知道。所以,流动人口的“违法生育”和“计划外生育”中只有“多育”是与生育水平有关系的,将流动人口的“‘计划外生育’严重”视为流动人口的超生或者多育显然是不正确的。另外这样的研究往往取自局部范围的调查数据,这个范围小到一个社区、一个镇,大到一个地级市,这样的研究结果是否能够代表全国还尚待我们进一步考究。

本书将承接以往的研究,继续在以下几个方面做进一步推进。一是选取乡城流动人口与可以严格参照的农村本地人口来进行生育水平的比较,以期发现乡城流动对生育水平的影响作用;二是从现有调查数据库中找到乡城流动人口与农村本地人口各自含有生育史的数据,根据乡城流动人口第一次离开户籍地的时间与各孩次生育时间之间的先后关系来区分“流动在前,生育在后”的顺序,从而为考察流动对生育水平影响作用的因果关系奠定数据基础;三是摒弃掉原来常用的生育水平测量指标,而是选择了其他的生育率指标或者研究方法;四是增加对流动人口在居住地时间长度的研究。最后根据研究结果提出对这一问题的理解。

2.迁移流动人口生育率下降的影响因素

(1)融合理论

融合理论认为,移民的生育将逐渐趋同于迁入地的生育行为,主要是因为他们慢慢适应了迁入地居民的文化观念与行为范式。融合理论根植于解释生育决定因素的社会学理论与经济学理论(Findley,1980)。从社会学视角看,融合理论是以迁入地的社会文化范式决定生育率为前提的,并且强调那些形成且传播价值与观念的重要因素。经济学视角则主要关注对家庭收入与生养孩子的成本的适应过程。收入效用在丈夫、妻子与孩子身上的差异,迁地价格与收入限制,受雇与教育机会都将会改变生养孩子的实际成本和机会成本,这些将会改变生育行为。

Benefo 和 Schultz(1994)认为女性的乡城迁移其实会给她们带来丰厚收益的投资,这些收益可以看作是对生养孩子成本提升的一种适应。

不同社会文化范式与生养孩子成本将会导致生育行为的变化，移民的生育率将会最终适应迁入地居民的水平。适应或者融合是个逐步的过程并且会长期影响生育率。在迁入地居住时间长短这一关键因素常常被用来测度移民在新的行为范式下适应或融合的程度，而移民研究往往假设在迁入地的居住时间越长则越会趋同于迁入地的行为范式与价值观念(Gordon,1964)。大量使用美国普查数据的研究发现，移民的生育率与在美国居住时间之间存在着负相关性，这些研究将原因归咎于对低生育范式的适应与在美国的限制大家庭发展的经济机遇和制约因素的影响(Bean et al.,1986)。仅具有基本的社会经济基础的城镇移民需要通过获取城镇居民的角色特征来适应城镇的生活，角色的转变增加了他们生育孩子的机会成本，他们开始逐渐变得像迁入地的居民那样少生育(Ford,1990)。Kahn(1988)则指出对于有着完全不同范式的迁出地与迁入地移民，他们的生育行为将会反映两地的综合影响。

(2)社会融合理论对生育率影响的机制探究

任远、邬民乐(2006)认为社会资本、户籍制度、人力资本与在劳动力市场的地位是影响城市流动人口社会融合的四个重要因素。之后，周皓(2012)归纳了国内外社会融合理论，认为"社会融合是迁入人口在迁入地逐步接受与适应迁入地的社会文化，并以此构建良性的互动交往，最终形成相互认可，相互'渗透、交融、互惠、互补'"。本书在探究社会融合理论对生育率影响机制时借鉴这一概念。周皓(2012)认为"社会融合包括经济融合、文化适应、社会适应、结构融合和身份认同这五个维度"，是个递进融合的过程，由适应到区隔融合再到融合。比较发现，上文提到的社会互动理论与融合理论的研究内容主要对应周皓教授社会融合理论中的适应和区隔融合的部分内容，而社会融合理论同时保留了特有的衡量社会融合程度的心理感受指标，这些指标主要表现在社会适应维度下的由迁移所带来的心理问题及在迁入地的各种满意度、结构融合维度下的对自身社会分层的定位、身份认同维度下的移民对自己的身份取得新的认同等。

根据参照群体理论，个体往往将参照群体的价值和规范作为自己的社会观与价值观的依据,也作为评价自身和他人的标准(郑航生,2013)。参照群体往往在规范与比较上对个体施加影响,规范是指个体将参照群体的价值规范内化在自己身上,比较就是拿自己的价值观念与参照群体对照,以发现自己的不适之处并予以改进。当乡城流动人口把城镇居民作为自己的参照群体时,社会融合程度越深则越会接近城镇居民的价值观、信仰与行为范式。另外,杜蒙特的"社会毛细管学说"认为上向的社会流动是社会群体的追求,人们的愿望与追求越大,就越需要放下由生育较多的孩子所带来的负担。而乡城流动人口在城镇地区的社会融合恰恰是自身的社会阶层上向流动的过程。因此,本书同样借鉴周皓基于这五个维度重构的测量指标体系来研究社会融合对生育率的影响。

二、迁移流动与生育时间

(一)理论与实证研究进展

中断理论认为迁移干扰了生育,所以在迁移时点附近的生育率急剧下降。当夫妻之间分离,或者迁移带来了压力时(Goldstein et al.,1984),或者夫妇为了迁移而推迟生育时(Chattopadhyay et al.,2006;Kulu,2006),这种影响将会增强。迁移过程往往在生育行为上起着决定性作用,而不是迁出地或者迁入地的环境(Nedoluzhko et al.,2007)。迁移带来的这种影响往往是暂时性的或者短时间内的,这种影响在乡城移民与城乡移民身上表现得更为强烈,因为他们不仅仅要面对新社区新环境中的困难,更要适应新的生活模式。

中断的过程其实就是一个逐渐适应的过程。如居住地的变迁,需要寻找新的居住地与工作,整个家庭重新聚合,因此生育孩子的时间将被推迟直到调整适应完成。中断效应在移民为了获得最大的经济收益而推迟结婚的情况下也存在(Lindstrom et al.,2002)。但在一些婚姻相关的移民中却相反,迁移后移民在较短时间内就进行了生育(Andersson,2004;Andersson et al.,2005;Kulu,2006)。

生育间隔是两个相继出生的孩子出生时间的间隔长度,是测量个体生育密度的指标,其平均值又可以反映人口群体的生育密度水平(郭志刚等，2006）。生育间隔的研究已经引起了人口学与公共健康研究的注意，因为生育间隔与育龄妇女的生育率有关，又与母婴的健康有关。在一个高生育率的国家或地区中，生育间隔对于生育率的高低起着决定性的作用。妇女不同的生育间隔暗示了不同的生育方式，更为重要的是，一个详细的生育过程步骤的分析将更全面地揭露生育转变的过程（Hirschman et al.，1980）。另外国外一些基于大样本抽样数据的统计分析结果显示，生育间隔对母婴的健康与营养状况有影响，如果妇女生育间隔适中，则会降低孩子的死亡率而提高孩子的生存率（Rutstein，2005；Rutstein，2008；Dewey et al.，2007；Yigzaw et al.，2010；Majid et al.，2007）。一个比较长的生育间隔使母亲放弃了生育更多的孩子而去更好地促进现有孩子的发展，一些研究结果显示一个较短的生育间隔将使这个孩子有着较高的患病率甚至死亡（Blurton，1986；Cleland et al.，1984；Hobcraft et al.，1984；Alam，1995）。Rutstein（2008）的分析结果显示：育龄妇女在生完一个孩子两年后再怀孕，则孩子的死亡率降低 13%；如果三年后再怀孕，则孩子的死亡率会降低 28%。而从进化论的角度看，生育间隔同时又是父母对孩子投资多少的测量指标。父母的投资是父母所给予该孩子的用于提升后代再繁殖质量的所有花费（Trivers，1972）。生育间隔的变化通常被理解为父母投资的变化，有过男孩后的生育间隔变长说明了父母在男孩身上的投资多于女孩。

Bongaart（1978）的研究发现育龄妇女的生育率主要受到四个中介变量的影响：已婚比例、产后不孕、避孕与流产。社会学家认为生育间隔的不同主要是因为哺乳方式、避孕、性交频率、流产概率与绝育（Trussell et al.，1985）。但 Hirschman 和 Rindfuss（1980）认为生育不仅仅只是夫妇的决定，同时与社会、经济、人口以及健康情感等因素有关，影响生育的因素同样也影响着生育间隔。郭志刚、李剑钊（2006）的分层模型研究结果显示，农村妇女的二孩间隔与个体的人口学特征有关（如年龄、初婚年龄、理想孩子数、流产），但这些人口学特征对生育间隔的影响又要受到经济、文化、生育政策及政府的管理与服务等外部因素的调节。

妇女的受教育程度经常被作为影响生育间隔的因素来分析，受教育程度对生育间隔有影响已经被证实（Hirschman et al.，1980；Rindfuss et al.，1983）。然而，也有研究表明妇女的受教育程度对怀孕概率的影响微乎其微，男性的受教育程度与职业对印度尼西亚和菲律宾的生育率有重要影响（Chakraborty，1996）。其他的一些研究也证实了妇女的教育、工作机会、存活子女的数量与性别也影响着生育间隔（Chakraborty et al.，1996；Sufian，1990；Polo et al.，2000）。

初婚年龄通常被认为是一个影响生育过程的重要因素。如果妇女结婚时年龄较小，那么对于孩子数量、避孕以及其他类似的考虑将会不成熟，因此将影响生育间隔（Bumpass，1978）。但 Abdel-Aziz（1983）的研究发现，一个约旦的妇女结婚越晚，生育第一个孩子的时间就越早。另一项对塔芒族的研究也得出了类似的结论，塔芒族 19 岁及以后结婚的妇女比更年轻的女性生孩子的概率大（Fricke et al.，1993）。

Tu（1991）的研究发现二胎、三胎的生育间隔与前有子女的性别、哺乳期长短、母亲的职业、地域环境有关系。Lei 和 Choe（1997）将 Logistic 回归模型与分割总体比例风险模型（PPHM）结合起来作为混合模型对我国二孩生育间隔做了分析，将妇女的受教育程度、前有孩子的性别、初育年龄、居住地类型这些人口学特征与是否领取独生子女证作为两个影响因素进行了考察，结果发现两个因素都对二孩生育有影响。巫锡炜（2010）采用分割总体比例风险模型的研究得出了与上述研究相似的结论，"较大的初婚年龄、第一孩为女孩都将会缩小育龄妇女的生育间隔"，这也暗示了性别偏好对生育间隔有影响。"较晚的初育年龄、较长的哺乳期与较多的流产都将明显扩大生育间隔。"在伊朗的研究中，Hajian（2009）的研究显示生育间隔与妇女的年龄、哺乳期、孩子的性别、存活孩子数、避孕方式、进入家庭计划诊所的频率有关。而另一项研究显示家庭计划政策对一胎的生育并不产生影响，也不会推迟一胎的生育，但在延迟与阻止其他胎次生育方面的作用明显。Ojha（1998）的研究证实了前一胎是男孩的生育间隔比前一胎是女孩的生育间隔要长，这个结论在 Blanchard 和 Bogaert（1997）的研究中也得到验证。Desta 和 Teklemariam（2016）对埃塞俄比亚 Arba Minch 区至少拥有两个孩子的妇女生育间隔的决定因素进行了分析,发现受教育程度、母乳喂养的时间、前有孩次的性别结构、避孕方法的使用以及财富指数都是影响生育间隔的重要因素。

在迁移流动对生育间隔影响的研究上,Goldstein 和 Goldstein (1983)采用马来西亚妇女生命史的数据研究发现,迁移对生育影响的中断理论支持了一孩生育推迟的解释。并且,使用生育间隔的分析发现,在更高孩次上的生育间隔同样扩大。Carlson (1985) 采用墨尔本的抽样数据发现"迁移明显地使各观察到的生育间隔扩大"。Lindstrom (1997)采用萨卡特卡斯州圣马刁乡五个村在 1991—1992 年搜集到的妇女按照月统计的生命史数据研究发现,前往美国迁移的经历使得生育间隔分布变得更为广泛,但并没有降低生育率。Zhang(2016)采用 Cox 比例风险回归对我国朝鲜族妇女的研究发现迁移对初婚初育间隔有着很深的影响,朝鲜族移民妇女的初婚初育间隔远小于非移民妇女;对一孩二孩生育间隔的研究显示了同样的结果,但影响一孩二孩之间生育间隔的因素更为复杂,除了迁移因素外,还包括更多的社会、经济与文化因素。而这与朝鲜族移民妇女与非移民自身的人口学特征有关,又与朝鲜族妇女特有的生育文化有关。

(二)总结与评述

伴随着流动人口不断涌入城市,国内流动人口的生育问题也逐渐引起了学者的关注,诸多学者就流动人口生育率降低还是升高分别进行了论证(武俊青等,2008;陈颐,2008;杨子慧,1991;陈卫等,2006;郭志刚,2010)。石人炳(2011)教授对我国流动人口生育问题的研究进行了总结与归纳,其认为以往的研究并没有能够彻底回答清楚流动人口生育水平是否比非流动人口更低这个议题,这个议题在本书第一部分的研究中将再次分析。另外目前的研究中,对全国流动人口生育问题的研究还没有涉及生育间隔这一层面,从生育间隔的角度去研究流动人口的生育问题也是一个不可或缺的方面,生育间隔同时也是生育模式研究中的重要方面,对生育间隔的研究也可以帮助我们发现流动人口与非流动人口在具体生育行为上的差异,从而进一步探析两者在生育水平上有差异的原因。那么乡城流动人口与农村本地人口各胎次的生育间隔是否出现差异？存在着什么样的差异？影响流动人口生育间隔的因素是什么？这些影响因素的背后又有着什么样的社会政策寓意？这些正是本书所要探究的问题。

三、迁移流动与生育男孩偏好

（一）理论与实证研究进展

男孩偏好指的是一对父母至少有一个或者多个男孩，随着流动人口生育问题研究的逐步深入，越来越多的研究聚焦到人口迁移流动与生育男孩偏好这一议题上。人们往往借助于男孩偏好的研究进行生育率预测（Mcclelland，1979；Arnold，1985；陈萍，1993；Larsen et al.，1998；陈卫，2002；宋健等，2012）。有着男孩偏好的父母往往家庭成员的数量较多，而这就成了生育率不能下降的重要原因。

在人口迁移流动对生育男孩偏好的影响上，尤丹珍、郑真真（2002）基于安徽、四川4个县38个村的调研数据，研究发现"外出并没有改变妇女的性别期望"。徐映梅、李霞（2010）基于鄂州、黄石与仙桃三地调查数据同样证明了外出和未外出妇女在生育孩子性别意愿上没有显著差异。曹锐（2012）研究发现，"新生代流动人口、新生代农村人口与传统型流动人口三类人群之间在孩子的性别偏好上并没有明显差异"。然而，有些学者认为人口流动经历弱化了生育男孩偏好。伍海霞等（2006）采用深圳外来农村流动人口的调查数据进行研究，发现农村流动人口子女性别偏好观念有所弱化。石人炳、熊波（2011）基于鄂东南地区2个市6个乡镇的12个村的数据，采用多元回归对调查资料进行了分析，研究显示流动经历能显著地降低农村人口男孩偏好强度。廖庆忠等基于全国12个大中小城市流动人口的微观调查数据，发现较之于农村本地人口，流动人口生育男孩偏好弱化。最近的研究中，杨凡等（2016）在研究方法上做了进一步推进：通过倾向值得分匹配删除掉流动选择性后的研究显示，妇女是否流动对其生育孩子的性别偏好并没有影响；进一步将有流动经历的妇女区分为流动时不与丈夫在一起的妇女和流动时与丈夫在一起的妇女后,发现前者与没有流动经历的农村妇女在生育男孩偏好方面有显著差异,但后者与没有流动经历的农村妇女在生育男孩偏好方面没有差异。

国内对性别偏好影响因素的研究中,严梅福(1995)则探讨了嫁娶与招赘两种婚嫁模式下的妇女对子女性别偏好的差异,研究发现嫁娶婚嫁模式下妇女有着较强的男性偏好,而在招赘的婚嫁模式下,妇女有着较强的女性偏好。闭健辉(2003)主要对影响性别偏好的经济因素进行了分析,认为男性在家庭生产单位中所处的支配地位、土地分配上的性别不平等、子女作为特殊的消费品给父母提供的效用不同等将导致性别偏好。郭维明(2006)则认为传统生育文化的力量及其在一定程度上的继承性与历史滞留性是性别偏好的决定性因素。

在迁移流动人口生育男孩偏好的影响因素上,石人炳、熊波(2011)与杨凡等(2016)在研究中均提到了适应理论(也称为融合理论),这个理论以迁入地或者流入地的社会经济文化特征为出发点来考察对迁移人口、流动人口生育的作用,迁移流动人口对新文化、新范式的接纳与吸收将会使他们摒弃掉原住地落后的生育文化和观念。在具体的城镇化对男孩偏好影响作用的研究上,辜胜阻、陈来(2005)则对城镇化淡化男孩偏好的作用机制进行了分析,认为城镇化一是可以全面地提高妇女的地位,二是可以改变孩子的价值,三是可以改变生育舆论环境。基于2005年中国深圳市农民工调查数据,李树苗等(2006)从社会网络理论的角度定量分析了农民工性别偏好的影响因素,发现生育讨论网络成员表现为无男孩偏好时,农民工更趋向于无男孩偏好,反之则反是。个体在城镇的滞留时间对流动人口的性别偏好有着重要的影响作用,流入时间较长的农民工男孩偏好较弱。但在调查时,深圳拥有1035万人口,户籍人口只占总人口的16.5%,是一个人口倒挂非常严重的城市,所以城镇居民对流入人口性别偏好的影响作用尚不能充分地得以体现。另外只对二孩生育性别偏好进行了分析。

(二)总结与评述

综观以往研究,笔者认为仍存在以下几个需要改进的地方。

　　一是以往研究过多倚重于对生育男孩偏好意愿的分析。对男孩偏好的研究,最常用也是最简单的方法就是直接询问父母是否更倾向于生育男孩。陈萍(1993)曾指出性别偏好的定量分析数据一般来源于专题调查和生育率调查。而在访问问卷中一般只是简单地询问"您想要多少个孩子,其中男孩女孩的数量又是多少?"或者在给予前一个孩子性别结构的情况下,询问下一个孩子的性别偏好等。陈萍(1993)指出第一种分析方法就是基于这种调查对男孩偏好生育意愿的分析(雷洪等,2004;莫丽霞,2005;郑百灵等,2005;李树苗等,2006;黄少宽等,2007;石人炳等,2011;王鹏,2015)。但国外学者认为人们的实际生育行为并不一定保证全部等同于生育男孩的偏好,Mannan(1988)曾经指出"很多的研究者已经开始质疑这种意愿调查对未来孩子生育的预测价值,甚至怀疑这种意愿究竟是否有价值"。伍海霞等(2006)同时根据生育意愿与生育行为的研究就得出了不同的结论:在生育意愿上,有一部分人口因为流动经历而减弱了男孩偏好;在生育行为上,流动并没有改变人们的男孩偏好。另外,对于男孩偏好的研究,除了解释中国出生性别比偏高的现象,更应该是对生育率影响的考察。因为,如果父母想要一个或者多个男孩,他们的家庭规模将会比没有男孩偏好的大得多,这将是生育率下降的重要阻碍因素(Silva,1993)。而生育男孩偏好的意愿研究终究离实际的出生性别比与生育率要远一些。随后的研究越来越强调行为上的性别偏好,Rahman和Da(1993)称之为"被证明了的性别偏好",并认为"被证明了的男孩偏好"更为有效。这也是陈萍(1993)提到的另一种分析方法,通过回顾性调查来搜集妇女生育史数据与避孕史的数据,而这样的数据为研究男孩偏好行为提供了一个基础。避孕分析的理论框架是没有足够多男孩的父母更倾向于不避孕。陈萍(1993)的研究发现,前有孩子的性别结构与是否使用避孕环以及避孕环使用时间长短有关系。在分析方法上,国外学者往往也采用 Logistic 回归模型来分析避孕的概率(Mannan,1988;Haughton et al.,1995)。所以,本书强调应从具体生育行为来研究流动人口的男孩偏好。

　　二是以往研究往往单就生育男孩偏好论男孩偏好。生育作为一种社会现象,同时兼有三个特征,即数量、时间和性别。"多生少生"、"早生晚生"、"生男生女"三方面是相互关联、交错作用的(顾宝昌,1992),随着生育率的下降,人们往往会选择生育质量更高的孩子,而在一个性别偏好文化强烈的人口中,男孩质量高于女孩,人们会将这种强烈性别偏好的生育意愿转化为生育行为。近年来,流动人口生育水平更低的结论一再得到验证(陈卫等,2006;李丁等,2014;周皓,2015),那么乡城流动人口生育的男孩偏好,尤其是低孩次生育的男孩偏好,是由于生育水平的下降得以强化,还是因为适应了迁入地的生育文化而弱化? 这些都需要在实际生育行为中去考察。所以,本书认为男孩偏好并不是一个孤立的事件,生育男孩偏好的研究一定要置于被调查者生育的孩子数量这一大环境下,而不应该单单就生育的男孩偏好论男孩偏好。

三是在研究方法上仍需进一步改进。国外在对性别偏好进行测量的方法中,Cox 风险比例回归模型是人们最常用的一种模型(Trussell et al.,1985;Tu,1991;Rahman et al.,1993;Haughton,1997)。因变量是最近一次生育以来的时间长度,自变量除了现有几个男孩这一人口学变量外,还包括大量的社会经济变量与地理变量。采用这种回归模型的理论框架是,有着男孩偏好的父母在没有男孩或者没有足够多的男孩的条件下,选择继续生育的概率将大大提高。这一模型最大的优势就是对于调查时点上的删失数据的处理,可以直接对那些尚未完成生育的家庭进行分析。而国内相关研究中往往采用 Logistic 回归模型来进行分析,因变量是个二分类变量,将下一孩次生育标注为 1,没有生育标注为 0(石人炳等,2011;李树苗等,2006)。或者将生育性别偏好这一因变量做成三分类,而采用 Logit 回归模型进行分析(王鹏,2015)。自变量同于Cox 风险比例回归中的自变量。但这种分析方法并没有解决有些育龄妇女尚处于生育期、尚未结束生育这样的事实。本书将采用 Cox 风险比例回归对影响乡城流动人口男孩偏好的经济社会文化因素做全面的分析。

四是迁移流动人口男孩偏好的影响因素需要进一步补充。以往研究在解释男孩偏好不变或者弱化的时候,往往只提到相关的如社会化理论与适应(融合)理论,大多缺少对于理论的实证检验,理论对解释中国流动人口生育男孩偏好是否适用还不得知。李树苗等的研究虽然部分揭示了社会化理论与适应理论的适用性,但调查的样本只局限于户籍人口只占总人口的16.5%的深圳,作为一个外来人口倒挂非常严重的城市,城镇居民对流入人口性别偏好的影响尚不能充分地得以检验。而在研究方法上,则采用二分 Logistic 回归方法对二孩生育性别偏好行为进行分析,但有些样本处于尚未结束生育的状态,依此方法进行分析的结果也需要再次验证。

有鉴于此,本书拟采用 2010 年中国家庭追踪调查(CFPS)与 2014 年全国流动人口动态监测数据库,结合生育数量来研究乡城流动人口与农村本地人口在具体地生育男孩偏好行为上的差异,以期再次检验乡城流动人口是否弱化了生育男孩偏好。另外,本书采用原国家人口和计划生育委员会 2012 年组织调查的北京、上海、广州特大城市流动人口动态监测数据的上海部分,考察乡城流动人口生育男孩偏好的影响因素,以检验融合理论的适用性。

第三章 数据基础与研究方法

一、数据库介绍、评价与整理

(一)2000 年人口普查 0.95‰ 的抽样数据

本书中一部分研究采用 2000 年人口普查 0.95‰ 的抽样调查数据作为基础,样本量总计 1180111 份。之所以选取 2000 年人口普查数据库,一方面是因为人口普查数据库在样本规模上有着无可比拟的优势,另一方面是因为下文分析中所用的递进生育率是马瀛通先生专门开发出的针对普查数据的测量生育水平的指标。数据库中流动人口的甄别参考段成荣、孙玉晶(2006)的划分方法,本书同样不将"市内人户分离人口"算作是流动人口,借助 R62 项迁移人口来源地初步筛选出流动人口样本 97183 份。在流动人口的流动方向上,本书借鉴了马小红等(2014)的划分方法,按照户口性质变量(农业、非农业)与居住地类型变量(城市、镇、农村)从筛选出的流动人口中进一步筛选出户籍为农业,居住地类型为城市、镇的流动人口,得到乡城流动人口样本量 50717 份。农村本地人口则根据户口性质、户口登记状况与何时来本乡镇街道居住三个字段来确定,将农业户口、居住本乡镇街道,户口在本乡镇街道且出生后一直住本乡镇街道的样本定义为农村本地人口,得到样本量 696835 份。

（二）CFPS2010 年与 2014 年全国流动人口动态监测数据

本书的大部分研究将采用"中国家庭追踪调查（CFPS）2010"中的成人问卷数据库与国家卫生和计划生育委员会（简称"国家卫计委"）组织实施的 2014 年全国流动人口卫生计生动态监测（简称"2014 年流动监测"）调查项目中的"2014 年全国个人 A 卷"数据库作为研究基础。下面将对 2010 年中国家庭追踪调查（CFPS）数据与 2014 年全国流动人口动态监测数据做简要的介绍、评价与整理。

CFPS2010 年成人数据库记录了 16 岁及以上人群的基本信息，详细统计了每个样本一孩到十孩的生育史信息。CFPS2010 年的样本覆盖中国二十六个省（区、市）（香港、澳门、台湾、新疆、青海、内蒙古、宁夏和海南除外）的人口。这二十六个省（区、市）的人口数量占到全国三十一个省（区、市）的 95％，从这个角度理解，CFPS2010 年数据库是非常具有全国代表性的。

2014 年全国流动人口动态监测个人 A 卷的调查对象为"在流入地居住一个月以上，非本区（县、市）户口的 15—59 周岁流入人口"，记录了每个样本一孩到五孩的生育史信息。CFPS 成人问卷数据库样本量 33600 份，通过这个数据库选取农村本地人口与城镇本地人口。流动人口动态监测数据库样本量为 200937 份，用来选取乡城流动人口。

1.2014 年全国流动人口监测数据抽样的代表性评价

在调查时间上，2014 年全国流动人口动态监测在 2014 年 5 月完成了"现场调查、质量检查、数据录入、数据上报"工作。最好、最直接的方式就是将 2014 年流动监测数据与 2014 年全国流动人口实际分布数据做对比，但 2014 年全国流动人口实际分布数据或许是未知的。2014 年全国流动人口动态监测数据的抽样框为国家卫计委系统的全员流动人口年报数据。如果将 2014 年流动监测数据与 2010 年第六次人口普查数据进行比对，时间上相差的四年一定会带来偏差。本书从 2014 年流动监测数据中进一步选取了在 2010 年 10 月底就是流动人口的样本，以便与第六次人口普查流动人口数据进行初步比较，筛选出样本量 144513 份。

图 3-1 显示第六次人口普查实际数据与流动监测流动妇女数据还是存在着一定的偏差，流动监测数据在 22 岁及以前的年龄段上所占比例均小于第六次人口普查数据，但在 23—44 岁年龄段上所占比例均大于第六次人口普查数据，在 45 岁及以上年龄段上又变成小于第六次人口普查数据，也就是流动监测数据调查了更多的生育旺盛期的流动妇女。

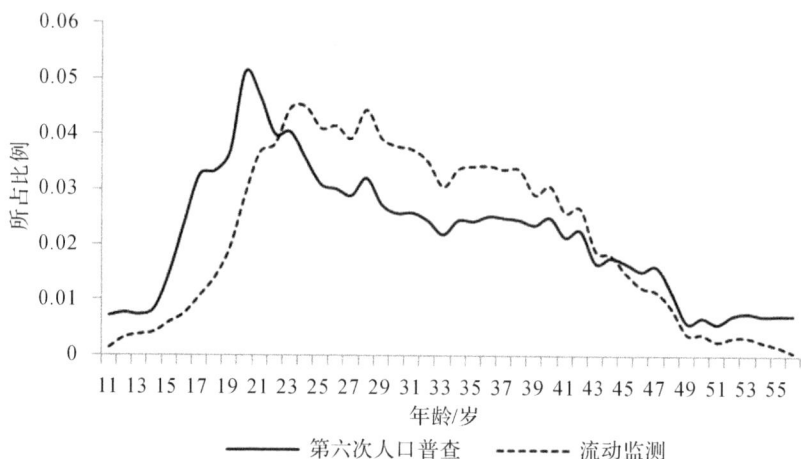

图 3-1 第六次人口普查与流动监测数据女性样本年龄结构①

图 3-2 显示，流动监测数据中跨省流动与省内流动在每个年龄段的分布相对于第六次人口普查数据来说更为平均。第六次人口普查数据显示省内流动的比例要远远高于跨省流动。

图 3-3 显示，流动监测数据包括了更多的离开户籍地时间在四年及以上时间更长的样本，尤其是离开户籍地在六年及以上时间长度的样本，而第六次人口普查数据中离开户籍地时间在四年以内的样本均高于流动监测数据。

---

① 第六次人口普查数据将离开户籍地半年及以上的算作流动人口。第六次人口普查数据来自"中国 2010 年人口普查资料"表 7-2 全国按户口登记地、年龄、性别分的户口登记地在外乡镇街道的人口，详见 http://www.stats.gov.cn/tjsj/pcsj/rkpc/6rp/indexch.htm。

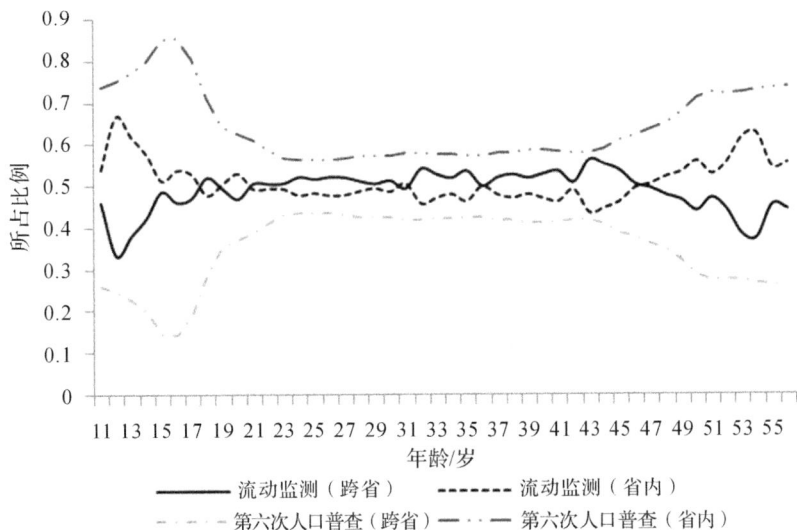

图 3-2　第六次人口普查与流动监测数据分年龄的流动地域结构①

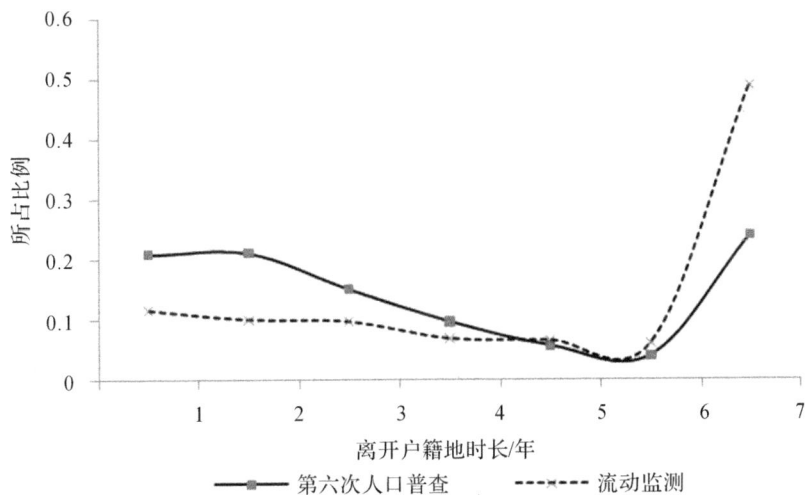

图 3-3　第六次人口普查与流动监测数据离开户籍地时间长度结构②

---

① 第六次人口普查数据来自"中国 2010 年人口普查资料"表 7-2 全国按户口登记地、年龄、性别分的户口登记地在外乡镇街道的人口，详见 http://www.stats.gov.cn/tjsj/pcsj/rkpc/6rp/indexch.htm。

② 第六次人口普查数据来自"中国 2010 年人口普查资料"表 7-4 全国按现住地、离开户口登记地时间分的户口登记地在外乡镇街道的人口，详见 http://www.stats.gov.cn/tjsj/pcsj/rkpc/6rp/indexch.htm。

　　李丁、郭志刚（2014）将全国流动人口监测样本数据与 2010 年人口普查得到的数据展开了对比分析，他们的研究发现，国家卫计委抽样得到的一系列全国流动人口动态监测数据在各类结构上趋于一致，但是与第六次人口普查数据中实际流动人口的内部结构还有一定的差异，该系列调查数据表现出了"自身系统性"特征。如对比年龄结构，发现 2010年、2011 年与 2012 年连续三年全国流动人口监测数据中的育龄妇女年龄结构都较为接近，但与 2010 年第六次人口普查的流动人口中相应年龄段的妇女差异明显，"全国流动人口监测数据调查的样本中，23—40岁的生育高峰年龄的妇女人数占 15—49 岁的妇女人数比例更大"。将2012 年全国流动人口监测样本分布的地域结构与第六次人口普查相比较，发现"监测样本流动距离偏远"；将样本流动的时间结构相比较，发现"流入时间偏长"。本书对 2014 年流动监测数据进行检验，得出了与李丁、郭志刚（2014）对 2012 年流动人口动态监测数据检验相同的结果，由此推断，其与 2014 年现实中的流动人口或许同样存在着结构性偏差。李丁、郭志刚（2014）使用他们所有的数据进一步比较了 2012 年全国流动人口动态监测数据中育龄妇女与第六次人口普查流动育龄妇女的婚姻结构，发现"2012 年监测调查流动育龄妇女已婚比例比第六次人口普查高出 12 个百分点"。

　　图 3-4 显示，全部流动人口与乡城流动人口在未加权与加权后的年龄别生育率值几乎相等，两者的生育模式几乎没有差异。

　　表 3-1 显示无论是根据未加权的还是加权后的样本，计算出的 2010年普查年份的总和生育率均远远高于实际普查数据计算出来的结果，并且一孩、二孩、三孩及以上的总和生育率均要高于实际普查数据的计算结果，一孩的总和生育率远高于 1 说明了流动人口一孩的生育出现了明显的堆积现象，而实际第六次人口普查一孩总和生育率仅为 0.770，约是流动监测数据计算值的一半，说明了流动人口的生育受到时期进度效应影响较大。无论是全部流动人口还是乡城流动人口在未加权与加权后的总和生育率计算值上几乎没有差异，说明了年龄结构差异与地域结构差异对总和生育率计算值的影响可以忽略不计。

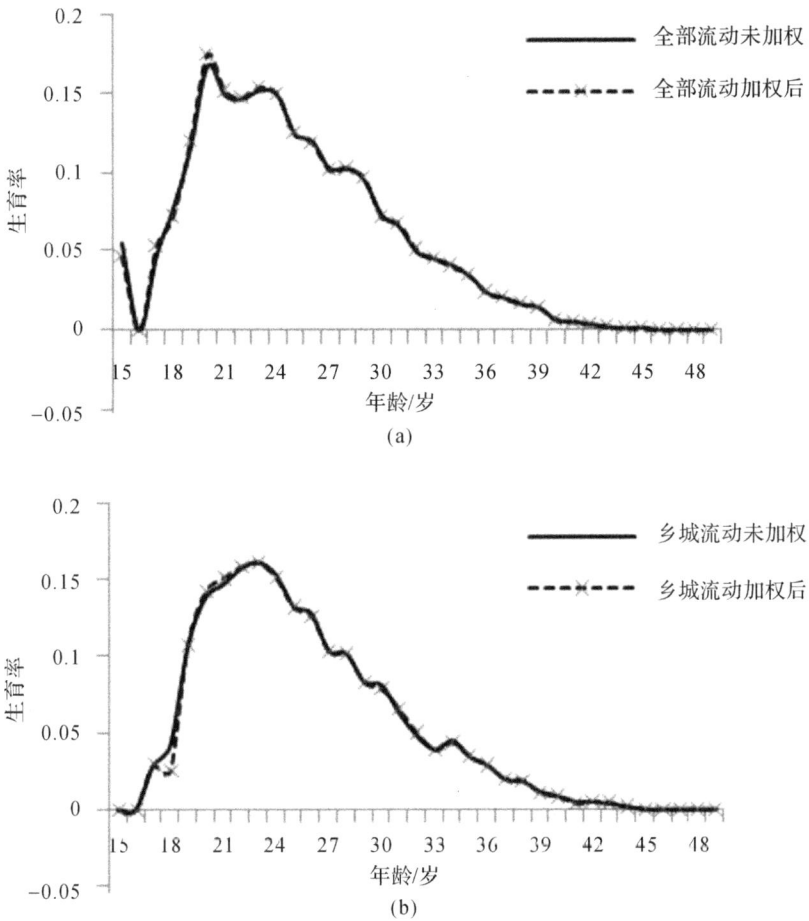

图 3-4 依据 2014 年流动监测数据计算出的 2010 年普查时点全部流动

人口与乡城流动人口在 2010 年普查年份的年龄别生育率

表 3-1　依据 2014 年流动监测数据计算的截止到

2010 年普查时点流动人口普查年份总和生育率

流动人口类型	孩次	监测数据计算的2010 年总和生育率（加权后）①	监测数据计算的2010 年总和生育率（未加权）	普查数据计算的2010 年总和生育率②
全部流动人口	一孩	1.475	1.447	0.770
	二孩	0.417	0.415	0.316
	三孩⁺	0.136	0.153	0.058
	合计	2.028(58174)	2.015(44673)	1.143
乡城流动人口	一孩	1.279	1.289	—
	二孩	0.605	0.596	—
	三孩⁺	0.009	0.005	—
	合计	1.893(32653)	1.889(25690)	—

注:括号内为样本量。

根据 2014 年流动监测数据,本书进一步计算了在 2014 年监测时点的流动人口在 2009—2013 年的总和生育率(见表 3-2)。发现总和生育率在 1.407 与 1.636 之间波动,这一水平低于李丁、郭志刚(2014)根据 2012 年流动监测数据计算出的结果,但远高于李丁、郭志刚(2014)根据第六次人口普查数据计算出来的 1.143。

表 3-2　依据 2014 年流动监测数据计算的

流动人口 2009—2013 年总和生育率

监测时间	2009 年	2010 年	2011 年	2012 年	2013 年
2014 年	1.490(78977)	1.432(79884)	1.407(80409)	1.636(80353)	1.546(79905)
2012 年③	1.743	1.639	1.743	—	—

注:括号内为样本量。

① 根据女性样本的年龄结构与流动地域范围加权,普查年份加权与未加权的总和生育率均是根据截止到 2010 年 10 月末为真正意义上的流动人口样本计算的。
② 数据来源于李丁、郭志刚(2014)。
③ 数据来源于李丁、郭志刚(2014)。

　　图 3-5 显示了根据 2014 年流动监测数据计算的流动人口 2013 年分孩次总和生育率,发现全部流动人口在 2013 年的一孩总和生育率为 0.990,流动人口一孩的生育同样不受时期进度效应的影响,并且也没有出现一孩生育堆积的现象,这是依据截至 2014 年监测时点全部流动人口数据计算的总和生育率高于截至 2010 年普查时点的流动人口计算值的重要原因。第六次人口普查实际数据显示,流动人口的一孩生育受到明显的时期进度效应作用,而流动人口在 2013 年的一孩生育并未受到这种作用,究竟是不是抽样的问题还需要下文进一步分析。

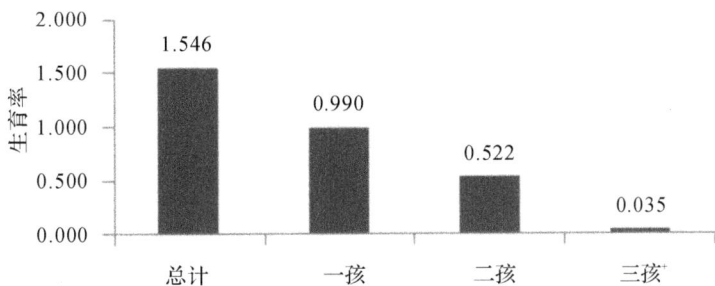

图 3-5　依据 2014 年流动监测数据计算的流动人口 2013 年分孩次总和生育率

　　图 3-6 显示除 2012 年流动人口年龄别生育率在生育旺盛期略高外,流动人口在 2009—2013 年的生育模式基本保持一致。

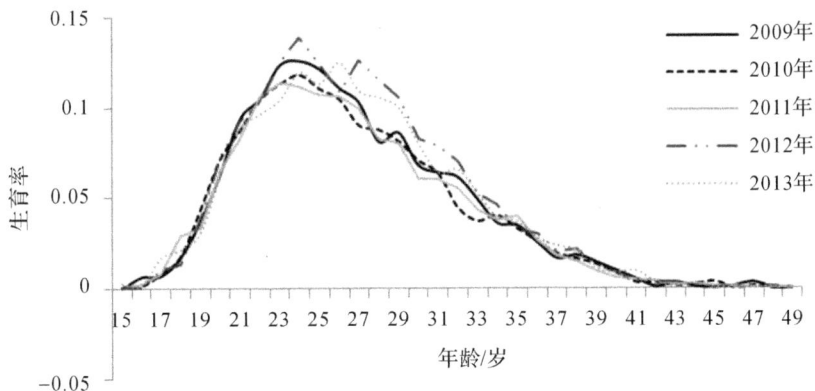

图 3-6　依据 2014 年流动监测数据计算的流动人口 2009—2013 年年龄别生育率

上文中提到,李丁、郭志刚(2014)发现 2010 年、2011 年与 2012 年连续三年流动监测数据中的育龄妇女年龄结构都较为接近。根据手头上的数据,笔者比较了 2014 年流动人口监测与 2010 年流动监测数据两者 16—49 岁育龄妇女年龄结构,计算得到的相关系数为 0.855,且相关性显著。但是从图 3-7 上看,还是存在着一定的差异。这种年龄结构上的差异或许是表 3-2 中依据 2014 年流动监测与 2012 年流动监测数据计算出的总和生育率出现差异的原因之一。

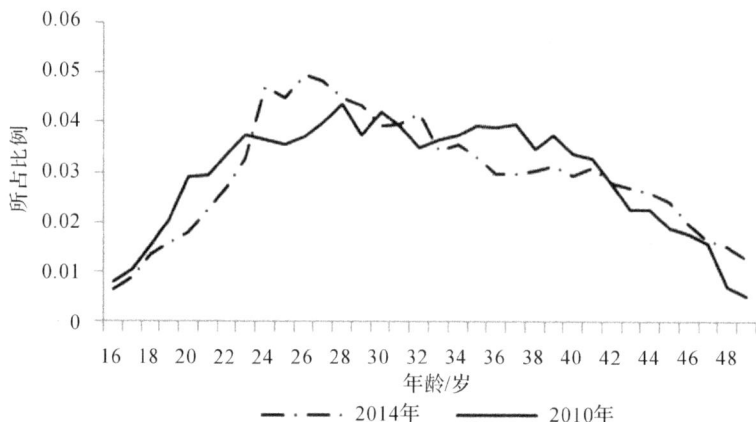

图 3-7　2010 年流动监测与 2014 年流动监测 16—49 岁育龄妇女年龄结构①

李丁、郭志刚(2014)认为"监测样本过多收集近期生育案例是导致监测生育率偏高"的重要因素,所以,在采用流动监测数据计算时期生育水平时,即便对育龄妇女的已婚结构进行标准化,对孩次结构加以控制,由此计算得到的时期生育水平也仍然会较高。因为,虽然时期生育水平计算值会受到样本中育龄妇女的已婚结构与孩次结构抽样偏差的影响,但更会受到"样本中生育者与未生育者的比值本身偏高"的影响,而这一点通过结构的标准化是剔除不掉的。

采用流动监测数据计算的生育率,仍然要受到抽样过程中的结构性偏差的影响作用,还要受到最为棘手的"监测样本中生育者与未生育者

---

①　2014 年流动监测 16—49 岁育龄妇女样本量 79318 份,2010 年流动监测 16—49 岁育龄妇女样本量 59427 份,调查样本中所有女性均在 16 岁及以上,所以两者育龄妇女年龄结构的比较从 16 岁开始。

的比值本身偏高"问题的困扰,那么这项研究还能不能进行? 答案是肯定的。因为本书最终要讨论的中心问题是乡城流动人口与农村本地人口的生育水平差异的问题,是乡城流动对生育水平究竟有着怎样的作用的问题,而不是乡城流动人口一个真实的生育水平的问题。如果根据流动监测数据计算出的乡城流动人口生育水平仍要比农村本地人口低,那么就有理由相信乡城流动降低了生育水平。至于流动人口的生育水平具体有多高,在目前中国城镇化发展阶段上,依据现有的数据资料很难统计出一个准确的数值。

　　流动监测数据与普查数据相比,虽然存在着以上几种结构性偏差,但是从李丁、郭志刚(2014)所画图形以及本书所作图形上看,流动监测数据与第六次人口普查流动人口资料在各种属性结构上重合部分仍然占绝大多数,也就是说虽然抽样出现了结构性偏差,但流动监测数据还是能够代表各年龄组原始数据的绝大部分信息,由此推断2014年流动监测数据女性年龄结构和分年龄婚姻结构与2014年现实分布中的流动育龄妇女也应该接近。另外,李丁、郭志刚(2014)认为流动监测数据"是目前除人口普查外关于流动人口样本规模最大的全国性代表数据",而且,受限于可获得的数据资料,尚未发现比流动监测更为详细的记录流动人口生育史的数据库,所以仍使用流动监测数据继续做这个研究。

　　2.CFPS2010年育龄妇女数据抽样的代表性评价

　　CFPS2010年的执行时间分为两部分,一是调查季的大规模调查,二是后期针对调查季的调查结果所做的一些补访调查。调查季从2010年4月开始,至2010年9月结束。[①] 从数据库填写的调查年月看,补访调查从2010年10月持续到2011年3月,还有2011年的9月。总体看,CFPS调查期较长。本书将2010年CFPS数据库筛选出的16—49岁女性样本数据与第六次人口普查相应数据进行比对,以检验样本的准确性与代表性(见图3-8)。对比发现第六次人口普查与CFPS2010年两者年龄结构的相关系数为0.661,且相关性显著,样本出现了一定的偏

---

　　① 中国家庭动态跟踪调查(2010)用户手册 V2,第36页。

差。CFPS2010 年数据中相对年长者所占比例较大,36—49 岁所占比例高于第六次人口普查数据,16—35 岁所占比例低于第六次人口普查数据,后又继续计算了两者在各年龄上离差的绝对值,发现相差最大的为 0.015,而这发生在 48 岁育龄妇女的比较上。另外,两者累计平均绝对误差①仅为 0.0052。所以即便存在抽样偏差,但每个年龄上的样本也仍能代表大部分原始数据。另外,"仅年龄结构分布的偏差并不一定会导致年龄别生育率异常并带来总和生育率估计的偏差"(李丁等,2014)。因为总和生育率本身就已经是剔除掉年龄结构影响后的生育率指标。"只要同一年龄组内各类妇女中生育和未生育的人被抽到的概率相同,处于生育旺盛期的妇女调查得多,就只会影响近年的出生数量,不会影响总和生育率水平"(李丁等,2014)。同理,处于生育旺盛期妇女调查得

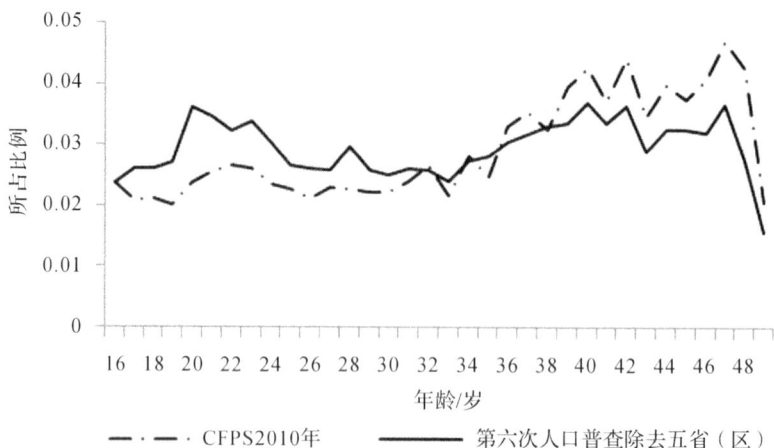

图 3-8　16—49 岁女性年龄结构②

---

① 累计平均绝对误差为 $\frac{1}{n}\sum_{i=1}^{n}|\hat{x_i}-x_i|$。

② CFPS2010 年 16—49 岁育龄妇女样本量为 10587 份。第六次人口普查除去五省(区)16—49 岁育龄妇女人数 33166549,占没有除去五省(区)总育龄妇女人数 34978340 的 94.8%。第六次人口普查数据详见 http://www.stats.gov.cn/tjsj/pcsj/rkpc/6rp/indexch.htm。除去的五省(区)数据分别来源于:宁夏回族自治区 2010 年人口普查资料,第 1863、1871 页;青海省 2010 年人口普查资料,第 1863、1871 页;新疆维吾尔自治区 2010 年人口普查资料,第 1587、1595 页;内蒙古自治区 2010 年人口普查资料,第 2356-2357 页;海南省 2010 年人口普查资料,第 1851-1859 页。以上数据均为普查长表数据资料。

少,也不会影响总和生育率水平。所以不再根据年龄结构差异对CFPS2010 年样本数据进行加权。从年龄结构看,CFPS2010 年育龄妇女数据代表第六次人口普查全国育龄妇女具有可信性。对比第六次人口普查与 CFPS2010 年两者分年龄婚姻(见图 3-9)时,只选取未婚与在婚两种婚姻结构(因为第六次人口普查数据没有将在婚区分为初婚与再婚),而将离婚与丧偶剔除出去,发现 CFPS2010 年调查样本各年龄在婚的比例基本上高于第六次人口普查长表数据中除去五省(区)之外的在婚比例,两者在婚姻结构上也出现了偏差,而且两者在各年龄离差的绝对值上,相差最大的高达 0.152,但累计平均绝对误差仅为0.042,两者的相关系数为 0.991,从样本分年龄的婚姻结构看仍具有代表性。

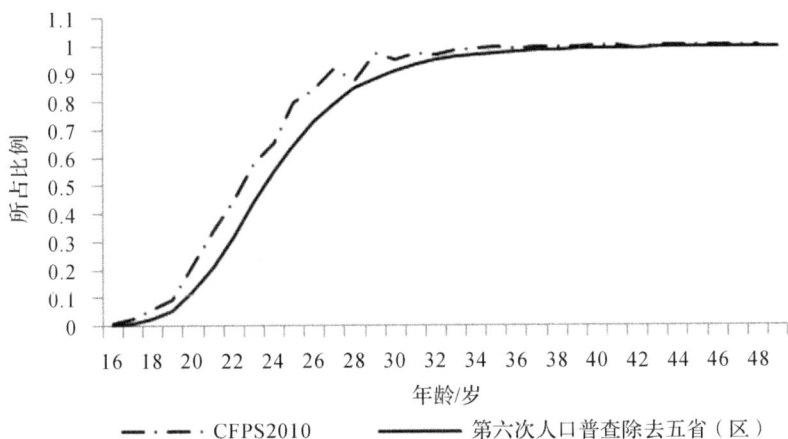

图 3-9　16—49 岁女性分年龄的在婚比例①

注:在婚比例＝在婚/(未婚＋在婚)。

---

① CFPS2010 年 16—49 岁育龄妇女中未婚与在婚的样本量 10311 份。第六次人口普查除去五省(区)16—49 岁未婚与在婚的育龄妇女人数 32469209,占没有除去五省(区)未婚与在婚的总育龄妇女人数 34206335 的 94.9％。第六次人口普查数据详见 http://www.stats.gov.cn/tjsj/pcsj/rkpc/6rp/indexch.htm。除去的五省(区)数据分别来源于:宁夏回族自治区 2010 年人口普查资料,第 1863、1871 页;青海省 2010 年人口普查资料,第 1863、1871 页;新疆维吾尔自治区 2010 年人口普查资料,第 1587、1595 页;内蒙古自治区 2010 年人口普查资料,第 2356－2357 页;海南省 2010 年人口普查资料,第 1851－1859 页。以上数据均为普查长表数据资料。

3. 数据库整理

CFPS2010 年成人数据库中，有些样本各孩次出生信息并不是严格按照出生顺序填写的，所以首先根据每个孩次的出生年月重新对孩次顺序进行排序。但又有些样本，各孩次信息只填写了孩子性别，没有填写出生年份也没有填写出生月份，又或者只填写了出生月份，对于这样的样本，将相应孩次保留了其在原来数据库中的位置，这一部分样本并不能根据其出生年月来计算各孩次的生育年龄；对于那些只填写了出生年份的样本，将月份视为 0 来计算各孩次生育年龄。在是否生育了该孩次的选择上，主要是根据样本填写的孩次性别来识别，只要填写了该孩次的性别，就将其视作生育了该孩次。因为，对于有些样本，孩子的出生年月可能记不清楚了，但有几个男孩、几个女孩还是能记准确的。依据性别的填写信息来计算每个样本最终生育孩子数，发现样本中最多生育孩子数为 6 个。表 3-3 是根据 CFPS2010 年数据库中各孩次生育信息汇总出的在各个孩次生育过与未能统计到出生年份的样本量数据，发现漏填的比例较高，数据库中各孩次出生年份信息的填写总体质量不高。因为下文中还要对数据库做进一步的筛选，所以究竟有多少样本量会影响到生育间隔年数别一孩、二孩、三孩生育率的计算，以及遇到漏填的样本是如何处理的，本书再具体分析。

表 3-3　CFPS2010 年数据库中各孩次生育与未能统计到出生年份的样本量

统计指标	孩次					
	一孩	二孩	三孩	四孩	五孩	六孩
有过生育	28133	17856	7788	3408	1441	587
未能统计到出生年份	3944	2632	1561	803	366	108
占比/%	14.0	14.7	20.0	23.6	25.4	18.4

2014 年流动监测个人数据库中，有些样本各孩次出生信息同样并不是严格按照出生顺序填写的，所以首先根据每个孩次的出生年月重新对孩次顺序进行排序。经过计算，整个数据中生育过一孩的样本量为 146245 份，生育过二孩的样本量为 61481 份，生育过三孩的样本量为

8249 份,生育过四孩的样本量为 1071 份,生育过五孩的样本量为 168 份,且在每个生育孩次上均分别填写了出生年月。

4.相关人口类型在数据库中的定义

乡城流动人口:根据 2014 年流动监测个人 A 卷数据库中的内容将户口性质为农业且样本点类型为居委会的定义为乡城流动人口。

农村本地人口:根据 CFPS2010 年成人数据库中的内容将出生地与现住地(调查地)的省国标码与区县顺序码一致,且户口状况为农业,且现住地是基于国家统计局资料的城乡分类的农村区域的定义为农村本地人口。

城镇本地人口:根据 CFPS2010 年成人数据库中的内容将出生地与现住地(调查地)的省国标码与区县顺序码一致,且户口状况为非农业,且现住地是基于国家统计局资料的城乡分类的城镇区域的定义为城镇本地人口。

(三)2012 年上海市流动人口监测数据

2012 年原国家人口和计划生育委员会组织调查的流动人口动态监测项目同样包含了流动人口生育史的回顾,本书一部分研究数据来自"北京、上海、广州特大城市流动人口动态监测调查"中的上海部分,数据库中样本量为 14993 份,男性为 7100 份,女性为 7893 份。从样本户籍地来源分布看,在所有女性样本中户籍地为安徽的占 28.82%,户籍地为江苏的占 17.18%,两省份女性样本数占全部样本的 46.00%,所以从全国流动育龄妇女的角度而言,"以上海市为例"代表全国性的范围可能会存在偏差。但该数据库针对融合理论对生育率影响这一问题的研究上,最好的地方就在于调查了被访者"生活与感受"的部分,这样就可以根据数据库中的相应指标检验融合理论的适用性。而这些在 2014 年流动监测数据中是没有的。2012 年上海市流动监测数据不仅是解释乡城流动人口生育率下降影响因素的数据库,而且是后文中用以解释乡城流动人口生育胎次间隔与生育男孩偏好影响因素的数据库。

因为 2012 年上海市流动监测的数据库主要是用来解释影响因素,但不是具体计算生育率准确数值,而在生育间隔的研究中最准确的是用胎次,所以本书中用到 2012 年上海市流动监测数据库时,都将用胎次来研究。本书首先根据问卷中所生子女情况,将孩次与胎次对应起来,在所生一孩与二孩中共有70对双胞胎,本书在计算第二胎递进生育时将对应的育龄妇女剔除在外,70对双胞胎的育龄妇女中又有14人生育了第三个孩子,那么本书将这14个生育第三个孩子的样本放到了二胎生育的计算中。这14个样本都没有生育第四个孩子,关于二孩是双胞胎的样本调整结束。生育三胎、四胎与五胎的样本量数据太少,在此不做调整与统计分析。

下文分析中研究内容具体应用到的四个数据库详见表3-4。

表 3-4　本书第四—六章研究内容与数据支持

章	研究内容	研究内容细分	数据支持
第四章	乡城流动人口生育水平现状	总和生育率(TFR);Logistic回归;递进生育率;婚后年数别生育率	2000年人口普查0.95‰抽样
		生育间隔年数别生育率	CFPS2010年、2014年流动监测
	人口的乡城流动对生育水平的影响	递进生育率	2000年人口普查0.95‰抽样
		时期孩次递进比;生育间隔年数别生育率;Cox回归	CFPS2010年、2014年流动监测
	影响乡城流动人口生育水平的因素		2012年上海流动监测
第五章	乡城流动人口生育时间现状	孩次别平均生育年龄;初婚初育间隔	2000年人口普查0.95‰抽样
		平均生育间隔	CFPS2010年、2014年流动监测
	人口的乡城流动对生育间隔的影响	平均生育间隔	CFPS2010年、2014年流动监测
	影响乡城流动人口生育间隔的因素		2012年上海流动监测

续表

章	研究内容	研究内容细分	数据支持
第六章	乡城流动人口生育男孩偏好现状		CFPS2010 年、2014 年流动监测
	人口的乡城流动对生育男孩偏好的影响		CFPS2010 年、2014 年流动监测
	影响乡城流动人口生育男孩偏好的因素		2012 年上海流动监测

二、主要研究方法介绍

(一)倾向值得分匹配

承接第二章理论与实证研究进展部分的分析,本书发现如何有效剔除乡城流动的选择性是考察乡城流动对生育水平影响的重要环节。本章采用倾向值得分匹配(propensity score matching)方法剔除乡城流动的选择效应。在各种统计学方法中,倾向值匹配受到越来越多的重视,Dehejia 和 Wahba(2002)认为倾向值得分匹配方法是利用观察型数据进行因果推断的最优方法,很多学者都使用倾向值得分匹配来估计因果影响效果(Smith,1997;Morgan et al.,2006;周皓,2015)。我国学者胡安宁(2012)专门对这一方法进行了评述。下面简要介绍一下倾向值得分匹配方法在本书的操作原理。

倾向得分匹配需要满足两个假设。一个是条件独立假设,假定一组混淆变量既影响生育率,又影响人口是否流动。当对这些混淆变量加以控制后,"是否流动"在样本中的分配是随机的。也就是说生育率的差异完全是由农村本地人口与乡城流动人口两者造成的,流动与差异之间存在这一种因果关系。另一个是农村本地人口与乡城流动人口要有一部分样本个体的倾向值得分相等,这样才可以找出一部分剔除乡城流动选择性后的配对样本。农村本地人口与乡城流动人口结果均值的加权差异(ATT)的倾向得分估计量可以表示为 $T_{ATT}^{PSM} = E_{P(X)\mid D=1}$

$\{E[Y(1)|D=1,P(X)]-E[Y(0)|D=0,P(X)]\}$，$D=1$ 表示处理组，$D=0$ 表示参照组，$Y(1)$、$Y(0)$ 分别表示各组的结局变量，$P(X)$ 表示控制组相应的混淆变量。本书以乡城流动人口为处理组，以农村本地人口作为参照组，并进一步选取"nearest neighbor matching within caliper"方法按照 1∶1 进行倾向值得分匹配。通过倾向值得分匹配筛选出样本后，再进行乡城流动人口与农村本地人口各生育率指标的计算，如果计算结果存在差异，则说明了人口的乡城流动与生育水平之间有着因果影响关系。以上是采用倾向值得分匹配研究人口的乡城流动对生育水平影响时的原理，生育时间与生育男孩偏好原理一样。

(二)单因素方差分析

方差分析是用来检验多个独立总体的平均数是否有差异的研究方法。方差分析要求有一个间距测量水平的因变量 Y 和一个或者多个分类的自变量。如果只有一个分类自变量，则称为单因素方差分析。方差分析的原假设是任意两组在因变量上的平均数相等，即 $H_0: \overline{Y}_1 = \overline{Y}_2 = \cdots = \overline{Y}_g$，备择假设 $H_1: \overline{Y}_i \overline{Y}_j$ 表示各组中至少有一对平均数不相等。随后通过构建统计量 $F = \mathrm{MSS}_B / \mathrm{MSS}_w \sim F(g-1, n-g)$ 来检验这些样本是不是来自一个"大总体"的结论，其中 MSS_B 为组间方差，MSS_w 为组内方差。本书主要用单因素方差检验来研究乡城流动人口与农村本地人口在孩次生育时间上的差异。

(三)Logistic 回归

在本书抽样调查中，因变量"是否生育"是一个二分类变量，所以有一些分析应用二元 Logistic 回归(binary logistic regression)模型进行分析。

对 Logistic 回归模型比较容易理解的是假设一个连续型随机变量 Y_i^* (如个人健康程度与一个国家卷入战争的可能性)，而这个连续型随机变量 Y_i^* 服从均值为 μ_i 的 Logistic 概率密度函数分布。均值 μ_i 随着解释变量 X_i 的观察值而变动，X_i 对 μ_i 呈现一种线性影响关系。如果 Y_i^* 可以观察到，则这个模型非常接近一个线性回归模型：

$$Y_i^* \sim \mathrm{Logistic}(Y_i^* \mid \mu_i),$$

$$\mu_i = X_i\beta。$$

Logistic$(Y_i^* \mid \mu_i)$是单参数的概率密度，

$$p(Y_i^*) = \frac{\exp-(Y_i^* - \mu_i)}{[1+\exp-(Y_i^* - \mu_i)]^2}。$$

然而，现实中，Y_i^*往往观察不到，这个时候我们仅仅看到二分类离散型变量，Y_i。在$Y_i^* > 0$的情况下，$Y_i = 1$；在$Y_i^* \leqslant 0$的情况下，$Y_i = 0$。比如：Y_i^*表示对健康的测量，$Y_i = 1$表示死亡，$Y_i = 0$表示存活着；Y_i^*表示对战争可能性的测量，$Y_i = 1$表示战争，$Y_i = 0$表示和平。对 Logistic 概率密度函数求积分后得到：

$$\Pr(Y_i = 1 \mid \beta) = \pi_i = \Pr(Y_i^* > 0 \mid \beta)$$
$$= \int_0^\infty \text{Logistic}(Y_i^* \mid \mu_i)\, dY_i^* = \frac{1}{1 + \exp(-X_i\beta)}。$$

这样我们就可以根据极大似然估计对参数β进行估计。$\beta = (\beta_0, \beta_1)$，是一个$K$行一列的向量，$\beta_0$是标量常数项，$\beta_1$是与解释变量$X_i$相对应的回归系数。$\exp(\beta_k)$则为发生概率，当$\exp(\beta_k) > 1$时，事件发生的概率也将随着增大，反之则反是。

（四）离散时间 Logit 模型

本书采用事件史分析技术对乡城流动人口二胎递进生育的概率进行分析，以此来检验影响乡城流动人口生育水平的因素。该技术有两个优点（Allison，1982；郭志刚，2015）：一个优点是，由于被调查的育龄妇女在调查时点以后的年份上是否会生育，我们并没有再进行跟踪调查，所以未知，而事件史技术可以帮助我们有效地处理右面截尾数据的问题；另一个优点是，能够很好地处理随着时间变化的解释变量，通过将数据转化为人年（personyear）数据，容易对时变变量进行操作。下文分析中用到的时变变量主要为年龄与流入地居住时长。

定义个体i在时间t上生育二胎的风险为P_{it}，$P_{it} = \Pr(T_i = t \mid T_i >= t, X_i, X_{it})$，$T_i$作为离散变量的一胎生育持续时间，$X_i$代表不随时间变化的变量，$X_{it}$代表时变变量。离散时间 Logit 模型是事件史分析中的重要研究方法，其表达式为：$P_{it}/(1-P_{it}) = \exp(\alpha + \beta X_i + \gamma X_{it})$，用

此模型研究在某一风险集($T_i = t$)中生育二胎的概率与解释变量之间的关系。

(五)Cox 比例风险回归

生存分析最为重要的一个研究目标就是从诸多潜在的预测变量中筛选出一小部分关键性因素。Cox 比例风险回归模型就通常被用来研究潜在的预测变量与生存时间之间的关系,主要用于影响因素的分析,而不用于估计生存率。比例风险回归模型最初由 Cox(1972)提出。相比较于多元线性模型或其他模型,Cox 回归模型最独特的地方就是对于一些截尾数据的处理。Cox 比例风险回归模型通常也被称为持续时间模型。

设想,一个数据集中有 n 个样本被用来研究生存时间 T 与协变量 X 之间的关系,我们使用数据$(t_1, \delta_1, x_1), (t_2, \delta_2, x_2), \cdots, (t_n, \delta_n, x_n)$来代表个体样本数据,在$\delta_1 = 1$的情况下,生存时间($t_i$)是可以准确计算出来的,在$\delta_1 = 0$的情况下,生存时间是右截尾的。在回归中,$X_i = (x_{i1}, x_{i2}, \cdots, x_{ip})$是潜在的预测变量向量。Cox 比例风险回归的风险函数通常被写为:

$$h(t|\beta) = h_0(t)\exp(x^\mathsf{T}\beta)。$$

基准风险函数 $h_0(t)$ 通常是未知的。$\beta = (\beta_1, \beta_2, \cdots, \beta_p)$,是回归系数向量,由样本数据估计而得。风险函数的偏对数似然估计为:

$$l(\beta) = \sum_{i=1}^{n} \delta_i \left\{ x_i^\mathsf{T}\beta - \log\left[\sum_{j \in R_i} \exp(x_i^\mathsf{T}\beta) \right] \right\}。$$

R_i 表示生存个体在时间t_i的指标族。当加入时间依存性协变量时,则模型变为:

$$h(t \mid \beta) = h_0(t)\exp\left[x^\mathsf{T}\beta + \sum_{k=1}^{n} \beta_k \, x_{k(t=0)} \, g(t) \right]。$$

其中:β_k为时依性协变量的回归系数;x_k是时间依存变量,其与时间的交互变量是$x_{k(t=0)} g(t)$。本书中,Cox 比例风险回归一部分用在孩次递进生育影响因素的分析中。

Cox 比例风险回归曾经也被用来研究影响生育间隔的因素与协变量(Cox,1972)。在人口统计学的研究中,生命表技术在研究生育间隔上是非常受欢迎的,但是当研究的目的是研究影响生育间隔的因素时该种技术便显得束手无策。相比较于多元线性模型或其他的模型,Cox回归模型最独特的地方就是对于一些截尾数据的处理。很多的人口学家已经使用Cox回归模型来研究生育间隔,尤其是在生存时间分布未知的情况下(Trussell,1985;Eini-Zinab et al.,2005;Hemochandra et al.,2010)。

下文分析中具体研究内容应用到的各种研究方法详见表3-5。

表3-5　本书第四—六章研究内容与研究方法支持

章	研究内容		研究方法
第四章	乡城流动人口生育水平现状	总和生育率(TFR);递进生育率;婚后年数别生育率;生育间隔年数别生育率	Logistic回归
	人口的乡城流动对生育水平的影响	递进生育率;时期孩次递进比;生育间隔年数别生育率	倾向值得分匹配;卡方检验;Cox回归
	影响乡城流动人口生育水平的因素		因子分析;离散时间Logit回归
第五章	乡城流动人口生育时间现状	孩次别平均生育年龄;初婚初育间隔;平均生育间隔	
	人口的乡城流动对生育间隔的影响	平均生育间隔	倾向值得分匹配
	影响乡城流动人口生育间隔的因素		单因素方差分析;Cox回归
第六章	乡城流动人口生育男孩偏好现状		
	人口的乡城流动对生育男孩偏好的影响		倾向值得分匹配;卡方检验;Logistic回归;Cox回归
	影响乡城流动人口生育男孩偏好的因素		因子分析;Cox回归

第四章 人口的乡城流动与生育水平

一、乡城流动人口生育水平现状

(一)总和生育率

在第三章对 2000 年第五次人口普查 0.95‰抽样数据库中的乡城流动人口与农村本地人口进行定义后,本书进一步选取了年龄为 15—49 岁的女性样本,分别得到样本量 19721 份与 149922 份,并进一步比较了两类人口在一些变量上的差异(见表 4-1),对于定类变量进行了卡方检验,对于定距变量进行了单因素方差检验,发现乡城流动人口与农村本地人口在各指标上的差异均显著。本书发现乡城流动人口与农村本地人口是两个不同的群体。乡城流动人口平均年龄比农村本地人口年轻;受教育程度比农村本地人口高;汉族构成比例高于农村本地人口;未婚比例同样高于农村本地人口;现有子女数显著少于农村本地人口。

表 4-1　所选择变量的描述性统计

变量	农村本地人口	乡城流动人口	统计检验
年龄/岁	30.94	27.18	$F=2531.630^{***}$
受教育年限/年	7.2684	8.3551	$F=2736.411^{***}$

变量		农村本地人口	乡城流动人口	统计检验
民族 /%	汉族	89.5	94.4	$\chi^2 = 477.521^{***}$
	少数民族	10.5	5.6	
婚姻 状况 /%	未婚	26.6	39.4	$\chi^2 = 1472.433^{***}$
	初婚有配偶	70.7	58.6	
	再婚有配偶	1.5	1.2	
	离婚	0.4	0.5	
	丧偶	0.9	0.3	
现有子女数		1.4005	0.8653	$F = 3416.894^{***}$
样本量		149922	19721	

注：*** 表示 $p < 0.01$。

图 4-1 展示了农村本地人口与乡城流动人口年龄别生育率。从总年龄别生育率看,农村本地人口在 33 岁及以前均高于乡城流动人口,在峰值上,也远远高于乡城流动人口。在一孩年龄别生育率上,农村本地人口在 27 岁及以前均高于乡城流动人口,在 28—37 岁年龄上低于乡城流动人口,可以看出乡城流动人口一孩生育延迟。在二孩、三孩⁺年龄别生育率上,农村本地人口在大部分年龄上均较高。

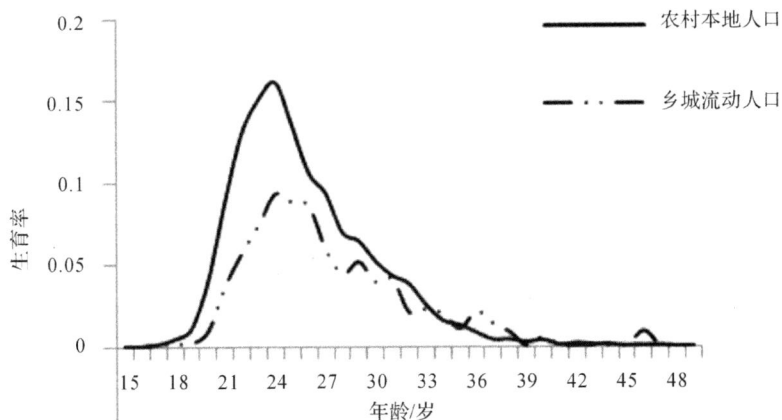

（a）总年龄别生育率

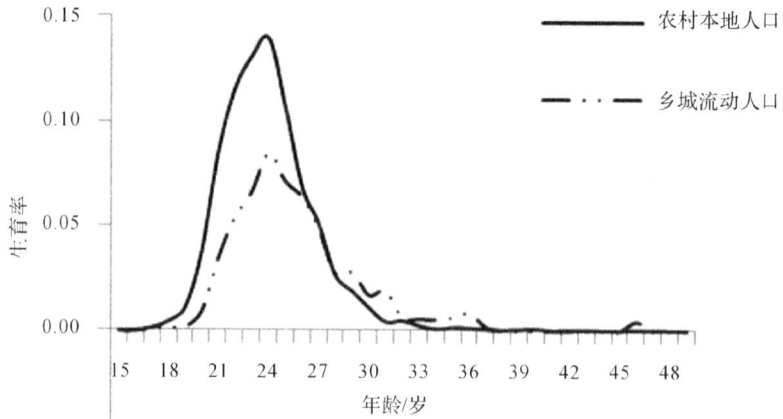

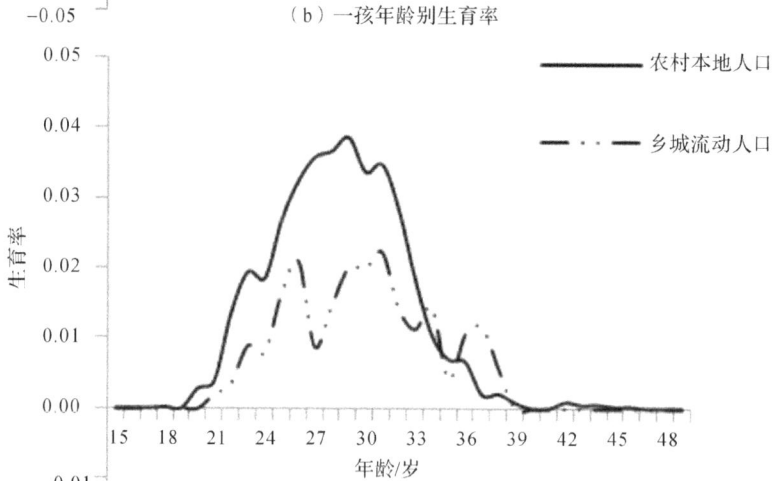

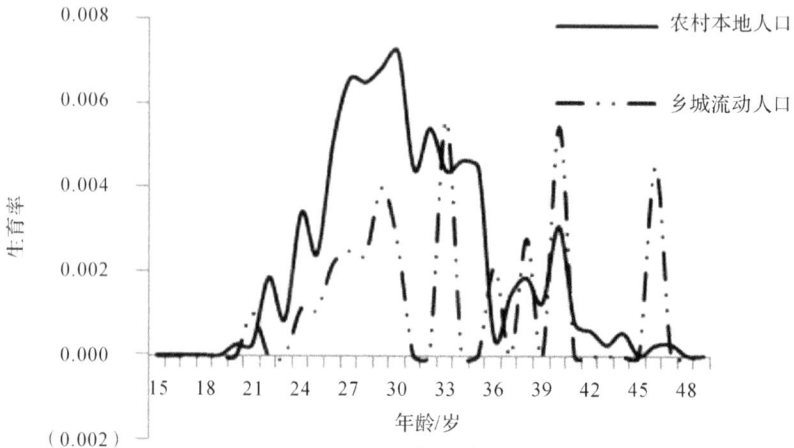

图 4-1　2000 年普查年份农村本地人口与乡城流动人口孩次别和年龄别生育率

表 4-2 显示，农村本地育龄妇女在普查年份的总和生育率为 1.273，这与陈卫、吴丽丽（2006）同样根据第五次人口普查 0.95‰ 数据计算出的 1.280 较为接近。乡城流动人口为 0.821，比农村本地人口少生 0.452 个孩次，乡城流动人口的生育水平较低。从孩次别总和生育率看，乡城流动人口同样低于农村本地人口。

表 4-2　2000 年普查年份农村本地人口与乡城流动人口孩次别总和生育率

人口类型	TFR_1	TFR_2	$TFR_3{}^+$	TFR
乡城流动人口	0.567	0.216	0.038	0.821
农村本地人口	0.822	0.376	0.075	1.273

（二）递进生育率

郭志刚（2006）曾经对马瀛通等（1986）提出的根据普查数据计算递进生育率的方法做了进一步阐述，以鼓励人口学者采用。递进生育率的具体计算过程详见本章附录 4-A。笔者从数据库中选取 15—50 岁的妇女人数来计算，选出乡城流动妇女 19832 人，农村本地妇女 153118 人。图 4-2 显示了 2000 年普查年份农村本地人口与乡城流动人口一孩、二孩、三孩与四孩的年龄别递进生育率。在 24 岁及以前的年龄段上，农村本地人口的一孩年龄别递进生育率均高于乡城流动人口，在 25—37 岁的年龄段上，农村本地人口一孩年龄别递进生育率低于乡城流动人口。农村本地人口 15—24 岁的累计一孩年龄别递进生育率为 0.670，乡城流动人口为 0.290，农村本地人口一孩的生育时间较早。从一孩峰值递进生育年龄上看，农村本地人口发生在 23 岁，乡城流动人口发生在 26 岁。乡城流动人口的二孩、三孩与四孩年龄别递进生育率大多低于农村本地人口，峰值生育年龄均晚于农村本地人口。

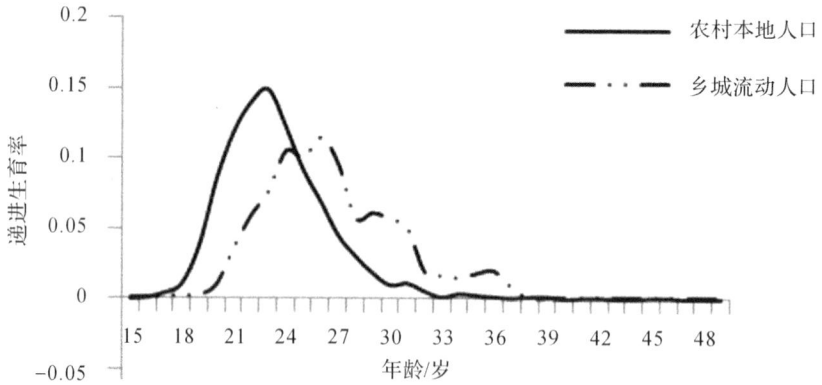

（a）一孩年龄别递进生育率

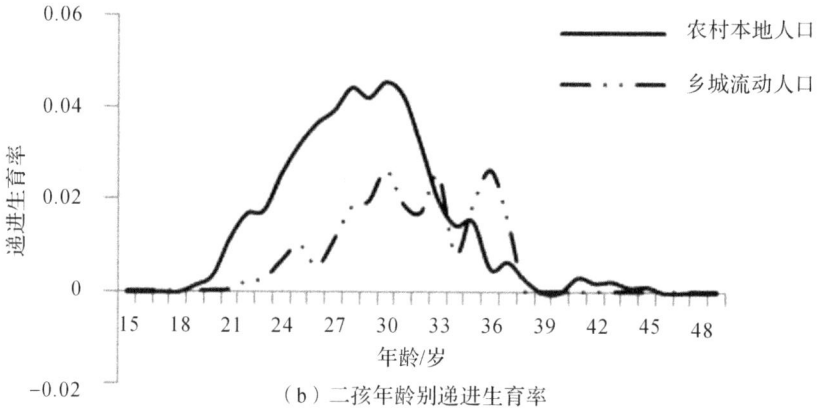

（b）二孩年龄别递进生育率

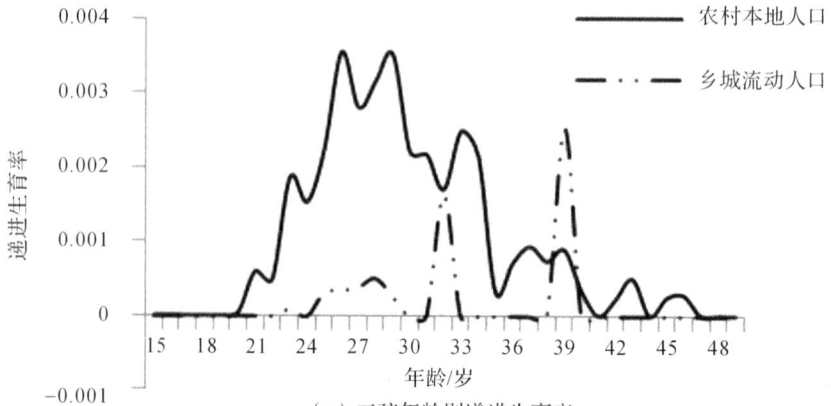

（c）三孩年龄别递进生育率

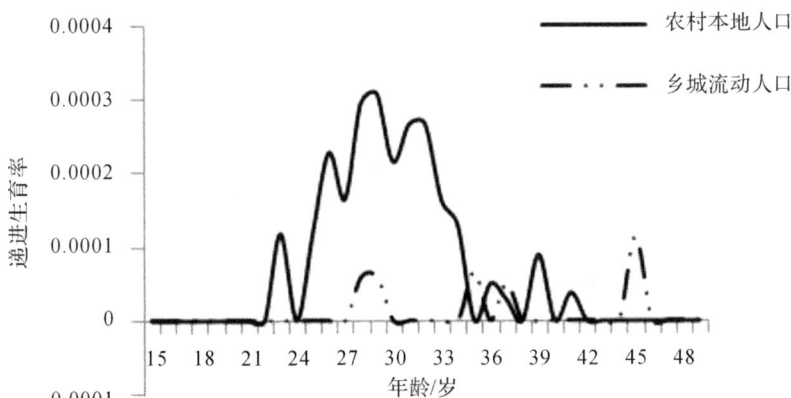

（d）四孩年龄别递进生育率

图 4-2　2000 年普查年份农村本地人口与乡城流动人口孩次别和年龄别递进生育率

表 4-3 显示了普查年份乡城流动人口与农村本地人口分孩次的总和递进生育率。经过计算发现，农村本地人口的一孩递进生育率为 0.968，乡城流动人口的一孩递进生育率为 0.920，农村本地人口明显高于乡城流动人口，高出 0.048 多。乡城流动人口的二孩、三孩与四孩总和递进生育率均低于农村本地人口，前四孩的累计总和递进生育率比农村本地人口低 0.316。

表 4-3　2000 年普查年份农村本地人口与乡城流动人口孩次别总和递进生育率

人口类型	$TPFR_1$	$TPFR_2$	$TPFR_3$	$TPFR_4$	$\sum\limits_{i=1}^{4} TPFR_i$
乡城流动人口	0.920	0.233	0.006	0	1.159
农村本地人口	0.968	0.469	0.036	0.002	1.475

乡城流动人口的一孩递进生育率低于农村本地人口，或许是因为两者的婚姻结构不同，表 4-4 显示乡城流动人口未婚比例高于农村本地人口 13.1 个百分点，但在初婚有配偶的比例上低于农村本地人口 12.3 个百分点。而育龄妇女未婚比例对生育率水平的影响已经被郭志刚（2017）所证实。农村本地人口的一孩递进生育率仅为 0.968，这或许主要是因为包括了再婚、离婚与丧偶的人口，因为此三类人口再生育的概

率较小,所以下文中将只选取未婚与初婚有配偶的样本来计算分孩次递
进生育率。

表 4-4 15—50 岁乡城流动人口与农村本地人口的婚姻结构差异

婚姻状况	农村本地人口/%	乡城流动人口/%	χ^2
未婚	26.1	39.2	
初婚有配偶	71.1	58.8	
再婚有配偶	1.5	1.2	1581.049***
离婚	0.4	0.5	
丧偶	1.0	0.3	

注:*** 表示 $p<0.01$。

经过进一步筛选,选取出 15—50 岁的未婚与初婚有配偶的农村本
地妇女 148744 人,乡城流动妇女 19429 人。笔者将根据此样本进一步
计算分孩次的年龄别递进生育率。图 4-3 显示了 2000 年普查年份未婚
与初婚的农村本地人口和乡城流动人口一孩年龄别递进生育率。

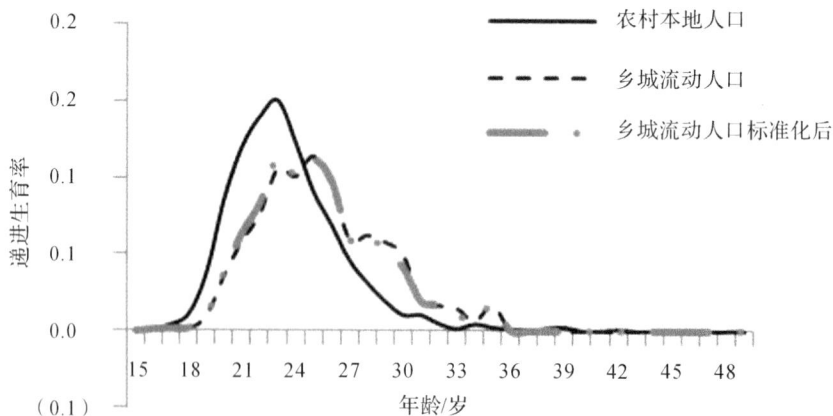

图 4-3 2000 年普查年份未婚与初婚的农村本地人口和乡城
流动人口一孩年龄别递进生育率

经过计算发现,农村本地人口的一孩递进生育率为 0.968,乡城流
动人口的一孩递进生育率为 0.905,农村本地人口明显高于乡城流动人
口,高出近 0.063。农村本地人口在峰值生育年龄上一孩递进生育率高

于乡城流动人口。为了剔除婚姻结构对乡城流动人口一孩递进生育率计算值的影响,笔者借鉴了郭志刚(2009)分解未婚比例对总和生育率影响的办法,将乡城流动人口原来的年龄别样本总量乘以农村本地人口年龄别未婚比例得到标准化后的年龄别未婚人数,并与乡城流动人口原来的年龄别初婚样本量相加得到标准化后的年龄别样本总量,将此数据作为计算乡城流动人口一孩递进生育率时的分母。最终计算得到乡城流动人口婚姻标准化后的一孩递进生育率为 0.916,乡城流动人口一孩递进生育率并没有明显提高。

我们国家的妇女基本上都会至少生育一个孩子,所以 0~1 孩的孩次递进比应该为 1 或者十分接近 1。曾毅(2004)的研究认为,20 世纪 80 年代 0~1 孩的孩次递进比在 0.99 左右。陈友华、虞沈冠(1993)曾计算得到 1968—1987 年中国妇女的一孩递进比一直稳定在 0.99 附近,波动范围很小。但他们注意到这跟当时卫生部统计出来中国妇女的终身不孕的比例为 3%～5%相矛盾,他们给出的解释是将抱养的孩子申报成了自己亲生的。蒋耒文(2001)的数据研究结果显示 20 世纪 80 年代老年女性的一生不育的比例为 4.78%;顾炜等(2002)的研究结果显示中国不孕妇女占 6%～11%;一项关于湖北省农村育龄妇女不孕症患病率的调查数据显示,育龄妇女年龄小于 25 岁的不孕症患病率为 2.46%,26—30 岁的为 1.83%(田丽槟等,2008)。由此可见,本书得出的农村本地人口一孩递进生育率为 0.968 是比较接近实际情况的,但本书依据时期数据计算的乡城流动人口年龄递进比却明显低于农村本地人口,这主要是由乡城流动人口的样本特征所造成的。无论是乡城流动人口的婚姻结构未标准化时还是标准化后,乡城流动人口 37 岁及以上的样本量均低于 10 个,且在每个年龄段上均没有生育。流动人口推迟生育已经被郭志刚(2010)所证实,37 岁及以上年龄段的农村本地人口累计一孩递进生育率接近 0.008,由此推算乡城流动人口在 37 岁及以上年龄段的累计一孩递进生育率应该会更高。因为本书重点讨论的不是乡城流动人口与农村本地人口在一孩递进生育率上的差异,而是二孩及更高孩次递进生育的差异,所以,将 37 岁及以上年龄段的一孩累计递进生育率合并到一起，记为 37^+，计算方法为用 0.99 减去 15—36 岁的累计一孩递进生育率。得到一个新的一孩递进生育率［见图 4-4(a)］。

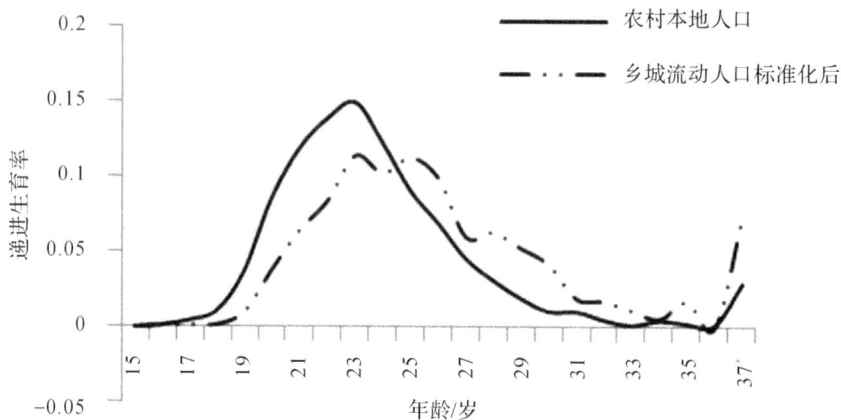

（a）标准化后一孩递进生育率

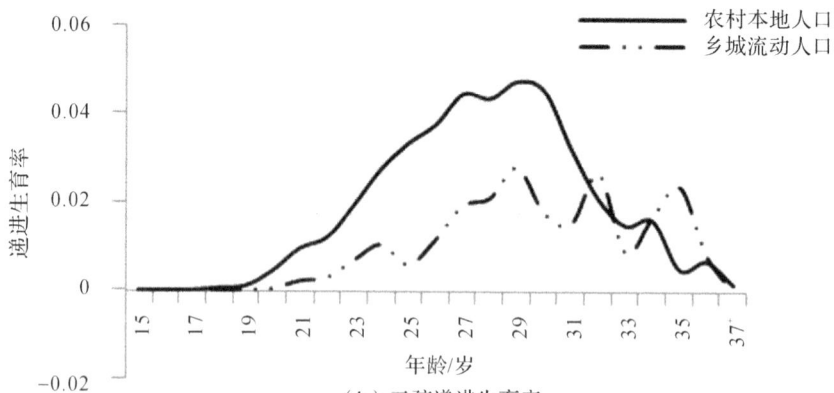

（b）二孩递进生育率

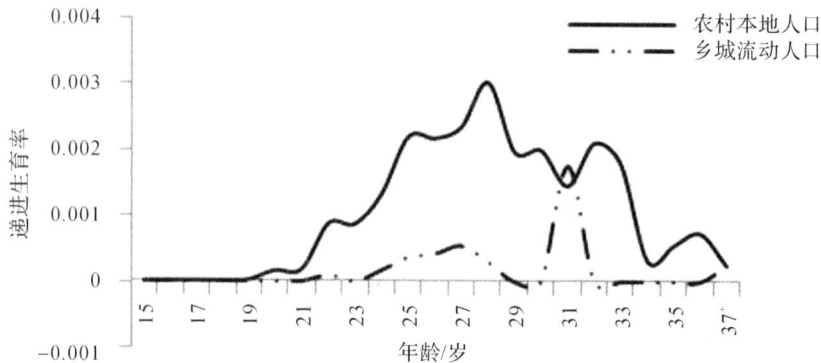

（c）三孩递进生育率

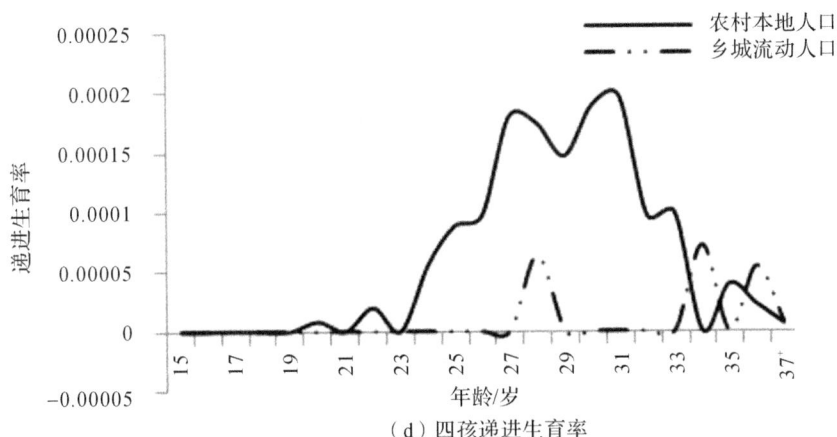

（d）四孩递进生育率

图 4-4　2000 年普查年份未婚、初婚的农村本地人口和

乡城流动人口孩次别与年龄别递进生育率

表 4-5 显示了乡城流动人口一孩年龄别递进生育率标准化后，2000年普查年份未婚、初婚的农村本地人口与乡城流动人口一孩、二孩、三孩、四孩总和递进生育率。乡城流动人口二孩、三孩与四孩的总和递进生育率均低于农村本地人口，前四孩累计的总和递进生育率比农村本地人口低 0.216。

表 4-5　2000 年普查年份未婚、初婚的乡城流动人口与

农村本地人口孩次别总和递进生育率

人口类型	TPFR$_1$ 原始值	TPFR$_1$ 标准化后	TPFR$_1$ 假设	TPFR$_2$	TPFR$_3$	TPFR$_4$	$\sum_{i=1}^{4}$ TPFR$_i$
乡城流动人口	0.905	0.916	0.99	0.227	0.004	0	1.221
农村本地人口	0.968	0.968	0.99	0.422	0.024	0.001	1.437

（三）Logistic 回归

总和生育率与递进生育率的计算只是控制了年龄结构、孩次结构分析的结果，尚不能控制两类人口的社会经济因素差异，此部分将采用二元 Logistic 回归在有统计控制的情况下去分析乡城流动人口与农村本地人口在普查年份生育的差异（见表 4-6）。此部分构建了两个模型，模型一分析了未婚与初婚的 15—49 岁的育龄妇女，模型二只分析了初婚的 15—49 岁的育龄妇女,而两个模型均显示了乡城流动人口递进生育的发生比小于农村本地人口,乡城流动人口的生育水平更低。年龄平方的发生比小于 1 说明了生育呈现倒 U 形模式,开始时随着年龄增长生育概率增大,但后来随着年龄的增长生育的概率变小。受教育年限越长生育概率越低。

表 4-6　2000 年普查前一年生育的 Logistic 回归分析

指标	模型一		模型二	
变量	Exp(B)	标准误	Exp(B)	标准误
农村本地人口(乡城流动人口)	1.811***	0.045	1.745***	0.048
年龄	5.82***	0.032	1.652***	0.034
年龄平方	0.969***	0.001	0.99***	0.001
曾生子女数	0.218***	0.029	0.131***	0.031
受教育年限	0.913***	0.006	0.935***	0.006
汉族(少数民族)	0.618***	0.043	0.655***	0.048
常量	0.000***	0.430	0.002***	0.471
Nagelkerke R^2	0.263		0.394	

注:*** 表示 $p < 0.01$。

(四)婚后年数别生育率

图 4-5 显示了 2000 年普查年份计算的不分孩次与分孩次的婚后年数别生育率(婚后年数别生育率的计算详见附录 4-B)。在不分孩次的婚后年数别生育率上[见图 4-5(a)],农村本地人口基本上均高于乡城流动人口,说明了农村本地人口的生育水平较高。在一孩婚后年数别生育率上,农村本地人口在婚后前三年内的生育率均高于乡城流动人口,但在三年后大部分年数上低于乡城流动人口,说明了乡城流动人口一孩生育延迟。在二孩、三孩婚后年数别生育率上,乡城流动人口在大部分年数上的生育率低于农村本地人口。

$f(j)$

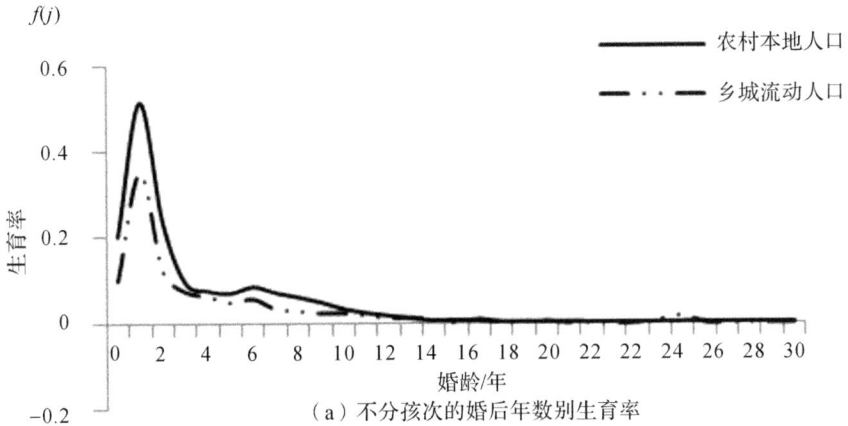

（a）不分孩次的婚后年数别生育率

$f(j,1)$

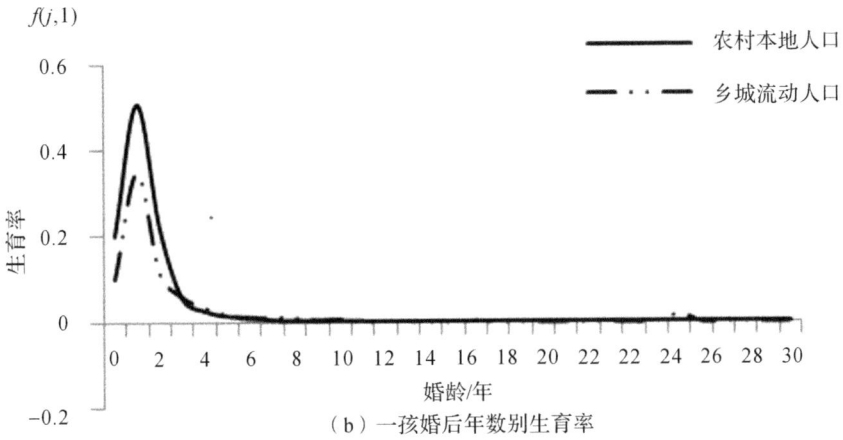

（b）一孩婚后年数别生育率

$f(j,2)$

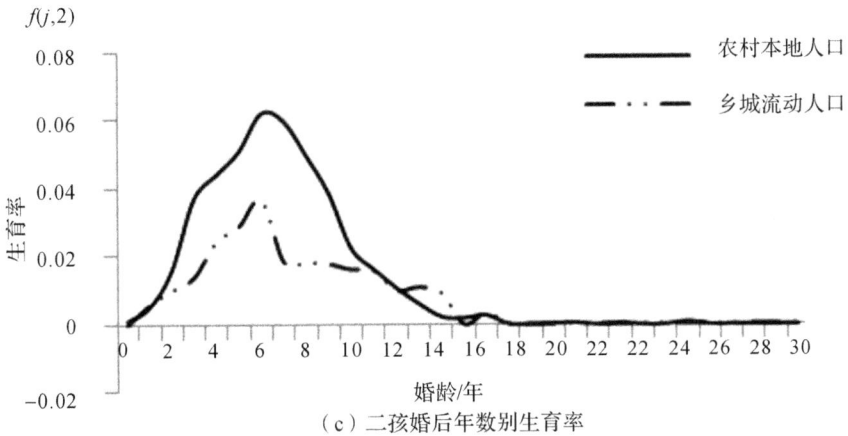

（c）二孩婚后年数别生育率

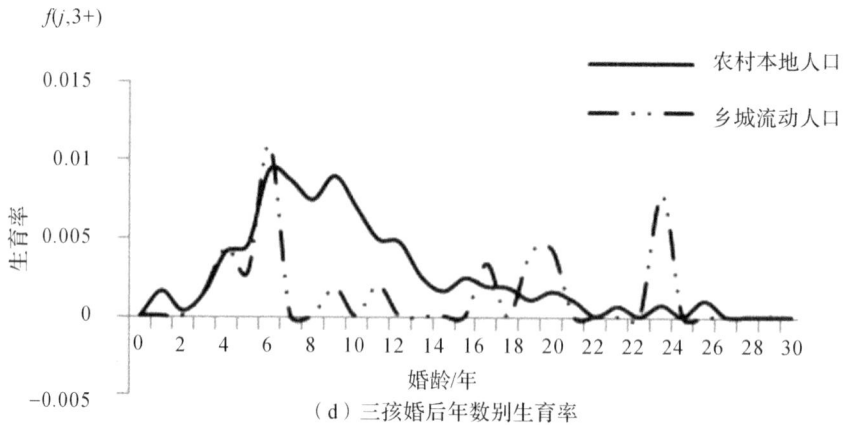

$f(j,3+)$

（d）三孩婚后年数别生育率

图 4-5　2000 年普查年份农村本地人口与乡城流动人口婚后年数别生育率

表 4-7 显示乡城流动人口总和婚后年数别生育率为 1.031,农村本地人口为 1.557,乡城流动人口远低于农村本地人口。乡城流动人口在二孩、多孩的生育水平上同样均低于农村本地人口。

表 4-7　2000 年乡城流动人口与农村本地人口总和婚后年数别生育率

人口类型	TDFR	$TDFR_1$	$TDFR_2$	$TDFR_3^+$
乡城流动人口	1.031	0.742	0.243	0.043
农村本地人口	1.557	1.047	0.434	0.079

（五）生育间隔年数别生育率

基于一个有着详细的妇女生育史记录的数据库,还可以进一步分析生育间隔年数别生育率。笔者于此采用"中国家庭追踪调查(CFPS)2010"中的成人问卷数据库与国家卫计委组织实施的 2014 年全国流动人口卫生计生动态监测调查项目中的"2014 年全国个人 A 卷"数据库作为研究基础进一步分析。此部分将从 CFPS2010 年数据库中选取农村本地人口,从 2014 年全国流动人口监测数据中选取乡城流动人口以分别计算生育间隔年数别生育率,并将两类人口相应的计算结果进行比较。两个数据库的调查时点不同,相差四年多,这就给本书的研究带来了一定的困难。因此,本书从 2014 年全国流动人口监测数据中选取两部分人口:一部分人口是按照截止到 2010 年 10 月底就是流动人口的样本,此部分样本按照第六次人口普查流动人口数据结构进行加权后计算;另一部分人口是不做任何调整的人口,就是按照2014年调查年份来进行计算。本书将采用生命表法来估算生育间隔年数别生育率累积分布函数。在计算时,本书首先选择户籍地为香港、澳门、台湾、新疆、青海、内蒙古、宁夏和海南以外的流动人口,以与从CFPS2010年数据库中筛选出的农村本地人口在地域范围上做对应,初步得到188106份样本。进一步,从两个数据库中分别选取初婚女性来进行研究,选出17798份初婚的乡城流动女性与5654份初婚的农村本地女性样本,样本变量特征详见表4-8。结果发现乡城流动人口的年龄普遍较小,汉族人口所占比重较大,受教育程度也较高,初婚较晚。这两个样本中,乡城流动人口与农村本地人口有着显著性的差异。

表 4-8　初婚的乡城流动女性与农村本地女性样本特征描述

单位:%

指标	指标细分	农村本地女性	乡城流动女性	指标	指标细分	农村本地女性	乡城流动女性
出生年份	1953年及以前	22.80	0.00	受教育程度	未上过学	52.69	2.49
	1954—1959年	12.66	1.58		小学	24.39	16.58
	1960—1969年	29.08	16.32		初中	19.21	58.23
	1970—1979年	22.62	35.31		高中	3.43	17.22
	1980—1989年	11.97	41.25		大学专科	0.27	4.47
	1990—1996年	0.87	5.53		大学本科	0.02	0.99
					研究生	0.00	0.02
民族	汉族	88.65	95.17	初婚年份	未填写	6.47	0.01
	少数民族	11.35	4.83		1959年及以前	3.45	0.00
					1960—1969年	9.52	0.00
					1970—1979年	15.19	0.83
					1980—1989年	27.10	12.59
					1990—1999年	22.62	28.58
					2000—2009年	14.95	40.51
样本量		5654	17798		2010—2014年	0.71	17.49

在 17798 份初婚的乡城流动女性样本中,1 份样本未填写初婚年份,填写的初婚年份集中在 1971—2014 年,将 2014 年这一非完整年份删去后,共得到 17649 份样本。在 5654 份农村本地女性样本中,366 份未填写初婚年份,明确填写初婚年份的农村本地妇女样本有 5288 份,初婚年份集中在 1935—2010 年,本书从中筛选出初婚年份在 1960—2009 年的样本,样本量为 5176 份。在 5176 份初婚的农村本地女性样本中,有 5046 份生育了至少一个孩子,但一孩出生年份有漏填的,具体漏填比例见表 4-9,发现初婚年份越早的漏填的比例越大。对于农村本地女性一孩漏填的样本,在计算一孩生育间隔年数别生育率时,本书采用加权组调整法来进行调整。[①] 填写过一孩出生年份的农村本地妇女均填写了二孩、三孩出生年份。

表 4-9　农村本地人口分初婚年份的一孩出生年份漏填样本量及占比

统计 指标	初婚年份				
	1960—1969 年	1970—1979 年	1980—1989 年	1990—1999 年	2000—2009 年
样本量	200	196	84	45	13
占比/%	37.2	22.8	5.5	3.5	1.6
生育至少 一孩 总样本量	538	859	1533	1279	837

表 4-10 生育间隔年数别生育率的计算结果显示,无论是按照 2010 年调查时点加权过后的乡城流动人口还是按照 2014 年调查时点的乡城流动人口,二孩的生育率在任何一孩生育年份上均低于农村本地人口,三孩生育率在任何二孩生育年份上均低于农村本地人口。

---

① 方法详见:金勇进.抽样:理论与应用[M].北京:高等教育出版社,2010:329－337。

表 4-10　乡城流动人口和农村本地人口分初婚年份与孩次生育年份的

生育间隔年数别生育率①

孩次	人口类型	初婚/一孩生育/二孩生育年份					
		1960—1969 年	1970—1979 年	1980—1989 年	1990—1999 年	2000—2009 年	2000—2013 年
一孩	乡城流动人口 (2010 年加权)	—	0.963 (46)	0.986 (1633)	0.999 (4923)	0.947 (5992)	
	乡城流动人口 (2014 年)	—	0.973 (147)	0.982 (2241)	0.987 (5086)	0.903 (7210)	0.917 (10175)
	农村本地人口	0.991 (538)	0.994 (859)	0.994 (1615)	0.994 (1319)	0.866 (845)	
二孩	乡城流动人口 (2010 年加权)	—	0.885 (25)	0.775 (1174)	0.596 (4567)	0.292 (6152)	—
	乡城流动人口 (2014 年)	—	0.828 (87)	0.722 (1711)	0.556 (4809)	0.258 (6989)	0.451 (9900)
	农村本地人口	0.922 (258)	0.894 (649)	0.821 (1499)	0.771 (1360)	0.616 (842)	—
三孩	乡城流动人口 (2010 年加权)	—	—	0.252 (405)	0.171 (1617)	0.125 (3119)	
	乡城流动人口 (2014 年)	—	0.429 (21)	0.254 (677)	0.164 (1783)	0.089 (3096)	0.109 (4680)
	农村本地人口	0.907 (182)	0.641 (546)	0.403 (1137)	0.276 (981)	0.161 (848)	

注:括号内为样本量。

　　2010 年调查时点加权过后乡城流动人口在各一孩生育年份上,二孩生育率均高于 2014 年调查时点的乡城流动人口;在各二孩生育年份上,三孩生育率均高于 2014 年调查时点的乡城流动人口。两类乡城流动人口在二孩、三孩生育率上略有差异,但差异非常小,这种差异远小于两者与农村本地人口的差异。乡城流动人口在二孩、三孩生育率上出现微小差异的原因在于 2014 流动监测样本的选取。从表 3-1 可以看到,从 2014 年流动监测数据中筛选出的截止到 2010 年 10 月底就是流动人

① 乡城流动人口和农村本地人口在各初婚年份与孩次生育年份上,根据生命表技术观察一孩、二孩与三孩生育的截止时点为 2009 年底,在 2014 年监测时点上是乡城流动人口且初婚年份在 2000—2013 年观察的截止时点为 2013 年底。

口的样本,加权后与未加权的总和生育率均超过了 2,远高于依据 2010 年普查数据计算出的流动人口的总和生育率 1.143。但依据截止到 2014 年监测时点的流动人口的总和生育率为 1.432,同样高于实际第六次人口普查数据计算的结果,但远低于截止到 2010 年 10 月底就是流动人口的样本的计算结果。所以,在 2014 年全国流动人口监测数据搜集了更多近期生育案例的调查情况下,依据截止到 2014 年监测时点时是流动人口的数据计算的结果更接近实际生育情况。这一点从表 4-10 的初婚年份在 2000—2009 年的加权后的与未加权的乡城流动人口一孩生育率同样也可以得以印证。截止到 2010 年 10 月底加权后的流动人口的一孩生育率为 0.947,截止到 2014 年监测时点是流动人口的一孩生育率为 0.903,而农村本地人口的一孩生育率仅为 0.866。理论上,刚刚初婚的育龄妇女应该会过段时间再生育。乡城流动人口在 2000—2009 年一孩生育率明显高于农村本地人口也是流动监测样本搜集的原因造成的。

二、人口的乡城流动对生育水平的影响

下文将基于倾向值得分匹配后的样本,分别对乡城流动人口与农村本地人口的递进生育率、时期孩次递进比和生育间隔年数别生育率三个生育率指标进行计算。递进生育率与时期孩次递进比是时期生育水平指标。生育间隔年数别生育率是累计生育水平指标。

下文中还将采用事件史分析方法中的 Cox 比例风险回归对乡城流动人口与农村本地人口各孩次递进生育率进行分析,这也可以理解为累计生育水平指标。

(一)剔除乡城流动选择性后的递进生育率

此部分研究继续承接上文中从 2000 年人口普查 0.95‰ 的抽样数据中筛选出的 15—50 岁的未婚与初婚有配偶的 148744 份农村本地女性和 19429 份乡城流动女性样本来计算递进生育率。

1.样本的整理与描述

本书首先比较了两类人口在一些变量上的差异(见表 4-11),对于定类变量进行了卡方检验,对于定距变量进行了单因素方差检验,发现乡城流动人口与农村本地人口在各指标上的差异均显著。本书发现乡城流动人口与农村本地人口是两个不同的群体。乡城流动人口平均年龄比农村本地人口小,受教育程度比农村本地人口高,汉族构成比例大于农村本地人口,未婚比例同样大于农村本地人口。

表 4-11　所选择变量的描述性统计

变量		农村本地人口	乡城流动人口	统计检验
年龄/岁		31.11	27.10	$F=2720.222^{***}$
受教育年限①/年		7.2583	8.3669	$F=2802.478^{***}$
民族/%	汉族	89.80	94.50	$\chi^2=437.855^{***}$
	少数民族	10.20	5.50	
婚姻状况/%	未婚	26.80	40.00	$\chi^2=1466.905^{***}$
	初婚有配偶	73.20	60.00	
现有子女数/个		1.4092	0.8593	$F=3416.894^{***}$
样本量		148744	19429	

注:*** 表示 $p<0.01$。

(1)通过 Probit 模型预测倾向值

在这一部分中,本书利用已知的混淆变量,进一步使用 Probit 模型来预测个体是否流动的概率。本书关心的因变量是"是否乡城流动"(0=否;1=是)。本书需要控制的混淆变量包括:年龄、年龄平方、受教育程度(1=未上过学;2=扫盲班;3=小学;4=初中;5 高中;6=中专;7=大学专科;8=大学本科;9=研究生)、民族、婚姻状况。通过表 4-12可以发现,这些混淆变量加在一起对是否流动有比较强的解释力。整个

---

①　受教育年限标准:未上过学,0 年;扫盲班,0 年;小学,6 年;初中,9 年;高中,12 年;中专 12年;大专,15 年;本科及以上,16 年。

模型通过了显著性检验。这也提示本书采用倾向值得分匹配将这些混淆变量加以控制的必要性。

表 4-12　预测倾向值的 Probit 回归结果

混淆变量	发生比	标准误
年龄	1.128***	0.005
年龄平方	0.998***	0.000
受教育程度	1.057***	0.002
初婚有配偶（未婚）	0.763***	0.012
少数民族（汉族）	0.753***	0.012
常数项	0.0901***	0.005

注：log likelihood $= -57220.068^{***}$；Pseudo $R^2 = 0.0494$；$N = 168173$。*** 表示 $p <$ 0.01，** 表示 $p < 0.05$，* 表示 $p < 0.1$。

（2）基于倾向值得分匹配进行样本匹配

本书将乡城流动人口作为实验组，农村本地人口作为参照组，将年龄、年龄平方、受教育程度、民族这些混淆变量作为自变量，生育孩子数作为结果，采用无替换的最近邻匹配法（nearest neighbor matching）进行一对一匹配。[①] 模型的结果显示，log likelihood $= -57208.957^{***}$，Pseudo $R^2 = 0.0496$，模型通过了显著性检验。经过匹配后最终得到 19429 对样本，也就是每个乡城流动人口都找到了与之匹配的农村本地人口，这主要是因为人口普查数据中可以控制的混淆变量有限。本书将采用这 19429 对样本进行年龄孩次递进生育率的计算与比较，样本变量特征详见表 4-13。

---

　　① 笔者曾尝试着只选取初婚的农村本地人口与乡城流动人口进行样本匹配，这样就可以进一步控制婚姻结构的影响。但匹配出未生育一孩的农村本地人口样本量 980 份，未生育一孩的乡城流动人口样本量 1195 份，样本量过少，在计算一孩递进生育率时不具有可信性。

表 4-13　基于倾向值得分匹配后样本量的描述性统计

变量		农村本地人口	乡城流动人口
年龄/岁		27.10	27.10
年龄平方/岁²		802.16	802.27
曾生子女数/个		0.95	0.86
受教育年限/年		8.37	8.37
婚姻状况/%	未婚	37.30	39.99
	初婚	62.70	60.01
民族/%	汉族	37.30	39.99
	少数民族	62.70	60.01
样本量		19429	19429

2.孩次递进生育率的计算

(1)农村本地人口的一孩递进生育率为 0.945,乡城流动人口为 0.916(标准化后)

根据最初数据,农村本地人口样本为 8822 份,乡城流动人口样本为 9433 份,本书计算得到农村本地人口的一孩递进生育率(原始值)为 0.945,乡城流动人口的一孩递进生育率(原始值)为 0.905,农村本地人口明显高于乡城流动人口,高出近 0.04(见表 4-14)。

表 4-14　乡城流动人口与农村本地人口孩次别总和递进生育率

人口类型	$TPFR_1$（原始值）	$TPFR_1$（标准化后）	$TPFR_1$假设	$TPFR_2$	$TPFR_3$	$\sum_{i=1}^{3} TPFR_i$
乡城流动人口	0.905	0.916	0.99	0.227	0.004	1.221
农村本地人口	0.945	0.945	0.99	0.387	0.009	1.436

进一步计算得到农村本地人口一孩平均生育年龄为 24.40 岁,乡城流动人口的一孩平均生育年龄为 25.58 岁(见表 4-15),可见,即便是剔除掉乡城流动的选择性后,乡城流动人口一孩的生育仍明显推迟,乡城流动对生育影响的进度效应存在。

表 4-15　2000 年乡城流动人口与农村本地人口孩次别平均生育年龄[①]

人口类型	一孩		二孩		三孩	
	MAC_1	样本量	MAC_2	样本量	MAC_3	样本量
乡城流动人口	25.58	467	29.28	148	29.64	14
农村本地人口	24.40	666	29.23	235	32.57	14

从表 4-13 中看到，基于倾向值得分匹配后的乡城流动人口与农村本地人口在婚姻结构上存在着一定差异，而育龄妇女未婚比例对生育率水平的影响已经被郭志刚（2017）所证实。为了剔除婚姻结构对乡城流动人口一孩递进生育率计算值的影响，笔者借鉴了郭志刚（2009）分解未婚比例对总和生育率影响的办法，将乡城流动人口原来的年龄别样本总量乘以农村本地人口年龄别未婚比例，得到标准化后的年龄别未婚人数，并与乡城流动人口原来的年龄别初婚样本量相加得到标准化后的年龄别样本总量，总计 9143 份，将此数据作为计算乡城流动人口一孩递进生育率时的分母。最终计算得到乡城流动人口婚姻标准化后的一孩递进生育率为 0.916，而从图 4-6(a)看，乡城流动人口标准化后的年龄别一孩递进生育模式与标准化前基本一致。从图 4-6(a)可以看出：农村本地人口年龄别一孩递进生育率呈现明显的窄峰分布，一孩的生育相对比较集中，生育年龄主要分布在 19—26岁；乡城流动人口呈现宽峰分布，一孩的生育相对分散，生育年龄主要分布在 20—30 岁。

---

① 平均生育年龄（mean age at childbearing，简写为 MAC）根据年龄别生育孩子数所占比重加权。

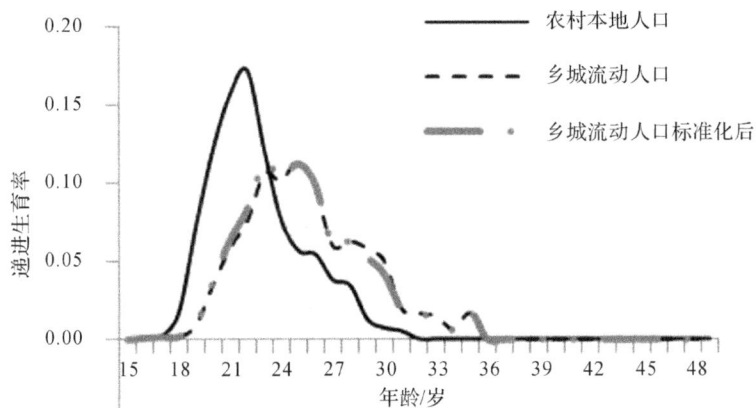

（a）标准化后一孩递进生育率（一）

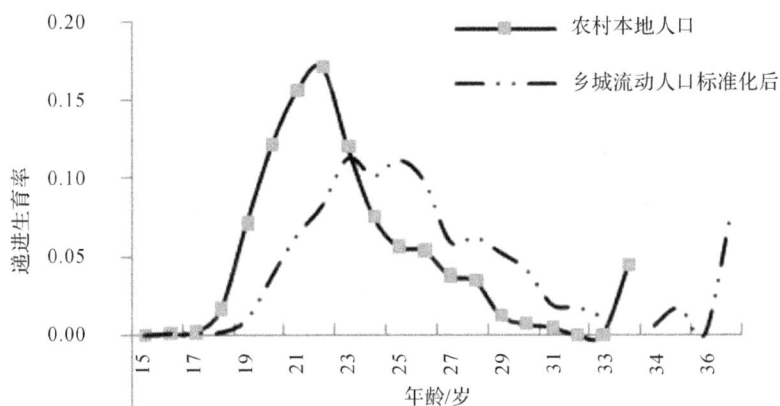

（b）标准化后一孩递进生育率（二）

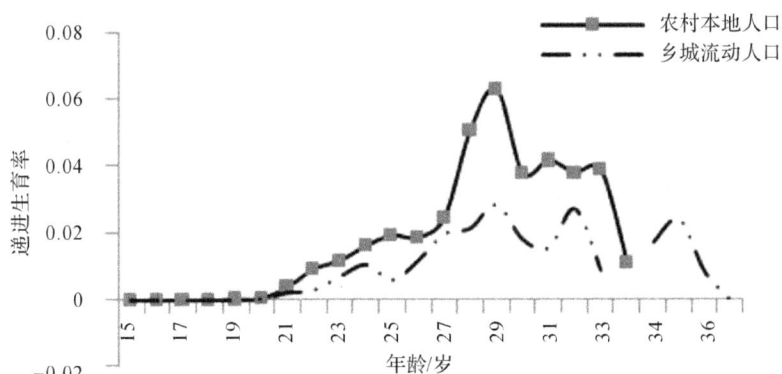

（c）二孩递进生育率

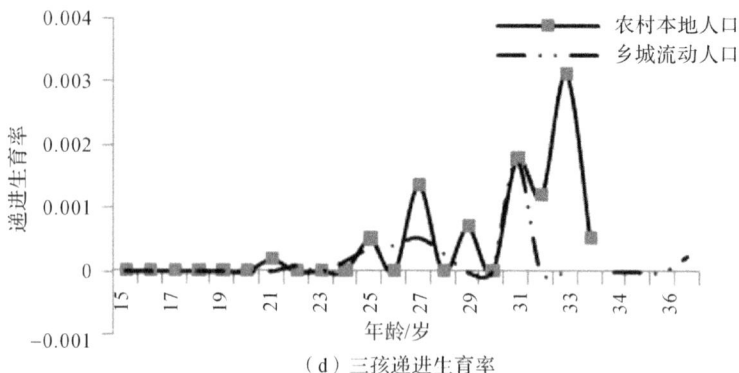

（d）三孩递进生育率

**图 4-6　2000 年普查年份未婚、初婚的农村本地人口与乡城流动
人口孩次别和年龄别递进生育率**

基于倾向值得分匹配后，农村本地人口在 34 岁及以上年龄组单岁年龄的样本量过少，结合上文的分析，本书将 34 岁及以上农村本地人口中育龄妇女整合到一起，标记为 34⁺，并以此区间计算一孩递进生育率，计算方法为用 0.99 减去 15—33 岁的累计一孩递进生育率，则 34 岁及以上农村本地妇女的一孩递进生育率为 0.045，并以一孩生育率的计算结果为计算二孩与三孩递进生育率的基础。对于乡城流动人口，将 37 岁及以上年龄段的一孩累计递进生育率合并到一起，记为 37⁺，计算方法为用 0.99 减去 15—36 岁的累计一孩递进生育率。则 37 岁及以上乡城流动妇女的一孩递进生育率为 0.074[见图 4-6(b)]。

（2）农村本地人口的二孩递进生育率为 0.387，乡城流动人口的为 0.227

因为我国育龄妇女的生育基本均是在婚内，所以二孩递进生育的计算不会再受到婚姻结构的影响。从图 4-6(c)看到，乡城流动人口的年龄别二孩递进生育率基本均低于农村本地人口，而计算得到农村本地人口的二孩递进生育率为 0.387，乡城流动人口的为 0.227，乡城流动人口的生育率同样较低。农村本地人口二孩的平均生育年龄为 29.23 岁，乡城流动人口二孩的平均生育年龄为 29.28 岁，生育年龄基本相同。

（3）农村本地人口的三孩递进生育率为 0.009，乡城流动人口的为 0.004

从图 4-6(d)看到，乡城流动人口的年龄别三孩递进生育率基本均低于农村本地人口，而计算得到农村本地人口的三孩递进生育率为 0.009，乡城流动人口的为 0.004，乡城流动人口的生育率同样较低。农村本地人口的三孩平均生育年龄为 32.57 岁，乡城流动人口的三孩平均生育年龄为 29.64 岁，样本量较少，结果仅供参考。

（二）剔除乡城流动选择性后的时期孩次递进比

此部分将采用 Feeney 和 Yu(1987)提出的时期孩次递进比(period parity progression ratios，简写为 PPPR)指标分别计算农村本地人口与乡城流动人口的生育率。从使用优势上看，"时期孩次递进比考虑了育龄妇女的孩次构成及生育间隔分布"(谢康，1996)，克服了传统总和生育率指标的缺点。更为重要的是，将生育间隔这一因素考虑进来，在比较农村本地人口与乡城流动人口生育水平时，两类人口由所受时期进度效应不同产生的误差将会被删除。而通过倾向值得分匹配筛选出样本后，再进行农村本地人口与乡城流动人口两者时期孩次递进比的计算，如果计算结果存在差异，则说明了人口流动对生育水平有着因果影响作用。张宏昌(1995)曾经对时期孩次递进比指标的具体计算过程给予了详细的描述，予以参考。时期孩次递进比的发展过程、优势与计算步骤详见本章附录 4-C。

1. 2014 年流动监测与 CFPS2010 年在生育率上相比较的可信性

在调查时间上，2014 年全国流动人口动态监测在 2014 年 5 月完成了"现场调查、质量检查、数据录入、数据上报"工作。CFPS2010 年的执行时间分为两部分，一是调查季的大规模调查，二是后期针对调查季的调查结果所做的一些补访调查。调查季从 2010 年 4 月开始，至 2010 年 9 月结束。从数据库填写的调查年月看，补访调查从 2010 年 10 月份持续到 2011 年 3 月，还有 2011 年的 9 月。总体看，CFPS 调查期较长。两个数据库的调查时点不同，相差四年多，这就给研究带来了一定的困难。由于现阶段我国的生育率处于较低水平且较稳定，可以假设生育模式在前后四年并没有明显变化,也就是说 2010 年 15 岁与 2014 年 15 岁育龄妇女两者的时期生育率是一致的,不只 15 岁,整个育龄期的妇女分年龄生育率都不会有十分明显的变化,假设成立,可以将 CFPS2010 年调查数据筛选出的农村本地人口当作是 2014 年调查的农村本地人口数据,或者也可以将 2014 年流动监测数据中筛选出的乡城流动人口看作是 2010 年调查的乡城流动人口,直接将两个数据库结合使用,在生育率的比较上并不会有显著的误差。

于是,比较了第六次人口普查时 2009 年 11 月 1 日至 2010 年 10 月 31 日与 2014 年全国人口变动情况抽样调查时(抽样比 0.8222‰)2013 年 11 月 1 日至 2014 年 10 月 31 日之间各孩次分年龄的生育率(见图 4-7)。[①] 经计算,第六次人口普查时总和生育率为 1.188,2014 年抽样调查时为 1.259,后者比前者高出 0.071。第六次人口普查时的一孩总和生育率为 0.728,2014 年为 0.720;第六次人口普查时二孩总和生育率为 0.381,2014 年为 0.454;第六次人口普查时三孩及以上孩次总和生育率为 0.079,2014 年为 0.083。由此可以看出,两者总和生育率的差异主要体现在二孩生育率上,2014 年二孩总和生育率比第六次人口普查时高出 0.073,但这个数值也已经非常小。从各孩次分年龄的生育率曲线上看,第六次人口普查与 2014 年抽样调查在走势上都非常接近。因此,如果采用这两个数据库计算得到乡城流动人口与农村本地人口在生育率上存在着明显的差异,那么得出的结论就是可信的;如果差异非常小,则还不能根据差异下结论。通过以上的分析,本书认为依据 2014 流动监测数据与 CFPS2010 年数据计算出的生育率具有直接比较的基础。

---

① 2014 年数据来源于中国人口和就业统计年鉴(2015),第 122 页;第六次普查数据来源于中国 2010 年人口普查资料,第 2100 页。

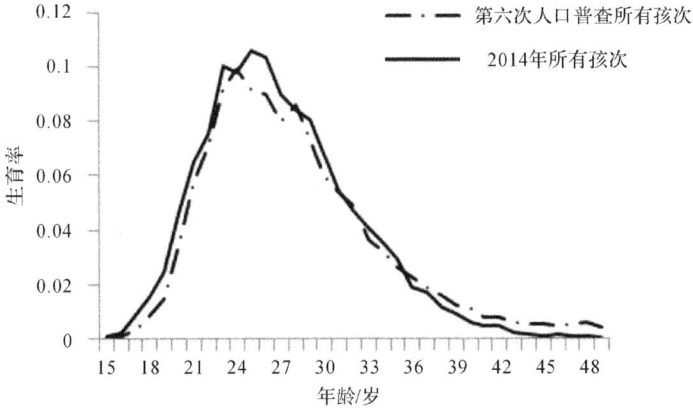

（a）所有孩次生育率

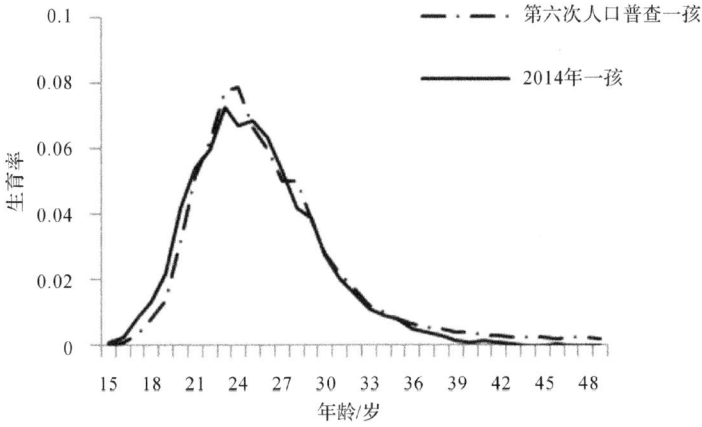

（b）一孩生育率

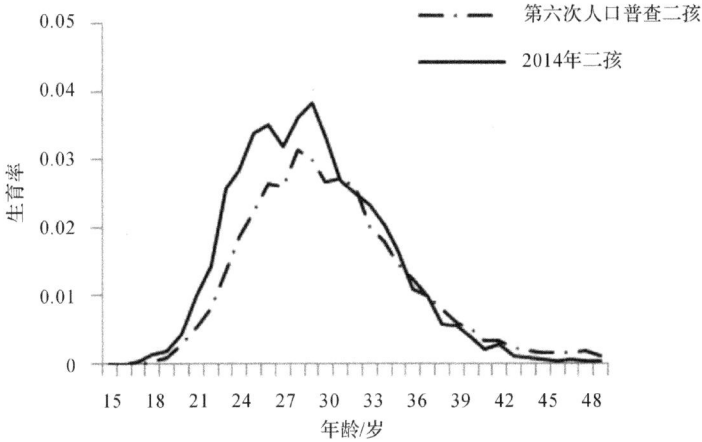

（c）二孩生育率

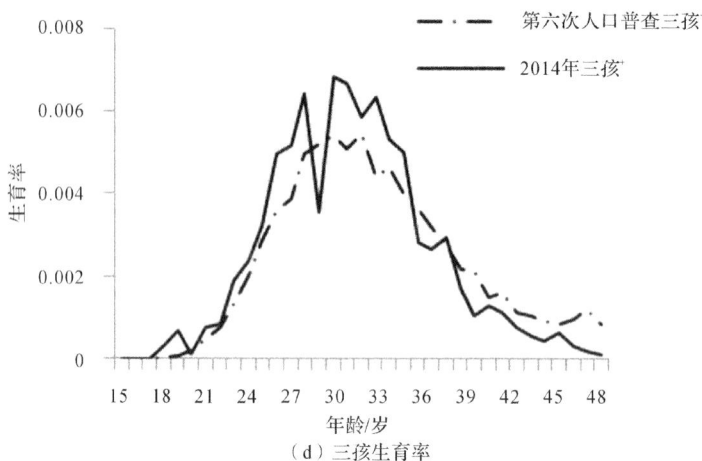

（d）三孩生育率

图 4-7　第六次人口普查与 2014 年各孩次分年龄生育率

2.相关人口类型在数据库中的选取

（1）乡城流动人口选取

从流动监测数据库中选取女性，年龄在 15 岁至 49 岁之间，且第一次离开户籍地年龄大于等于 15 岁，婚姻状况为初婚，初婚年龄在 15 岁及以上，且如果生育，则一孩、二孩、三孩、四孩、五孩的生育分别都处于 15—49 岁，本次流动就是第一次流动的样本，选择户籍地是香港、澳门、台湾、新疆、青海、内蒙古、宁夏和海南[①]以外的乡城流动人口样本，样本量总计 15637 份。之所以选取只流动过一次的流动人口，是因为只有这部分人口才可以根据其户籍性质（农业与非农业）与调查地类型（居委会与村委会）严格区分出乡城流动、城城流动、城乡流动和乡乡流动四类，而对于流动过多次的育龄妇女并不能明确她们之前的流动方向。另外，问卷中"您第一次离开户籍地（县级）是什么时候？（＿＿＿＿＿＿＿年＿＿＿月）"与各子女"出生年月"这两个题目，帮助确定了流动在前、生育在后的这样一个时间上的先后顺序，从而在方法论上为探讨原因的结果（effect of causes）提供了一个前提条件。在计

_____

①　为了在调查区域上尽可能地做到匹配，删除掉 CFPS 数据库中并没有调查的这些省级行政区。

算一孩时期孩次递进比时,以初婚者为样本基数。在计算二孩时期孩次递进比时,以生育过一孩的育龄妇女作为样本基数。依此类推。

(2)农村本地人口选取

首先从 CFPS2010 年数据库中,选取女性,年龄在 15 岁至 49 岁,婚姻状况为初婚,且初婚年龄在 15 岁及以上的农村本地人口,样本量总计 3256 份。表 4-16 显示仍有一部分样本在各孩次生育上未能统计到出生年份,但这一比例已经大为降低。为了充分利用数据库中样本信息,降低时期孩次递进比计算中的误差,筛选进行到这一步,仍暂不对未能统计到出生年份的样本进行调整。同样,已生育者各孩次生育年龄是否在 15 岁至 49 岁之间,下文再具体分析。从第三章"数据基础与研究方法"中发现,CFPS2010 年的抽样在年龄结构与婚姻结构上出现了一定的偏差,但受限于可获得的资料,尚未发现比 CFPS2010 年更为详细的记录妇女生育史的全国性数据,所以仍使用 CFPS2010 年数据进行研究。另外,年龄结构与分年龄婚姻结构抽样中的偏差并不一定会带来时期孩次递进比计算的偏差。例如,在计算一孩时期孩次递进比时,只要婚龄相等的育龄妇女中生育和未生育的人被抽到的概率相同就不会影响计算结果。二孩、三孩时期孩次递进比原理类似。

表 4-16　CFPS2010 年数据库中农村本地初婚育龄妇女各孩次生育
与未能统计到出生年份的样本量

统计指标	孩次					
	一孩	二孩	三孩	四孩	五孩	六孩
有过生育	3106	2181	547	123	29	11
未能统计到出生年份	107	41	10	1	0	0
占比/%	3.4	1.9	1.8	0.8	0.0	0.0

3.农村本地人口与不同类型乡城流动人口样本确定

为了严格区分乡城流动人口各孩次生育时间与第一次离开户籍地时间两者的先后关系,从而为考察流动对孩次递进生育的净影响作用,本书将乡城流动人口按照各孩次的生育地结构重新分类（详见表4-17），并依据样本量大小选取出所要研究的三类。如区分出各孩次生育均在流入地的乡城流动人口，就可以计算流动对该部分乡城流动人口一孩及以上孩次的影响作用。此三类人口样本量共15041份，占筛选出的15637份乡城流动人口样本量的96.2%。本书进一步对比了农村本地人口与这三类乡城流动人口在一些统计指标上的差异，发现种种差异均显著，详见表4-17。

表 4-17　分人口类型的指标差异

人口类型	平均年龄***/岁	平均初婚年龄***/岁	平均生育孩子数***/个	受教育程度			
				小学及以下	初中	高中	大专及以上
各孩次生育均在农村本地	37.54	21.42	1.84	67.7%	27.7%	4.1%	0.5%
各孩次生育均在流入地	31.78	23.50	1.26	11.5%	52.9%	23.1%	12.6%
一孩生育在流出地	35.57	22.62	1.17	15.5%	61.5%	18.5%	4.5%
一孩、二孩生育均在流出地	40.95	21.75	2.02	31.2%	57.8%	10.1%	1.0%

注：*** 表示 $p < 0.01$。

随后，本书采用倾向值得分匹配（propensity score matching）方法匹配出农村本地与乡城流动人口的样本。国内以往的研究中，对于选择理论中涉及的混淆变量的控制主要集中在年龄、受教育程度、民族、婚姻、曾生子女数上，当然这种选择可能受限于原始数据。本书将根据数据库中相关变量，加入更多混淆变量以尽可能地控制基本的社会人口学信息来压缩标准误。最后，将乡城流动人口作为实验组，将农村本地人口作为参照组，将表4-18中的相应混淆变量作为自变量，将生育孩子数作为结果，采用无替换的最近邻匹配法（nearest neighbor matching）进行一对一匹配，匹配结果见表4-18。

表 4-18　乡城流动人口的生育地类型细分及其他指标

人口类型	生育地类型	目的	样本量	倾向值匹配（PSM）方法中的混淆变量	PSM 检验 Pseudo R^2	匹配后的样本量
乡城流动人口	各孩次生育均在流入地	分析流动对一孩及以上孩次生育的影响	2421	受教育程度、民族、年龄、年龄平方、出生地省份（前述变量以下标记为※）、初婚年龄、初婚年龄平方	0.3694	1053
	一孩生育在流出地	分析流动对二孩及以上孩次生育的影响	8306	※、一孩生育年龄、一孩生育年龄平方、一孩中男孩数量	0.2433	2179
乡城流动人口	一孩、二孩生育均在流出地	分析流动对三孩及以上生育的影响	4314	※、二孩生育年龄、二孩生育年龄平方、前两孩中男孩数量	0.2508	1587
	一孩、二孩、三孩生育均在流出地	分析流动对四孩及以上生育的影响	542	样本量过小，不再进行匹配	—	—
	一孩、二孩、三孩、四孩生育均在流出地	分析流动对五孩及以上生育的影响	54	样本量过小，不再进行匹配	—	—
农村本地人口	各孩次生育均在农村本地	作为乡城流动人口分生育地类型的配对样本	3256	对应乡城流动人口分生育地类型的混淆变量	—	对应乡城流动人口的样本量

表 4-19 显示，人口的乡城流动在各协变量上的分布趋于平衡，乡城流动的选择性被有效剔除。

表 4-19　匹配后的样本变量特征描述

变量	变量特征	各孩次生育均在流入地		一孩生育在流出地		一孩、二孩生育在流出地	
		农村本地人口	乡城流动人口	农村本地人口	乡城流动人口	农村本地人口	乡城流动人口
16—49 岁初婚妇女人数/人	—	1053	1053	2179	2179	1587	1587

续表

变量	变量特征	各孩次生育均在流入地		一孩生育在流出地		一孩、二孩生育在流出地	
		农村本地人口	乡城流动人口	农村本地人口	乡城流动人口	农村本地人口	乡城流动人口
年龄/岁	均值	34.02	34.15	37.73	38.54	40.73	39.74
	标准差	8.04	7.25	7.56	8.09	5.99	7.20
初婚年龄/岁	均值	22.42	22.22	21.78	21.71	21.37	21.33
	标准差	2.73	2.77	2.63	2.79	2.59	2.62
一孩生育年龄/岁	均值	23.12	24.14	23.18	22.95	22.63	22.43
	标准差	4.21	3.39	2.87	3.08	2.61	2.67
二孩生育年龄/岁	均值	28.11	28.17	27.36	29.79	26.90	26.78
	标准差	4.14	4.26	4.28	4.78	4.15	4.17
生育孩子数/个	均值	1.51	1.40	1.82	1.25	2.29	2.03
	标准差	0.83	0.61	0.77	0.51	0.61	0.18
一孩中男孩数	0个	52.5%	47.9%	43.0%	49.0%	50.4%	59.3%
	1个	47.5%	52.1%	57.0%	51.0%	49.6%	40.7%
两孩中男孩数	0个	23.7%	21.4%	18.7%	22.4%	19.1%	18.6%
	1个	59.3%	59.3%	55.9%	60.5%	55.8%	65.2%
	2个	17.0%	19.3%	25.4%	17.1%	25.1%	16.1%
民族	少数民族	7.5%	7.6%	7.4%	9.9%	7.6%	8.5%
	汉族	92.5%	92.4%	92.6%	90.1%	92.4%	91.5%
居住地区域划分	东部	27.1%	23.1%	24.6%	18.5%	22.8%	16.3%
	中部	31.3%	30.7%	30.6%	31.3%	32.5%	42.5%
	西部	30.5%	31.8%	34.3%	35.2%	39.5%	35.1%
	东北部	11.1%	14.4%	10.5%	15.1%	5.3%	6.1%

变量	变量特征	各孩次生育均在流入地		一孩生育在流出地		一孩、二孩生育在流出地	
		农村本地人口	乡城流动人口	农村本地人口	乡城流动人口	农村本地人口	乡城流动人口
受教育程度	小学及以下	27.4%	26.1%	56.5%	58.1%	65.7%	71.0%
	初中	59.4%	67.4%	37.4%	41.3%	29.9%	28.0%
	高中	11.5%	6.3%	5.3%	0.6%	4.1%	1.0%
	大专及以上	1.6%	0.2%	0.7%	0.0%	0.3%	0.0%

4.孩次递进生育比例的描述性分析

(1)各孩次生育均在流入地的乡城流动人口

表 4-20 显示,基于倾向值得分匹配筛选出的 1053 份初婚农村本地人口样本中,有 98 份尚未生育一孩,占 9.3%。未生育一孩的样本初婚年份分布主要集中在 2009 年与 2010 年,占 78.6%。理论上,刚刚初婚的人不会很快生育,这也是符合常识的。在 955 份生育一孩的样本中,没有填写一孩出生年份的样本量 17 份,占 1.8%,在其初婚年份的分布上,2001 年及以前初婚的样本量共 13 份,这些样本并不影响 2009 年时期孩次递进比的计算。填写过一孩出生年份的 938 份的一孩生育年龄处于 15—49 岁区间。鉴于未填写一孩出生年份的样本所占比例较小,在计算一孩生育年龄时,不再进行插补调整。在计算 2009 年一孩时期孩次递进比时,17 份样本中仅有 4 份样本会影响到计算,也将这种影响作用忽略不计。

表 4-20　各孩次递进生育的人数与占比①

孩次及人口类型		初婚及各孩次生育人数和占比						
		初婚	一孩生育		二孩生育		三孩生育	
		人数/人	人数/人	占比/%	人数/人	占比/%	人数/人	占比/%
各孩次生育均在流入地	乡城流动人口	1053	1036	98.4	398	38.4	38	9.8
	农村本地人口	1053	955	90.7	515	54.9②	91	17.7
一孩生育在流出地	乡城流动人口	—	2179	—	485	22.3	63	13.0
	农村本地人口	—	2179	—	1402	64.3	307	21.9
一孩、二孩生育均在流出地	乡城流动人口	—	—	—	1587	—	45	2.8
	农村本地人口	—	—	—	1587	—	363	22.9

　　基于倾向值得分匹配筛选出的 1053 份初婚农村本地人口样本中，在 938 份生育过且填写过一孩生育年龄的样本中，有 515 份生育二孩，占 54.9%，均填写了二孩出生年份且二孩生育年龄处于 15—49 岁区间。

　　基于倾向值得分匹配筛选出的 1053 份初婚农村本地人口样本中，在 515 份生育二孩的样本中，有 91 份生育三孩，占 17.7%，均填写了三孩出生年份且三孩生育年龄处于 15—49 岁区间。

　　基于倾向值得分匹配筛选出的 1053 份乡城流动人口样本中，有 17 份尚未生育，占 1.6%。流动监测样本一孩未生育比例远小于农村本地人口。而这 17 份尚未生育一孩的样本初婚年份都在 2001 年及以前，近期初婚的样本都生育了一孩，这恰恰印证了"监测样本过多收集近期生育案例"（李丁等，2014）的情况在 2014 年流动人口监测数据中同样存在。

---

　　①　依据农村本地人口填写的各孩次出生年份信息计算得到的各孩次生育年龄均为 15—49 岁。
　　②　在 955 份生育一孩的农村本地人口中，有 17 份没有填写一孩出生年份，占 1.8%。54.9% 指生育过一孩且填写一孩出生年份的 938 份样本中生育二孩的占比。

基于倾向值得分匹配筛选出的 1053 份乡城流动人口样本中,在 1036 份生育过且填写过一孩生育年龄的样本中,有 398 份生育二孩,占 38.4%。

基于倾向值得分匹配筛选出的 1053 份乡城流动人口样本中,在 389 份生育过二孩的样本中,有 38 份生育三孩,占 9.8%。

(2)一孩生育在流出地的乡城流动人口

基于倾向值得分匹配筛选出的 2179 份生育过一孩的农村本地人口样本中,有 1402 份生育二孩,占 64.3%,均填写了二孩出生年份且二孩生育年龄处于 15—49 岁区间。

基于倾向值得分匹配筛选出的 2179 份生育过一孩的农村本地人口样本中,在 1402 份生育二孩的样本中又有 307 份生育了三孩,占 21.9%,均填写了三孩出生年份且三孩生育年龄处于 15—49 岁区间。

基于倾向值得分匹配筛选出的 2179 份生育过一孩的乡城流动人口样本中,有 485 份生育二孩,占 22.3%。

基于倾向值得分匹配筛选出的 2179 份生育过一孩的乡城流动人口样本中,在 485 份生育二孩的样本中又有 63 份生育了三孩,占 13.0%。

(3)一孩、二孩生育均在流出地的乡城流动人口

基于倾向值得分匹配筛选出的 1587 份生育过二孩的农村本地人口样本中,有 363 份生育三孩,占 22.9%,均填写了三孩出生年份且三孩生育年龄处于 15—49 岁区间。

基于倾向值得分匹配筛选出的 1587 份生育过二孩的乡城流动人口样本中,有 45 份生育三孩,占 2.8%。

5.孩次平均生育年龄分析

(1)各孩次生育均在流入地的乡城流动人口

表 4-21 显示,在分孩次的平均生育年龄上,流动人口的一孩平均生育年龄比农村本地人口大 0.6 岁,且通过了显著性检验。乡城流动对一孩生育影响的进度效应存在。这或许是由流动带来的中断效应所致,流动人口在一个新的生活环境中需要适应,所以暂时延缓了一孩的生育。因为从表 4-19 看到,匹配后的乡城流动人口的平均初婚年龄与农村本

地人口相比还要小一些。但流动人口的二孩、三孩平均生育年龄均与农村本地人口没有差异,二孩、三孩的生育不再受中断效应的影响,这或许是由于她们已经适应了流入地的生活。

表 4-21 农村本地人口与乡城流动人口各孩次平均生育年龄

孩次及人口类型		农村本地人口		乡城流动人口	
		生育年龄/岁	样本量	生育年龄/岁	样本量
一孩	各孩次生育均在流入地	23.54***	938①	24.14***	1036
二孩	各孩次生育均在流入地	28.16	515	28.17	398
	一孩生育在流出地	27.36***	1402	29.79***	485
三孩	各孩次生育均在流入地	28.94	91	29.34	38
	一孩生育在流出地	28.22***	307	30.98***	63
	一孩、二孩生育均在流出地	27.69***	363	31.77***	45

注:*** 表示 $p < 0.01$。

(2)一孩生育在流出地的乡城流动人口

在分孩次的平均生育年龄上,流动人口的二孩、三孩平均生育年龄比农村本地人口分别大 2.43 岁与 2.76 岁,且都通过了显著性检验,流动对二孩、三孩生育影响的进度效应存在。三孩生育年龄的增大则可以看作是顺延的一种结果。对比一孩生育在流出地的乡城流动人口与各孩次生育均在流入地的乡城流动人口在二孩、三孩平均生育年龄上的差异,发现前者同样均明显大于后者,这也可以看作是流动带来的中断效

① 在 955 份生育一孩的农村本地人口中,有 17 份没有填写一孩出生年份,占 1.8%。鉴于未填写一孩出生年份的样本所占比例较小,在计算一孩生育年龄时,不再进行插补调整,而是直接略去。

应所致。

（3）一孩、二孩生育均在流出地的乡城流动人口

在三孩的平均生育年龄上，流动人口为31.77岁，比农村本地人口大4.08岁。

对于上面分析得到的乡城流动人口各孩次平均生育年龄增大的现象，可以尝试着用中断理论来解释。中断理论在我国乡城流动人口生育水平研究上的适用性进一步说明了总和生育率及其衍生指标在这一研究中的缺陷，也间接地说明了采用时期孩次递进比指标的必要性。

6.孩次生育率分析

下文将基于匹配的样本计算乡城流动人口在2013年的时期孩次递进比和农村本地人口在2009年的时期孩次递进比，并将两者进行比较（详见表4-22）。

表4-22　分孩次与人口类型的时期孩次递进比和生育率指标

孩次		农村本地人口			乡城流动人口		
		$PPPR_1/$ $PPPR_2/$ $PPPR_3$	样本量	生育率①	$PPPR_1/$ $PPPR_2/$ $PPPR_3$	样本量	生育率
一孩	各孩次生育均在流入地	0.991	381②	0.991	1.000	650	1
二孩	各孩次生育均在流入地	0.836	545	0.828	0.512	797	0.512
	一孩生育在流出地	0.828	1540	0.828③	0.423	1153	0.423④

----

① 一孩生育率即为$PPPR_1$，二孩生育率为$PPPR_1 \times PPPR_2$，三孩生育率为$PPPR_1 \times PPPR_2 \times PPPR_3$，依此类推，此处的生育率寓意为每个育龄妇女一生平均生育的相应孩次的孩子数。总生育率即为$PPPR_1 + PPPR_1 \times PPPR_2 + PPPR_1 \times PPPR_2 \times PPPR_3 + \cdots$。

② 实际样本量应为385。17份没有填写一孩出生年份的样本有4份会影响到农村本地人口2009年一孩时期孩次递进比的计算，本书将这种影响忽略。

③ 假设与一孩生育在流出地的乡城流动人口相对应的农村本地人口一孩时期孩次递进比为1

④ 假设一孩生育在流出地的乡城流动人口一孩时期孩次递进比为1。

续表

孩次		农村本地人口			乡城流动人口		
		PPPR$_1$/PPPR$_2$/PPPR$_3$	样本量	生育率	PPPR$_1$/PPPR$_2$/PPPR$_3$	样本量	生育率
三孩	各孩次生育均在流入地	0.113	310	0.094	0.145	299	0.074
	一孩生育在流出地	0.121	643	0.100	0.092	234	0.039
	一孩、二孩生育均在流出地	0.122	615	—	0.062	990	—

(1)各孩次生育均在流入地的乡城流动人口

乡城流动人口的一孩时期孩次递进比为 1,农村本地人口的为 0.991,理论上,每个育龄妇女仍然倾向于至少生育一个孩子。

乡城流动人口的二孩时期孩次递进比为 0.512,农村本地人口的二孩时期孩次递进比为 0.836,高出乡城流动人口 0.324。根据时期孩次递进比计算两者的二孩生育率,乡城流动人口与农村本地人口分别为 0.512 和 0.828,乡城流动人口的二孩生育率较低。

乡城流动人口的三孩时期孩次递进比为 0.145,农村本地人口三孩时期孩次递进比为 0.113,小于乡城流动人口 0.032。这或许是因为动态监测数据收集了过多的近期生育案例。进一步计算得到乡城流动人口与农村本地人口三孩生育率分别为 0.074 和 0.094,乡城流动人口三孩生育率仍较低。

(2)一孩生育在流出地的乡城流动人口

乡城流动人口的二孩时期孩次递进比为 0.423,农村本地人口的二孩时期孩次递进比为 0.828,大于乡城流动人口 0.405;乡城流动人口的三孩时期孩次递进比为 0.092,农村本地人口三孩时期孩次递进比为 0.121,大于乡城流动人口 0.029。经计算,乡城流动人口与农村本人口的二孩生育率分别为 0.423 和 0.828,三孩生育率分别为 0.039 与 0.1。

说明了流动人口二孩、三孩的生育水平较低。

（3）一孩、二孩生育均在流出地的乡城流动人口

流动人口的三孩时期孩次递进比为 0.062，农村本地人口三孩时期孩次递进比为 0.122，大于乡城流动人口 0.06。在假设乡城流动人口与农村本地人口 $PPPR_1$ 与 $PPPR_2$ 相等的情况下，计算出的乡城流动人口三孩生育率仍要低于农村本地人口。

7. 与以往研究结论的比较与解释

经计算，各孩次生育均在流入地的乡城流动人口前三孩累计生育水平为 1.586，一孩生育在流出地的乡城流动人口前三孩累计生育水平为 1.462。对比于陈卫、吴丽丽（2006）根据 2000 年全国人口普查 0.95‰ 数据计算得到的城市外来人口总和生育率 0.940，以及郭志刚教授（2013）使用第六次人口普查 1‰ 样本计算出来的农业户口流动妇女的 1.172 与根据 2005 年全国 1% 人口抽样调查数据计算出来的农业户籍流动妇女的 1.188（见表 4-23），发现乡城流动人口前三孩累计生育水平已经高于这两篇文章计算的所有孩次的累计生育水平。这一方面是因为采用时期孩次递进比指标克服了采用总和生育率计算时因中断所产生的时期进度效应。按照陈卫、吴丽丽（2006）将流动迁移发生在五年以前的归于远期流迁人口，发生在五年以内的归于近期流迁人口计算，则近期流迁人口所占比例为 45.7%，因此，当以截面数据中"前一年的生育情况"计算的生育率为生育水平时，如陈卫、吴丽丽（2006）根据普查前一年的生育情况计算总和生育率与进行的 Logistic 回归，周皓（2015）基于倾向值得分匹配后对以"普查前一年的生育"为因变量的 t 检验与 Logistic 回归都将受到中断带来的进度效应的作用，得出的流动人口生育水平更低的结论是正确的，但是这种计算的意义是有待商榷的，这种计算结果也并不能反映一个流动人口真实的终身生育水平。另一方面是因为此部分乡城流动人口是采用倾向值得分匹配后的样本，农村本地人口受教育程度比乡城流动人口低，匹配后的乡城流动人口很明显的一个特征就是删除了绝大部分受教育程度较高的群体。经计算：各孩次生育均在流入地的乡城流动人口匹配后初中及以下受教育程度的样本占

93.5％,远高于根据表 4-18 计算出来的 64.4％;一孩生育在流出地的乡城流动人口匹配后初中及以下受教育程度的样本占 99.4％,同样高于根据表 4-18 计算出来的 77.0％。理论上,受教育程度高的育龄妇女倾向于少生育,但上述两篇文章中在计算总和生育率时是包括了所有的所定义的流动人口的。

　　与各孩次生育均在流入地的乡城流动相匹配的农村本地人口前三孩的累计生育率为 1.913,与一孩生育在流出地相匹配的农村本地人口前三孩的累计生育率为 1.928。对比于陈卫、吴丽丽(2006)根据 2000 年全国人口普查 0.95‰数据计算得到的农村本地人口总和生育率 1.280,以及郭志刚(2013)使用第六次人口普查 1‰样本计算出来的农业户口非流动妇女的 1.366 与根据 2005 年全国 1％人口抽样调查数据计算出来的农业户口非流动妇女的 1.635,农村本地人口前三孩累计生育水平已经高于这两篇文章中计算的所有孩次的累计生育水平。这一方面同样是因为采用时期孩次递进比指标克服了采用总和生育率计算时因中断所产生的时期进度效应;另一方面是因为匹配后的样本与普查或小普查样本的育龄妇女年龄结构不同。由于没有第六次人口普查 1‰样本,也没有 2005 年 1％样本,所以没有办法直接筛选出全国农村初婚育龄妇女进行比较,但比照了表 4-19 中与各孩次生育均在流入地的乡城流动人口匹配出来的 1053 份 16—49 岁年龄组农村本地人口与中国 2010 年人口普查资料"表 6-3c 全国育龄妇女分年龄、孩次的生育状况(2009.11.1—2010.10.31)(乡村)"①相应年龄组的年龄结构,发现匹配后农村本地人口 22—34 岁年龄组所占比重均大于人口普查中乡村人口,一共高出 16.69％。因为乡城流动人口的年龄偏小,所以与之匹配的农村本地人口年龄也偏小,这是相对应的。反过来,这也印证了计算出的农村本地人口与乡城流动人口二孩生育率、三孩生育率是可信的。

---

　　① 数据来源于 http://www.stats.gov.cn/tjsj/pcsj/rkpc/6rp/indexch.htm。

表 4-23　按户口类型与流动状况划分的总和生育率

作者	交互类别	调查年份	孩次			合计
			一孩	二孩	三孩⁺	
郭志刚	农业户口流动妇女	第六次人口普查	0.760	0.348	0.063	1.172
		2005 年 1%	0.839	0.304	0.045	1.188
	农业户口非流动妇女	第六次人口普查	0.697	0.540	0.129	1.366
		2005 年 1%	1.012	0.535	0.088	1.635
陈卫、吴丽丽	城市外来人口	第五次人口普查	—	—	—	0.940
	农村本地人口	第五次人口普查	—	—	—	1.280

数据来源:郭志刚(2013);陈卫、吴丽丽(2006)。

(三)剔除乡城流动选择性后的生育间隔年数别生育率

此部分研究继续承接上文中筛选出的 2014 年流动监测数据与 CFPS2010 年数据库中明确填写过初婚年份的 17797 份乡城流动妇女和 5288 份农村本地妇女作为样本进行分析。

1. 样本的整理与描述

此部分同样根据问卷中第一次离开户籍地(县级)的时间与各子女出生时间将乡城流动人口按照各孩次的生育地结构细分,这样就可以划分出流动在前生育在后的顺序,以考察人口的乡城流动对生育间隔的影响。在 17797 份乡城流动人口样本中,各孩次生育均在流入地的样本有 4447 份,一孩生育在流出地,二孩及以上孩次在流入地的样本有 8756 份,一孩、二孩生育在流出地,三孩及以上孩次生育均在流入地的样本有 4038 份。三类人口占以上筛选出的乡城流动人口的 96.9%,农村本地人口与三类乡城流动人口变量特征描述详见表 4-24。

表 4-24　农村本地人口与三类乡城流动人口变量特征描述

指标		人口类型			
		农村本地人口	各孩次生育均在流入地	一孩生育在流出地	一孩、二孩生育在流出地
受教育程度	小学及以下	78.88%	10.28%	15.77%	31.85%
	初中	17.77%	55.99%	60.31%	57.79%
	高中	3.06%	23.07%	18.51%	9.67%
	大专及以上	0.29%	10.66%	5.42%	0.70%
初婚年龄/岁		21.05	23.24	22.81	21.74
年龄/岁		45.46	26.92	31.57	37.72
民族	汉族	88.23%	94.87%	95.38%	95.46%
	少数民族	11.77%	5.13%	4.62%	4.54%
样本量		5288	4447	8756	4038

由表 4-24 可以看出,三类乡城流动人口与农村本地人口在种种指标上均有着显著性差异,下文在进行倾向值得分匹配前先做筛选。根据进一步的计算结果,主要依据出生年份与初婚年份两个时间变量做筛选。

各孩次生育均在流入地的乡城流动人口出生年份在 1960 年以前的仅有 2 份样本,初婚年份在 1980 年以前的样本仅 1 份,所以本书仅保留了出生年份均在 1960 年及以后且初婚年份均在 1980 年及以后的乡城流动人口与农村本地人口。最终得到各孩次生育均在流入地的乡城流动人口 4446 份,农村本地人口 3446 份,这也是各孩次生育均在流入地的乡城流动人口进行倾向值得分匹配时的样本。

一孩生育在流出地的乡城流动人口出生年份均在 1954 年及以后,初婚年份均在 1971 年及以后,所以本书进一步选取农村本地人口和乡城流动人口的出生年份均在 1954 年及以后与初婚年份在 1971 年及以后的样本。这样就得到乡城流动人口样本 8756 份,农村本地人口样本 4116 份,这也是一孩生育在流出地的乡城流动人口进行倾向值得分匹配时的样本。

一孩、二孩生育在流出地，三孩及以上孩次生育均在流入地的乡城流动人口出生年份均在1954年以后，初婚年份均在1972年及以后，按照这两个时间节点筛选得到乡城流动人口样本4038份，农村本地人口样本4101份，这也是一孩、二孩生育在流出地的乡城流动人口进行倾向值得分匹配时的样本。

三类乡城流动人口与农村本地人口匹配前后的样本量、匹配时的混淆变量及模型检验特征详见表4-25。

表 4-25　用于匹配的混淆变量、匹配前后的样本量及模型检验

人口类型	生育地类型	目的	样本量	倾向值得分匹配（PSM）方法中的混淆变量	PSM检验Pseudo R^2	匹配后的样本量
乡城流动人口	各孩次生育均在流入地	分析流动对一孩及以上孩次生育间隔的影响	4447	受教育程度、民族、年龄（2010年）、出生地省份、初婚年龄	0.4479	874
	一孩生育在流出地	分析流动对二孩及以上孩次生育间隔的影响	8756	受教育程度、民族、年龄（2010年）、出生地省份、一孩生育年龄、一孩中男孩数量	0.3354	2179
	一孩、二孩生育均在流出地	分析流动对三孩及以上孩次生育间隔的影响	4038	受教育程度、民族、年龄（2010年）、出生地省份、二孩生育年龄、前两孩中男孩数量	0.1897	1918
农村本地人口	各孩次生育均在农村本地	作为乡城流动人口分生育地类型的配对样本	5288	对应乡城流动人口分生育地类型的混淆变量	—	对应乡城流动人口的样本量

三类乡城流动人口与农村本地人口匹配后的样本特征描述详见表4-26，表4-26显示匹配后的三类流动人口与农村本地人口在各变量上的分布趋于平衡，有效剔除了乡城流动的选择性。

表 4-26　三类乡城流动人口与农村本地人口匹配后的样本特征描述

指标		人口类型					
		各孩次生育均在流入地		一孩生育在流出地		一孩、二孩生育在流出地	
		农村本地人口	乡城流动人口	农村本地人口	乡城流动人口	农村本地人口	乡城流动人口
受教育程度	小学及以下	38.90%	48.97%	53.28%	56.13%	65.48%	66.53%
	初中	46.45%	38.10%	38.78%	41.26%	28.83%	32.48%
	高中	12.81%	12.59%	7.30%	2.62%	5.47%	0.99%
	大专及以上	1.83%	0.34%	0.64%	0	0.21%	0
初婚年龄/岁		21.52	23.66	—	—	—	—
年龄/岁		33.61	33.26	37.56	37.94	40.64	41.02
民族	汉族	75.50%	78.00%	90.96%	91.79%	91.71%	91.71%
	少数民族	24.50%	22.00%	9.04%	8.21%	8.29%	8.29%
一孩生育年龄/岁		—	—	23.32	23.23	—	—
一孩中男孩数	0个	—	—	44.33%	46.31%	—	—
	1个	—	—	55.67%	53.69%	—	—
二孩生育年龄/岁		—	—	—	—	27.02	26.86
前两孩中男孩数	0个	—	—	—	—	19.19%	16.01%
	1个	—	—	—	—	55.11%	62.98%
	2个	—	—	—	—	25.70%	21.01%
样本量		874	874	2179	2179	1918	1918

与各孩次生育均在流入地的乡城流动人口相匹配的农村本地人口中，仍有一些一孩出生年份漏填的样本（见表 4-27），但漏填的比例非常小，下文分析中将这几个样本直接删去。

表 4-27　PSM 后农村本地人口分初婚年代的一孩出生年份漏填样本量及占比

统计指标	初婚时间		
	1980—1989 年	1990—1999 年	2000—2009 年
样本量	5	5	5
占比/%	3.21	1.57	1.78
出生一孩总样本量	156	318	281

2.生育间隔年数别生育率的计算

（1）各孩次生育均在流入地

表 4-28 显示,2000—2009 年初婚的乡城流动人口一孩生育率高于农村本地人口,这或许是因为流动监测数据库搜集了过多近期生育案例。在第三章"一、数据库介绍、评价与整理"部分发现乡城流动有出生堆积的现象,而 2000—2013 年初婚的乡城流动人口一孩生育率竟然高达 0.992,也印证了这一推断。乡城流动人口在各一孩生育年代上,二孩生育率明显低于农村本地人口。在三孩生育率上,二孩生育年代在 1990—1999 年的乡城流动人口三孩生育率略高于农村本地人口,在 2000—2009 年的乡城流动人口三孩生育率明显偏高,这同样很有可能是样本搜集带来的问题,因为理论上,年龄越大的人口生育孩子数越多。而在乡城流动人口二孩生育率明显偏低的情况下,三孩最终的生育率并不一定会高于农村本地人口。

表 4-28　各孩次生育均在流入地的乡城流动人口生育间隔年数别生育率

孩次	人口类型	时间			
		1980—1989 年	1990—1999 年	2000—2009 年	2000—2013 年
一孩	乡城流动人口（2014 年）	1 (50)	1 (335)	0.917 (403)	0.992 (440)
	农村本地人口	1 (156)	0.991 (316)	0.876 (329)	—

续表

孩次	人口类型	时间			
		1980—1989 年	1990—1999 年	2000—2009 年	2000—2013 年
二孩	乡城流动人口（2014 年）	0.741 (27)	0.567 (277)	0.415 (429)	0.487 (561)
	农村本地人口	0.817 (126)	0.672 (279)	0.563 (352)	—
三孩	乡城流动人口（2014 年）	— (12)	0.203 (74)	0.204 (204)	0.175 (286)
	农村本地人口	0.360 (59)	0.194 (129)	0.138 (218)	—

注:括号中为样本量。

（2）一孩生育在流出地

表 4-29 显示在所有的一孩生育年代上，乡城流动人口二孩生育率均低于农村本地人口。二孩生育年代在 2000—2009 年的乡城流动人口三孩生育率略高于农村本地人口。原因解释同上。

表 4-29　一孩生育在流出地的乡城流动人口生育间隔年数别生育率

孩次	人口类型	生育时间			
		1980—1989 年	1990—1999 年	2000—2009 年	2000—2013 年
二孩	乡城流动人口（2014 年）	0.098 (440)	0.239 (1131)	0.261 (563)	0.401 (593)
	农村本地人口	0.797 (543)	0.728 (847)	0.582 (727)	—
三孩	乡城流动人口（2014 年）	— (6)	0.121 (58)	0.156 (316)	0.119 (472)
	农村本地人口	0.387 (297)	0.267 (439)	0.144 (591)	—

注:括号中为样本量。

（3）一孩、二孩生育在流出地

表 4-30 显示在所有二孩生育年代上，乡城流动人口的三孩生育率均低于农村本地人口。

表 4-30　一孩、二孩生育在流出地的乡城流动人口生育间隔年数别生育率

人口类型	生育时间			
	1980—1989 年	1990—1999 年	2000—2009 年	2000—2013 年
乡城流动人口（2014 年）	0.007 （421）	0.030 （843）	0.055 （582）	0.067 （644）
农村本地人口	0.409 （477）	0.253 （663）	0.153 （715）	—

注：括号中为样本量。

（四）Cox 比例风险回归

此部分研究将继续从 2014 年流动监测数据筛选出乡城流动妇女，从 CFPS2010 年数据库中筛选出农村本地妇女与城镇本地妇女作为数据基础进行研究，对于三类人口，本书只选取 20—59 岁女性样本。之所以没有选取 15—19 岁育龄妇女：一是因为 CFPS2010 年数据库调查对象都在 16 岁及以上，而流动监测数据调查对象年龄在 15—59 岁，两者在最低年龄的调查对象不一致；二是因为 CFPS2010 年数据库中 16—19 岁育龄妇女中初婚仅有 40 人，占 16—19 岁育龄妇女总人数 913 人中的 4.38％，Cox 比例风险回归实际上计算的是各孩次递进生育的概率，40 个样本对孩次递进生育的影响作用可以忽略不计。

1.2014 年流动监测与 CFPS2010 年在生育率上相比较的可信性

笔者试图将 CFPS2010 年调查得到的农村本地妇女的生育当作 2014 年调查的，这样就可以直接与 2014 年流动监测数据中的乡城流动人口进行比较。这里用到的一个假设就是 2010 年与 2014 年同为 X 岁的农村本地妇女平均曾生子女数上没有明显的差异。但现实中很难找到全国范围的 2010 年与 2014 年农村本地人口分年龄的曾生子女数数据，根据可找到的数据，笔者比较了 2010 年与 2014 年全国 15—59 岁妇

女按出生队列的平均活产子女数。从图4-8中看到,2014年全国15—59岁妇女的平均活产子女数在大部分年龄上少于2010年的,两者存在着一定的差异(2015年全国1‰人口抽样调查资料直接给出的数据也显示2015年的妇女在较大年龄段上低于2010年的)。经过进一步计算,发现两者差异的区间范围为−0.299～0.013,2014年减去2010年分年龄的平均活产子女数的均值为−0.094,标准差为0.011,大部分队列在同一年龄上平均活产子女数差异在−0.094上下,浮动范围很小。在20—59岁年龄段上,两者在23岁相差最大,2014年23岁妇女的曾生子女数比2010年的减少了18.5%(15—19岁年龄段上曾生子女数过少,下文中Cox回归并不包含该年龄段妇女,所以不再计算)。所以,如果下文根据Cox回归求得的乡城流动人口在各孩次上递进生育的概率比农村本地人口小18.5%或者更多,那么就可以得出乡城流动降低生育水平的结论,由此认为2014年流动监测与CFPS2010年在生育率上具有可以直接比较的基础。

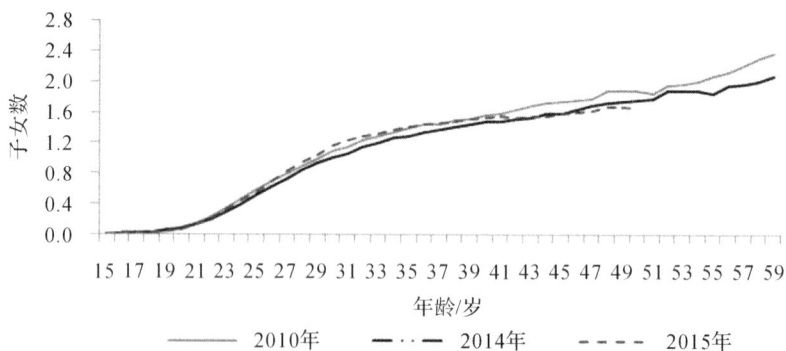

图4-8　2010年、2014年与2015年全国15—59岁妇女

按出生队列的平均活产子女数[1]

① 2010年数据根据中国2010年人口普查资料中"表3-1全国分年龄、性别的人口表"与"表6-12全国按年龄分的15—64岁妇女平均活产子女数和平均存活子女数"计算(http://www.stats.gov.cn/tjsj/pcsj/6rp/indexch.htm);2014年数据是在不考虑死亡因素的情况下,根据中国2010年人口普查资料中"表3-1全国分年龄、性别的人口表"、中国2010年人口普查资料"表6-12全国按年龄分的15—64岁妇女平均活产子女数和平均存活子女数"和2012年、2013年、2014年与2015年中国人口和就业统计年鉴中的"全国育龄妇女分年龄、孩次的生育状况"中的年龄别生育率三个数据计算得来;2015年数据来源于2015年全国1‰人口抽样调查资料"表8-7全国按年龄分的15—50岁妇女平均活产子女数和平均存活子女数"(http://pan.xiaze.org/nj/2015 qgrkcydczl/indexch.htm)。

2. CFPS2010 年育龄妇女数据代表第六次人口普查全国育龄妇女的可信性

本章此部分研究所采用的数据在 CFPS2010 年数据库中做了不同的筛选，所以从 CFPS2010 年数据库中选取 20—59 岁女性样本后，对样本数据再次进行了检验（见图 4-9）。对比发现第六次人口普查与 CFPS2010 年两者年龄结构的相关系数仅为 0.590，样本出现了一定的偏差，CFPS2010 年数据中相对年长者所占比例较大，CFPS2010 年数据中 20—35 岁所占比例均低于第六次人口普查数据，36—59 岁所占比例基本均高于第六次人口普查数据，后本书又继续计算了两者在各年龄上离差的绝对值，发现相差最大的为 0.012。另外两者累计平均绝对误差[①]仅为 0.0042。所以即便存在偏差，每个年龄上的样本也仍能代表大部分原始数据。从年龄结构看，CFPS2010 年育龄妇女数据代表第六次人口普查全国育龄妇女具有可信性，所以不再根据年龄结构差异对 CFPS2010 年样本数据进行加权。

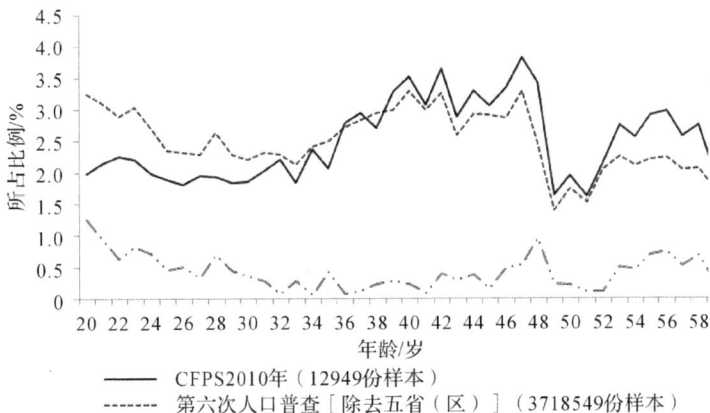

图 4-9　20—59 岁女性年龄结构[②]

---

① 累计平均绝对误差为 $\text{AVaberr} = \frac{1}{n}\sum_{i=1}^{n}|\hat{x_i} - x_i|$。

② 第六次人口普查全国 20—59 岁妇女人数 39139655，第六次人口普查全国除去五省（区）后的妇女人数占比为 95.01%。第六次人口普查数据来源于 http://www.stats.gov.cn/tjsj/pcsj/rkpc/6rp/indexch.htm。除去的五省（区）数据分别来源于：宁夏回族自治区 2010 年人口普查资料，第 1863、1871 页；青海省 2010 年人口普查资料，第 1863、1871 页；新疆维吾尔自治区 2010 年人口普查资料，第 1587、1595 页；内蒙古自治区 2010 年人口普查资料，第 2356－2357 页；海南省 2010 年人口普查资料，第 1851－1859 页。以上数据均为普查长表数据资料。

对比第六次人口普查与 CFPS2010 年两者分年龄婚姻结构时,本书只选取未婚与在婚两种婚姻结构(因为第六次人口普查数据没有把在婚区分为初婚与再婚),而将离婚与丧偶剔除出去。从图 4-10 看,两者在婚姻结构上也出现了偏差,CFPS2010 年妇女在低年龄段未婚的比例均低于第六次人口普查数据,但两者分年龄未婚占比的相关系数为0.991,累计平均绝对误差为 0.034,从分年龄的婚姻结构看,样本仍具有代表性。另外,下文在采用 Cox 回归进行分析时,还将进一步选取至少生育过一个孩子的样本。那么即便年龄结构与分年龄婚姻结构存在着偏差,只要下一孩次递进生育者或者未生育者被抽到概率相同,也就不会影响 Cox 回归中递进生育概率的计算。

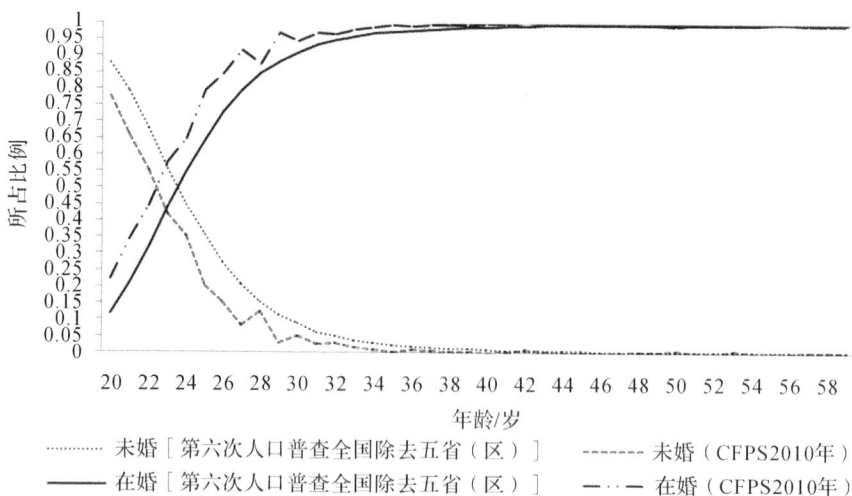

图 4-10　20—59 岁女性分年龄婚姻结构①

3. 相关人口类型在数据库中的选取

(1)乡城流动人口

选取年龄在 20—59 岁、婚姻状况为初婚、至少生育 1 个孩子、第一次离

---

① 第六次人口普查全国 20—59 岁未婚与在婚妇女人数为 37693682,第六次人口普查全国除去五省(区)后的未婚在婚妇女人数占比为 95.10%。第六次人口普查数据来源于 http://www.stats.gov.cn/tjsj/pcsj/rkpc/6rp/indexch.htm。除去的五省(区)数据分别来源于:宁夏回族自治区2010 年人口普查资料,第 1863、1871 页;青海省 2010 年人口普查资料,第 1863、1871 页;新疆维吾尔自治区 2010 年人口普查资料,第 1587、1595 页;内蒙古自治区 2010 年人口普查资料,第 2356－2357 页;海南省 2010 年人口普查资料,P1851－1859。以上数据均为普查长表数据资料。

开户籍地年龄大于等于 15 岁、本次流动即为第一次流动的乡城流动人口，并选择户籍地是香港、澳门、台湾、新疆、青海、内蒙古、宁夏和海南①以外的样本。这样就可以通过第一次离开户籍地时间与各孩次生育时间的对比，来确定流动在前、生育在后的一个时间上的先后顺序。之所以选取只流动过一次的，是因为只有这部分人口才可以根据其户籍性质（农业与非农业）与调查地类型（居委会与村委会）严格区分出乡城流动、城城流动、城乡流动和乡乡流动四类，而对于流动过多次的育龄妇女我们并不能明确她们在本次流动之前的流动方向。初步选取样本量 15638 份。

（2）农村本地人口

选取年龄在 20—59 岁、婚姻状况为初婚、至少生育 1 个孩子的农村本地女性，初步选取样本量 4571 份。

（3）城镇本地人口

城镇本地人口选取过程与农村本地人口类似，将类别换成城镇本地女性，初步选取样本量 1216 份。

对上面三类人口初步选取后，本书进一步分析了每个样本在各孩次出生年份漏填以及根据样本填写信息计算出来的生育年龄不在 15—49 岁区间的情况，并将这两类样本视为无效样本，最后选取的实际有效样本见表 4-31。表 4-31 中"实际有效样本"指的是各递进生育孩次前一孩次填写过出生年份且经计算的生育年龄处于 15—19 岁区间的样本，实际有效样本是下文模型分析中真实用到的。

表 4-31　模型中实际用到的样本量

生育孩次	乡城流动人口			农村本地人口			城镇本地人口		
	实际有效样本	样本量	占比/%	实际有效样本	样本量	占比/%	实际有效样本	样本量	占比/%
一孩	15607	15638	99.8	4171	4571	91.2	1180	1216	97.0
二孩	6834	6834	100	3258	3463	94.1	281	292	96.2

---

① 为了在调查区域上尽可能地做到匹配，删除掉 CFPS 数据库中并没有调查的这些省级行政区的样本。

续表

生育孩次	乡城流动人口			农村本地人口			城镇本地人口		
	实际有效样本	样本量	占比/%	实际有效样本	样本量	占比/%	实际有效样本	样本量	占比/%
三孩	820	820	100	1069	1134	94.3	52	58	89.7
四孩	29	29	100	276	287	96.2	11	14	78.6

通过出生年份计算各孩次生育年龄的目的是考察对下一孩次递进生育的影响作用，而不是为了计算平均生育年龄，所以不再对无效样本进行插补调整，而是直接删去（无效样本见表 4-32）。经计算，本书发现无论是农村本地人口还是城镇本地人口，各孩次无效样本的平均年龄均比有效样本大，这应该是在搜集数据时年龄较大的被访者漏填或错填造成的。理论上，出生较早的妇女倾向于多育；实际上，无论农村本地人口还是城镇本地人口，无效样本的平均生育子女数均比有效样本多，所以如果将无效样本直接删去，意味着据此计算出的农村本地人口与城镇本地人口的生育水平比实际要低些。但如果下文中 Cox 回归模型得出的结果仍是乡城流动人口的生育水平低于农村本地人口，那么我们就更有理由相信乡城流动降低了生育水平。而城镇本地人口一孩、二孩的无效样本占比并不大，我们也可以将无效样本带来的误差略去。

表 4-32 无效样本的平均年龄与平均生育子女数

生育孩次	农村本地人口				城镇本地人口			
	年龄/岁		子女数/个		年龄/岁		子女数/个	
	有效样本	无效样本	有效样本	无效样本	有效样本	无效样本	有效样本	无效样本
一孩	41.9	50.1	2.04	2.59	43.1	48.1	1.28	2.03
二孩	42.2	51.4	2.41	2.88	43.2	53.1	2.23	3.10
三孩	47.6	52.7	3.34	3.49	48.4	53.4	3.29	4.00
四孩	49.3	54.3	4.33	4.09	47.2	53.6	4.27	4.67

注：二孩、三孩、四孩的样本量较小，结果仅供参考。

4.变量整理与特征描述

为了严格区分乡城流动人口各孩次生育时间与第一次流动时间两者的先后关系，从而考察流动对孩次递进生育的影响，本书依据分孩次分生育地类型把流动人口重新分为五类，具体见表4-33。当对二孩递进生育的影响因素进行回归时，本书选取生育过一孩的各孩次生育均在流入地的乡城流动人口以及一孩生育在流出地的乡城流动人口、农村本地人口与城镇本地人口，在控制住其余的混淆变量之后，计算流动对二孩递进生育的影响作用，则四类人口在二孩递进生育的差异就可以归咎于流动这一因素。对于选择理论涉及的混淆变量的控制，见表4-33。

表 4-33　乡城流动人口分孩次分生育地类型细分

人口类型	分孩次分生育地类型	目的	样本量	比例/%	控制的混淆变量
乡城流动人口	各孩次生育均在流入地	分析流动对二孩及以上孩次递进生育的影响作用	2405	17.22	受教育程度、民族、年龄、年龄平方、年龄_时依协变量(这些变量以下标注为※)、一孩生育年龄、一个孩子中男孩个数
	一孩生育在流出地	分析流动对二孩及以上孩次递进生育的影响作用	8294	55.35	※、一孩生育年龄、一个孩子中男孩个数
	一孩、二孩生育均在流出地	分析流动对三孩及以上孩次递进生育的影响作用	4313	24.52	※、二孩生育年龄、两个孩子中男孩个数
	一孩、二孩、三孩生育均在流出地	分析流动对四孩及以上孩次递进生育的影响作用	541	2.72	※、三孩生育年龄、三个孩子中男孩个数
	一孩、二孩、三孩、四孩生育均在流出地	分析流动对五孩及以上孩次递进生育的影响作用	54	0.19	样本量过小，不再进行分析

续表

人口类型	分孩次分生育地类型	目的	样本量	比例/%	控制的混淆变量
农村本地人口	各孩次生育均在农村本地	作为乡城流动人口分孩次分生育地类型的比较样本	对应表4-31"实际有效样本"	100	对应乡城流动人口分孩次分生育地类型的混淆变量
城镇本地人口	各孩次生育均在城镇本地	作为乡城流动人口分孩次分生育地类型的比较样本	对应表4-31"实际有效样本"	100	对应乡城流动人口分孩次分生育地类型的混淆变量

Cox 回归模型中所用样本的变量特征详见表 4-34。

表 4-34　变量特征描述

指标		二孩递进	三孩递进	四孩递进	指标		二孩递进	三孩递进	四孩递进
人口类型（定类）	城镇本地人口	7.35%	3.28%	3.04%	一孩生育年龄（定距）/岁	平均值	23.67		
	农村本地人口	26.01%	34.85%	56.47%		标准差	3.25		
各孩次生育均在流入地		14.95%	5.30%	2.24%	二孩生育年龄（定距）/岁	平均值		27.46	
一孩生育在流出地		51.70%	11.85%	4.52%		标准差		4.32	
一孩、二孩生育在流出地			44.72%	3.70%	三孩生育年龄（定距）/岁	平均值			28.52
一孩、二孩、三孩生育在流出地				30.03%		平均值			4.19
生育孩子数(定距)/个	平均值	1.59	2.22	3.23	前有孩子中男孩数(定类)	0个	46.22%	19.87%	11.12%
	标准差	0.71	0.53	0.55		1个	53.78%	57.58%	48.75%
平均年龄/岁	平均值	37.74	40.72	44.76		2个		22.55%	31.25%
	标准差	8.89	8.31	8.12		3个			8.88%

续表

指标		二孩递进	三孩递进	四孩递进	指标		二孩递进	三孩递进	四孩递进
民族结构（定类）	少数民族	5.85	6.98	10.82	教育结构（定类）	小学及以下	34.42%	47.46%	67.20%
						初中	48.34%	43.20%	27.60%
	汉族	94.15	93.02	89.18		高中及以上	17.24%	9.34%	5.21%
					样本量		16050	9584	1750

5.多因素回归结果显示,人口流动对生育水平影响的进度效应存在

下文中,我们怀疑流入地居住时长与年龄对各孩次递进生育的作用与时间有关,所以加入了两个时依协变量。使用含时依协变量 Cox 回归建模时,采取截至调查时点时上一孩次持续时间作为生存时间,将下一孩次是否生育作为事件,基于偏最大似然估计进行回归分析。表 4-35 的回归结果显示,一方面,流入地居住时长本身对生存时间起着显著的正向影响作用,流入地居住时间越长,二孩、三孩递进生育的风险率越大。这可以尝试着用中断理论来解释,夫妻之间的分离或者流迁过程中遇到的困难将会导致生育孩子的中断。人口流动确实延缓了生育,而以上是在控制住流动妇女年龄的条件下呈现的结果。从表 4-36 各类人口各孩次的平均生育年龄也可以看到,各类乡城流动人口一孩、二孩与三孩的平均生育年龄均比农村本地人口大,人口流动对生育水平影响的进度效应存在。而在流动人口内部,在流入地居住时间较长者二孩、三孩的平均生育年龄均要小于在流入地居住时间较短者,这说明了人口流动对生育水平影响的进度效应在乡城流动人口内部同样适用。由中断产生的生育进度效应也证明了总和生育率及其衍生指标在分析流动人口生育水平上存在着缺陷,也说明采用其他研究方法的必要性。

另一方面,流入地居住时长对生存状态的作用与时间有关,随着个体在流入地居住时长逐渐变长,生育二孩的风险率在减小。这说明了这一部分流动人口自愿放弃了二孩、三孩的生育,这或许是因为在城镇地区生活的时间越长,城镇地区的生育文化或者其他因素对她们的生育开始了潜移默化的作用,或许融合理论对于其二孩、三孩的生育就开始起了作用。

表 4-35　流动人口内部各孩次递进生育的影响因素分析

指标及细分		二孩递进生育	三孩递进生育
流入地居住时长		1.394***	1.156***
		(0.0085)	(0.0301)
流入地居住时长（时依协变量）		0.936***	1.006
		(0.0345)	(0.0602)
各孩次生育均在流入地（一孩生育在流出地）		1.965***	3.415**
		(0.3180)	(1.7310)
一孩、二孩生育在流出地（一孩生育在流出地）			0.297***
			(0.1150)
一孩生育年龄		1.089***	
		(0.0100)	
二孩生育年龄			0.979
			(0.0211)
一个孩子中男孩个数（0个）		0.424***	
		(0.0200)	
两个孩子中男孩个数（0个）	1个		0.137***
			(0.0205)
	2个		0.133***
			(0.0302)
年龄		0.808***	0.899***
		(0.0075)	(0.0249)
年龄平方		0.999	—①
		(0.0006)	
年龄（时依协变量）		1.027***	0.985
		(0.0274)	(0.0667)

---

① 当三孩递进生育方程中加入年龄平方项后,年龄的一次项和年龄平方项均不显著,当去掉年龄平方项后,年龄一次项的系数显著为负,说明年龄对三孩生育不存在二次关系,因而在三孩递进生育方程的估计中去掉了年龄平方项。

续表

指标及细分		二孩递进生育	三孩递进生育
受教育程度（小学及以下）	初中	0.699***	0.506***
		(0.0415)	(0.0723)
	高中及以上	0.535***	0.281***
		(0.0417)	(0.0909)
民族（少数民族）		0.942	0.948
		(0.1030)	(0.2530)
各孩次生育均在流入地×流入地居住时长		0.909***	0.879***
		(0.0088)	(0.0317)
一孩、二孩生育在流出地×流入地居住时长			1.052*
			(0.0280)
log likelihood		−15705.840***	−1607.424***

注：括号内为参照组；*** 表示 $p<0.01$，** 表示 $p<0.05$，* 表示 $p<0.1$。

表 4-36　各孩次递进生育模型中乡城流动人口各项指标的平均值

孩次	人口类型	一孩/二孩/三孩生育年龄/岁	第一次离开户籍地年龄/岁	流入地居住时长/岁	年龄/岁
一孩	农村本地人口	23.04	—	—	41.92
	各孩次生育均在流入地	25.13	20.95	10.24	31.19
	一孩生育在流出地	23.95	29.41	5.57	34.98
二孩	农村本地人口	26.76	—	—	43.78
	各孩次生育均在流入地	28.28	20.55	13.48	34.03
	一孩生育在流出地	30.06	25.35	9.83	35.18
	一孩、二孩生育在流出地	27.33	34.49	5.85	40.34

续表

孩次	人口类型	一孩/二孩/三孩生育年龄/岁	第一次离开户籍地年龄/岁	流入地居住时长/岁	年龄/岁
三孩	农村本地人口	28.27	—	—	47.00
	各孩次生育均在流入地	29.15	21.6	13.66	35.26
	一孩生育在流出地	30.61	23.68	13.34	37.02
	一孩、二孩生育在流出地	31.11	27.25	11.09	38.34
	一孩、二孩、三孩生育在流出地	28.48	37.63	5.83	43.47

各孩次生育均在流入地的乡城流动人口二孩、三孩递进生育的发生比分别为一孩生育在流出地的 1.965 倍与 3.415 倍,说明了前者的生育水平高于后者。从人口类型与流入地居住时长的交互作用看:在二孩递进生育上,0.909 的发生比说明各孩次生育均在流入地的乡城流动人口二孩递进生育的时间比一孩生育在流出地乡城流动人口短,这也可以看作中断理论的作用;在三孩递进生育上,各孩次生育均在流入地的乡城流动人口同样比一孩生育在流出地的乡城流动人口用时要短,一孩、二孩生育在流出地的乡城流动人口比一孩生育在流出地的乡城流动人口用时要长。

理论上,育龄妇女二孩生育模式呈倒 U 形,在峰值年龄前年龄越大二孩生育的概率越大,过了峰值年龄,年龄越大二孩生育的概率越小。所以本书中加入了年龄平方来检验这种倒 U 形影响关系,但发现这种影响均不显著。年龄与二孩、三孩的递进生育呈现线性关系,且年龄越大二孩、三孩递进生育的概率越小。但从年龄的依时变量看,年龄对生存状态的作用与时间有关,随着个体年龄的逐渐增大,生育二孩的风险率变大。

6. 单因素分析结果

单因素分析结果显示,人口类型、前有男孩数、受教育程度与民族性质四个类别变量对各孩次递进生育均有着显著性影响(见表 4-37)。

表 4-37　四个类别变量下各孩次是否递进生育的单因素分析

指标	指标细分	是否生育二孩			是否生育三孩			是否生育四孩		
		是	样本量	χ²	是	样本量	χ²	是	样本量	χ²
人口类型	城镇本地人口	22.88%	1180	4.4e+03***	17.78%	270	1.4e+03***	22.92%	48	172.4568***
	农村本地人口	74.01%	4171		30.45%	3087		25.67%	939	
	各孩次生育均在流入地	25.20%	2405		8.25%	606		20.00%	50	
	一孩生育在流出地	15.77%	8294		7.34%	1308		8.33%	96	
	一孩、二孩生育在流出地				1.76%	4313		3.95%	76	
	一孩、二孩、三孩生育在流出地							0.92%	541	
前有男孩数	0个	41.81%	6989	451.3662***	29.66%	1750	588.7356***	50%	182	187.7612***
	1个	25.92%	9061		7.65%	5686		11.81%	872	
	2个				11.92%	2148		9.69%	547	
	3个							20.81%	149	
受教育程度	小学及以下	60.48%	4797	2.5e+03***	21.32%	4245	522.1306***	20.72%	1139	59.0717***
	初中	23.98%	7755		5.72%	4353		5.98%	518	
	高中及以上	14.58%	3498		5.68%	986		11.83%	93	
民族性质	汉族	31.82%	15049	112.0077***	11.85%	8904	69.0635***	14.71%	1557	14.9413***
	少数民族	48.25%	1001		22.79%	680		25.52%	193	

注:*** 表示 $p<0.01$,** 表示 $p<0.05$,* 表示 $p<0.1$。

（1）人口类型

单因素分析结果显示,农村本地人口在二孩、三孩与四孩递进生育
的概率均处于最高水平,各类乡城流动人口在二孩、三孩、四孩递进生育

的概率均要小于农村本地人口，并且在三孩与四孩递进生育的概率上均要小于城镇本地人口。

（2）前有男孩数

单因素分析结果显示：没有男孩的妇女二孩、三孩与四孩递进生育的概率最大，三者生育的概率依次是 41.81％、29.66％与 50.00％；只有男孩的妇女三孩与四孩递进生育的概率次之，分别为 11.92％与 20.81％；既有男孩又有女孩的三孩、四孩递进生育概率最小。这主要受到儿女双全生育意愿的影响。

（3）受教育程度

单因素分析结果显示：小学及以下受教育程度的妇女二孩、三孩与四孩递进生育的概率最大，三者生育的概率依次是 60.48％、21.32％与 20.72％；初中受教育程度的二孩与三孩递进生育的概率居其次，分别为 23.98％与 5.72％，但在四孩递进生育概率上最小，为 5.98％。

（4）民族性质

单因素分析结果显示，少数民族妇女二孩、三孩与四孩递进生育的概率依次是 48.25％、22.79％与 25.52％，均高于汉族。

7. 多因素回归结果

多因素回归结果显示，人口流动对生育水平影响的数量效应存在。

（1）人口类型

表 4-38 回归结果显示：各孩次生育均在流入地的乡城流动人口二孩递进生育与三孩递进生育的概率在各类流动人口中最大，分别为 0.547 与 0.645，分别比农村本地人口降低了 45.3％与 35.5％；四孩递进生育中，乡城流动人口总体的发生比为 0.192，比农村本地人口降低了 80.8％，均远高于上文中提到的 18.5％。所以，相比较于农村本地人口，人口流动确实减小了乡城流动人口在更高孩次递进生育的概率，减少了生育孩子的个数，人口流动对生育水平影响的数量效应存在。对于各孩次生育均在流入地的乡城流动人口，人口流动对于其四孩递进生育具有正向作用，这或许是因为这部分年龄较大的流动人口（因为回归模型中显示，各孩次生育均在流入地的乡城流动人口年龄越大，四孩递进

生育的概率越大)确实存在着躲避生育政策而异地超生的现象,但更可能是因为监测数据收集到了过多的近期生育样本,因为对于各类乡城流动人口,其余的二孩及以上孩次递进生育的概率均小于农村本地人口。但即便这样,由于其二孩、三孩递进生育的减少,也将最终导致四孩递进生育的减少。而在笔者附加的"四孩递进生育#"模型中,将各类乡城流动人口合并到一起后,发现乡城流动人口四孩递进生育发生比仅为农村本地人口的 0.192 倍,同样说明了乡城流动降低了生育水平。相比较于城镇本地人口,乡城流动人口各孩次递进生育的概率有些较大,有些较小。这或许可以用上文中提到的融合理论来解释,一方面由于乡城流动人口接受了流入地的生育观念与生育文化,另一方面融合理论认为仅具有基本的社会经济基础的城镇流入者需要通过获取城镇居住者的角色特征来适应城镇的生活,角色的转变增加了他们生育孩子的机会成本,他们逐渐开始变得像迁入地的居民那样少生育。同时这也否定了追赶理论在我国乡城流动人口群体上的适用性。

表 4-38　全部类别人口各孩次递进生育的影响因素分析

指标及细分		二孩递进生育	三孩递进生育	四孩递进生育	四孩递进生育#
人口类型(农村本地人口)	城镇本地人口	0.260***	0.597***	0.767	0.772
		(0.0176)	(0.0871)	(0.2390)	(0.2400)
各孩次生育均在流入地		0.547***	0.645***	2.273**	
		(0.0275)	(0.0996)	(0.7410)	
一孩生育在流出地		0.180***	0.472***	0.433*	
		(0.0070)	(0.0855)	(0.2360)	
一孩、二孩生育在流出地			0.077***	0.296**	
			(0.0095)	(0.1750)	
一孩、二孩、三孩生育在流出地				0.050***	
				(0.0226)	
乡城流动总体					0.192***
					(0.0414)
一孩生育年龄		0.969***			
		(0.0028)			

续表

指标及细分		二孩递进生育	三孩递进生育	四孩递进生育	四孩递进生育"
二孩生育年龄			0.903***		
			(0.0065)		
三孩生育年龄				0.941***	0.948***
				(0.0143)	(0.0143)
一个孩子中男孩个数(0 个)		0.540***			
		(0.0151)			
两个孩子中男孩个数(0 个)	1 个		0.276***		
			(0.0179)		
	2 个		0.335***		
			(0.0246)		
三个孩子中男孩个数(0 个)	1 个			0.253***	0.242***
				(0.0352)	(0.0337)
	2 个			0.153***	0.150***
				(0.0255)	(0.0248)
	3 个			0.254***	0.253***
				(0.0508)	(0.0505)
年龄		0.974**	1.032***	1.039***	1.028**
		(0.0037)	(0.0066)	(0.0144)	(0.0143)
年龄平方		1.001***	—	—	—
		(0.0002)			
年龄(时依协变量)		0.952***	0.997	0.985	0.988
		(0.0025)	(0.0055)	(0.0115)	(0.0118)
受教育程度(小学及以下)	初中	0.750***	0.751***	0.523***	0.548***
		(0.0262)	(0.0593)	(0.1050)	(0.1080)
	高中及以上	0.587***	0.664***	0.807	0.784
		(0.0316)	(0.0936)	(0.2510)	(0.2430)
民族(少数民族)		0.886***	0.753***	0.639***	0.669***
		(0.0436)	(0.0640)	(0.0997)	(0.1040)
log likelihood		−46107.3380***	−10351.6280***	−2081.9102***	−2107.7533***

注:括号内为参照组;*** 表示 $p<0.01$,** 表示 $p<0.05$,* p 表示<0.1。

一孩生育在流出地的乡城流动人口二孩递进生育的发生比为 0.180，一孩、二孩生育在流出地的乡城流动人口三孩递进生育的发生比为 0.077，一孩、二孩、三孩生育在流出地的乡城流动人口四孩递进生育的发生比为 0.0496，这些发生比在乡城流动人口内部各孩次递进生育中是最小的，另外也可以看出这三个发生比在逐渐变小，人口流动对递进生育的影响作用在变大，这一方面说明了人口流动对流动后的最近孩次递进生育的影响作用最大，另一方面也说明了人口流动将会大大减小一孩、二孩生育在流出地以及一孩、二孩、三孩生育在流出地的乡城流动人口较高孩次递进生育的概率。从表 4-36 看到：一孩生育在流出地的乡城流动人口一孩平均生育年龄为 23.95 岁，但她们第一次离开户籍地的平均年龄为 29.41 岁，延迟了五年多；一孩、二孩生育在流出地的乡城流动人口二孩平均生育年龄为 27.33 岁，但第一次离开户籍地的平均年龄为 34.49 岁，延迟了七年多；一孩、二孩、三孩生育在流出地的乡城流动人口三孩平均生育年龄为 28.48 岁，但第一次离开户籍地的平均年龄为 37.63 岁，延迟了九年多。由此可见，中断理论在乡城流动人口迁移前就已经起了作用，这或许是源于丈夫先于妻子流动而导致了夫妻分离，迁移中断效应缩小了她们整个育龄期内生育时间的选择范围，迫使她们放弃了下一孩次的生育。还有一种可能就是，这部分乡城流动妇女确实是与农村本地妇女有着不同的生育观念的妇女，但这种选择性在我们的数据库中还不能通过相关的混淆变量加以控制。

（2）年龄

在二孩递进生育上，女性年龄一次项及二次项对二孩递进生育均有显著影响，年龄越大则二孩递进生育的概率越小，发生比为 0.974。年龄二次项的发生比为 1.001，说明年龄对二孩递进生育的影响呈现 U 形模式，开始时随着年龄的增大，二孩递进生育发生比降低，但之后，随着年龄的增大，二孩递进发生比升高。从表 4-33 中看出，一孩生育在流出地的样本所占比例最大，为 55.35％，而这部分流动人口二孩生育先是受到中断效应的作用，随着在流入地居住时间的变长，以及年龄的增长,二孩生育的概率变大。在三孩、四孩递进生育上,均呈现出年龄越大,各孩次递进生育的概率越大的特点,且均通过了显著性检验。两者的发生比分别为 1.032 与 1.039,这与常识也是相符的。

(3)前有男孩数

已经生育孩子的性别结构有着显著性影响作用,而且从发生比上看,这种影响作用还比较大。二孩递进生育中,一孩中有男孩的生育概率大为减小。三孩递进生育中,前两个孩子中没有男孩的下一孩次生育的概率最大,其次是生育孩子中只有男孩,既有男孩又有女孩的生育概率最小。四孩递进生育中,前三个孩子中没有男孩的生育概率最大,其次是三个男孩的,再次是一男二女的,而两男一女的生育的概率最小。这充分说明了性别偏好所起的作用,以及人们"儿女双全"的偏好所起的作用。

(4)生育年龄

一孩生育年龄、二孩生育年龄与三孩生育年龄越大则下一孩次递进生育的概率越小,三者的发生比分别为 0.969、0.903 与 0.941。这主要是因为生育年龄越大则育龄妇女剩余的育龄期将会被缩短,有些妇女觉得年龄大了,自己就放弃了下一孩次的生育。

(5)民族性质

少数民族在下一孩次的递进生育的发生比均要高于汉族。

(6)受教育程度

基本上,受教育程度越高,下一孩次递进生育的概率越小,这与受教育程度越高,则生育率越低的常见理论是相符的,因为提高女性的受教育程度可以帮助女性摒弃落后的旧生育观,树立新的生育观。

三、影响乡城流动人口生育水平的因素分析

笔者在本章得出了乡城流动人口的生育水平低于农村本地人口的结论,有效解决了石人炳、熊波(2011)在其研究评述中所提到的"中国'流动人口生育水平更低'的结论有待进一步检验"这一问题。本部分将采用事件史分析方法中的离散时间 Logit 模型,从社会融合的角度解释一下乡城流动人口生育水平下降的原因,以回答石人炳、熊波(2011)所提出的"国内研究人口迁移流动对生育水平的影响有不同结论,对此尚无令人信服的解释"这一问题。

(一)数据筛选与调整

历史事件的回顾,例如结婚、怀孕与生育已经被社会科学家所采用,以研究妇女的生育行为。生育史的分析也提供了一个家庭的形成与生育情况的有用信息。

2012 年上海市流动监测调研对象的年龄范围为 15—59 岁,在本书的研究中只选取其中的女性作为研究对象,样本量减少至 7893 份。另外根据问卷中的信息,有一部分在来上海前就已经流动过的育龄妇女,本书暂且没有办法确定这一部分被访者生育孩子是在原住地还是流入地,因此本书根据问卷第二部分中的题目"＊201_1 请按时间顺序列举出除本市与户籍地以外,您曾经居住过半年以上的城市名称"将这一部分育龄妇女剔除,本书的研究对象缩小为只流动过一次且流入地为上海的那一部分育龄妇女,样本量为 5847 份。接着本书在 5847 份样本中选择婚姻状况为初婚的那一部分育龄妇女,样本量减少至 4443 份。因为本书的研究对象为乡城流动人口,本书再从户口性质中选取农业户口,样本量减少至 3901 份。在 3901 份样本的基础上,本书对周皓(2012)划分的社会融合五个维度中的变量进行了操作化,详见表 4-39。

表 4-39　离散时间 Logit 模型中社会融合变量的操作化

社会融合测量维度	问卷中原题目	变量调整过程	离散时间 Logit 模型中的协变量
社会适应	405 您是否同意以下说法？（同意程度：1 完全不同意；2 不同意；3 基本同意；4 完全同意）A 我喜欢我现在居住的城市；B 我关心我现在居住城市的变化；C 我很愿意融入本地人当中，成为其中一员；D 我觉得本地人愿意接受我成为其中一员；E 我感觉本地人总是看不起外地人	将问题 E 的答案"1、2、3、4"修改为"4、3、2、1"。随后进行因子分析并做检验。KMO = 0.800；Bartlett 的球型度检验：近似卡方为 26465.964（sig = 0.000）；累计提取载荷平方和（56.540%）	1. 城市适应因子
文化适应	404 您平时有没有下列习惯？（1 是；2 否）D 读书/看报/学习；E 参加文艺/体育活动	不做调整	2. 是否读书、看报、学习 3. 是否参加文体活动
结构融合	401 今年以来您或您的家人是否在本地参加过以下活动？A 社区文体活动；B 社会公益活动（如献血、募捐、做义工等）；C 计划生育协会活动；D 社区卫生、健康教育活动 E 选举活动	因子分析。KMO = 0.768；Bartlett 的球型度检验：近似卡方为 3556.861（sig = 0.000）；累计提取载荷平方和（51.227%）	4. 参加本地活动因子
	402 您业余时间在本地和谁来往最多（不包括顾客）？1 同乡（户口在本地）；2 同乡（户口在老家）；3 其他本地人；4 其他外地人；5 很少与人来往	不做调整	5. 交往人口类别
	403-1 您家在老家是否有农村承包地？1 是；2 否	不做调整	6. 在老家是否有农村承包地
身份认同	407 如果没有任何限制，您是否愿意把户口迁入本地？	不做调整	7. 是否愿意把户口迁入本地
	408 您是否打算在本地长期居住（五年及以上）？	不做调整	8. 是否打算在本地长期居住

社会融合测量维度	问卷中原题目	变量调整过程	离散时间 Logit 模型中的协变量
经济融合	212_0 您在本地是否享有城镇职工养老保险？	不做调整	9. 是否有城镇职工养老保险
	211 您现住房属于下列何种性质？1 租住单位/雇主房；2 租住私房；3 政府提供廉租房；4 单位/雇主提供免费住房（不包括就业场所）；5 借住房；6 就业场所；7 自购房；8 自建房；9 其他非正规居所	"1、2、3、4、5、6、9"标注为"0 非稳定住房"；"7、8"标注为"1 稳定住房"	10. 是否有稳定住房
	413 您家在本地每月总收入多少钱？	考虑到收入的偏态分布，对月收入取自然对数	11. 全家月收入对数

　　为了运用离散时间 Logit 模型进行回归分析，本书对原文筛选出的 3901 份样本从育龄期开始的 15 岁进行人年数据改造[①]，一直改造到调查时的年龄，总共完成 85724 条数据，每一条数据详细记录了该样本在该年龄上的生育记录。在二胎递进生育影响因素分析上，对于生育二胎的样本，选取在流入地居住时长大于等于一年，年龄小于等于 49 岁，从生育一胎一直到生育二胎年份之间的样本；对于未生育二胎的样本，选取在流入地居住时长大于等于一年，年龄小于等于 49 岁，从生育一胎一直到调查年份之间的样本——总计得到样本 14204 份，样本特征详见表 4-40。

---

① 人年数据改造详见：郭志刚.社会统计分析方法 SPSS 软件应用[M].北京:中国人民大学出版社,2015:415－445。

表 4-40   用于解释乡城流动人口二胎递进生育影响因素的样本变量特征描述

变量		占比/%	均值	标准差
城市适应因子			0.152	0.993
是否读书、看报、学习	是	39.9		
	否	60.1		
是否参加文艺体育活动	是	11.7		
	否	88.3		
参加本地活动因子			0.123	1.065
社会融合因素	业余时间在本地和谁来往最多	同乡（户口在本地）	8.8		
	同乡（户口在老家）	54.1		
	其他本地人	15.1		
	其他外地人	10.6		
	很少与人来往	11.3		
在老家是否有农村承包地	是	45.1		
	否	54.9		
是否愿意把户口迁入本地	愿意	85.7		
	不愿意	6.1		
	没想好	8.2		
是否打算在本地长期居住	打算	87.2		
	不打算	4.5		
	没想好	8.3		
在本地是否享有城镇职工养老保险	是	25.1		
	否	72.6		
	不清楚	2.3		
住房性质	非稳定住房	89.4		
	稳定住房	10.6		
全家月收入对数			3.755	0.252

续表

变量		占比/%	均值	标准差
个人因素	年龄/岁		32.081	6.828
	民族 汉族	98.5		
	民族 少数民族	1.5		
	受教育年限/年		8.695	2.724
	一胎生育年龄/岁		23.768	3.054
	一胎是否有男孩 有	63.3		
	一胎是否有男孩 没有	36.7		
	一胎生育间隔/年		1.296	1.831
	生育政策① 一孩	31.2		
	生育政策① 一孩半	66.5		
	生育政策① 二孩	2.3		
流动因素	流入地居住时长/年		6.21	4.591
	流动人口类型 一胎及以上胎次生育均在流入地	44.1		
	流动人口类型 一胎生育在流出地二胎及以上胎次生育在流入地	55.9		

（二）离散时间 Logit 回归后的结果分析

表 4-41 是采用离散时间 Logit 模型对上海市乡城流动人口二胎递进生育影响因素的分析结果。在对生育过一胎的全部流动人口分析后，本书又分别分析了各胎次生育均在流入地的人口与一胎生育在流出地的人口。模型一仅仅加入了社会融合因素，模型二加入了三类因素。

---

① 根据"冯国平，郝林娜. 全国 28 个地方计划生育条例综述[J].人口研究，1992(4):28 - 33".本书按照乡城流动人口迁出地进行生育政策整理，将少数民族身份样本的生育政策均调整为二孩。

表 4-41　上海市乡城流动人口二胎递进生育影响因素的离散时间 Logit 模型

变量		全部一胎		各胎次生育均在流入地		一胎生育在流出地	
		模型一	模型二	模型一	模型二	模型一	模型二
是否有稳定住房（否）		0.784 (0.128)	0.838 (0.140)	1.099 (0.228)	1.063 (0.230)	0.482*** (0.135)	0.532** (0.151)
参加本地活动因子		0.973 (0.043)	1.004 (0.047)	0.975 (0.059)	1.024 (0.067)	0.971 (0.063)	0.985 (0.068)
城市适应因子		0.965 (0.045)	0.982 (0.046)	0.923 (0.065)	0.95 (0.069)	1.011 (0.065)	1.022 (0.067)
是否打算在本地长期居住（是）	否	0.670 (0.174)	0.772 (0.202)	1.075 (0.374)	1.097 (0.379)	0.430** (0.168)	0.588 (0.238)
	没想好	0.871 (0.158)	0.853 (0.158)	1.096 (0.298)	1.082 (0.304)	0.759 (0.185)	0.745 (0.188)
是否享有城镇职工养老保险（是）	否	1.703*** (0.201)	1.599*** (0.193)	1.618*** (0.270)	1.471** (0.255)	1.831*** (0.310)	1.746*** (0.304)
	不清楚	1.258 (0.429)	0.976 (0.346)	0.688 (0.416)	0.390 (0.246)	1.864 (0.787)	2.018 (0.899)
是否愿意把户口迁入本地（愿意）	不愿意	1.065 (0.221)	1.045 (0.220)	1.163 (0.363)	1.147 (0.355)	1.107 (0.309)	1.087 (0.315)
	没想好	1.091 (0.188)	0.997 (0.176)	0.971 (0.259)	1.002 (0.274)	1.197 (0.272)	1.032 (0.240)
老家是否有农村承包地（是）		0.909 (0.082)	0.891 (0.082)	0.933 (0.125)	0.988 (0.135)	0.846 (0.105)	0.794* (0.102)
业余时间在本地和谁来往最多（同乡，户口在本地）	同乡，户口在老家	0.819 (0.124)	0.966 (0.149)	1.120 (0.253)	1.112 (0.256)	0.606** (0.125)	0.882 (0.191)
	其他本地人	0.751 (0.136)	0.855 (0.158)	0.863 (0.229)	0.919 (0.249)	0.666* (0.167)	0.877 (0.229)
	其他外地人	0.546*** (0.115)	0.684* (0.147)	0.735 (0.225)	0.858 (0.270)	0.401*** (0.118)	0.533** (0.162)
	很少与人往来	0.687* (0.134)	0.899 (0.179)	0.954 (0.275)	1.089 (0.323)	0.504** (0.135)	0.767 (0.212)

续表

变量		全部一胎		各胎次生育均在流入地		一胎生育在流出地	
		模型一	模型二	模型一	模型二	模型一	模型二
全家月收入对数		1.526** (0.266)	1.375* (0.249)	1.260 (0.334)	1.356 (0.377)	1.881*** (0.455)	1.478* (0.371)
是否参加文艺体育活动(是)		1.118 (0.178)	1.151 (0.185)	0.977 (0.214)	1.052 (0.229)	1.326 (0.321)	1.393 (0.346)
是否读书、看报、学习(是)		1.166* (0.115)	1.263** (0.128)	1.383** (0.202)	1.461** (0.218)	1.031 (0.139)	1.129 (0.159)
流入地居住时长			1.035** (0.017)		0.939** (0.027)		1.103*** (0.029)
流动人口类型(一胎生育在流出地)			1.486*** (0.224)				
年龄			1.948*** (0.202)		2.130*** (0.341)		1.787*** (0.283)
一胎是否有男孩(没有)			0.292*** (0.028)		0.288*** (0.042)		0.280*** (0.037)
民族(汉族)			0.756 (0.503)		0.644 (0.547)		1.084 (1.291)
年龄平方			0.989*** (0.002)		0.989*** (0.003)		0.989*** (0.002)
一胎生育年龄			0.958** (0.020)		0.823*** (0.031)		1.034 (0.031)
一胎生育间隔			0.957* (0.027)		0.990 (0.040)		0.907** (0.038)
受教育程度			0.999 (0.013)		0.979 (0.021)		1.010 (0.018)
生育政策(一孩)	一孩半		1.645*** (0.181)		1.471** (0.248)		1.731*** (0.259)
	二孩		1.251 (0.659)		1.409 (0.880)		0.757 (0.783)
常数项		0.00749*** (0.005)	1.24e−06*** (0.000)	0.01250*** (0.013)	7.81e−06*** (0.000)	0.00421*** (0.004)	1.86e−06*** (0.000)

续表

变量	全部一胎		各胎次生育均在流入地		一胎生育在流出地	
	模型一	模型二	模型一	模型二	模型一	模型二
log likelihood	−2257.0752***	−2081.4856***	−1043.6099***	−979.3866***	−1202.8477***	−1075.7850***
Pseudo R^2	0.0103	0.0866	0.0120	0.0704	0.0182	0.1213

注:括号内为参照组;*** 表示 $p<0.01$,** 表示 $p<0.05$,* 表示 $p<0.1$。

1.经济融合

是否具有稳定住房对一胎生育在流出地的乡城流动人口二胎生育的影响显著,有稳定住房的流动人口二胎生育的发生比是没有稳定住房0.532倍。李仲生(2006)认为父母往往基于提高家庭的社会地位和改善经济状况这两个出发点而考虑是否进行边际胎次的生育,地位、收入越高的家庭将会减少生育孩子的数量。上海本地有稳定住房的妇女往往有着较高的社会地位与经济收入。

家庭月收入对二胎生育的影响显著,收入越高则二胎生育的发生比越高。按照莱本斯坦的观点,家庭收入与生育、抚养孩子成本之间呈现一种正相关关系,家庭收入和生育、抚养孩子效用之间存在一种负相关的关系,所以家庭收入越高则生育孩子的数量越少。曾毅等(2010)研究江浙两省 151 个县市生育率的回归分析发现,人均 GDP 每增加 1%,生育率就降低约 0.0017,支持了莱本斯坦的这一观点。但李竞能(2004)描述过西蒙相关理论,在一个传统型的农业社会或者国家在向现代型的工业社会转型之初,家庭收入增长将会在短时间内带来生育孩子数量的增加。这个时间段上生育孩子仍旧是被当作一种嗜好。李子联(2016)认为"收入的提高能够有效地应付生育所带来的成本支付,因而能够促进生育率的上升"。

有城镇职工养老保险的流动人口二胎生育的概率较小,这一影响对两类流动人口均显著。这主要是因为社会保障系统替代子女为年老父母提供晚年经济生活保障,孩子给父母带来的保险效用减弱。

2.文化适应

不读书、看报、学习的妇女生育二胎的概率将会增大,发生比为 1.263。

读书、看报、学习将会增加妇女的知识,改变妇女落后的生育观念。

3.结构融合

对于一胎生育在流出地的乡城流动人口,老家没有农村承包地的将会降低二胎的生育率,发生比为 0.794。按照目前的农地制度,农村土地的承包分配是按照农户人口数量来进行的,农户人口多则分配的土地多。反过来,较多的土地也带来了对年轻劳动力的需求。

4.流入地居住时长

对乡城流动人口总体而言,在流入地的居住时间越长则二胎生育的概率越大,居住时长每增加一年,则二胎生育的发生比为原来的 1.035 倍,对于一胎生育在流出地的乡城流动人口,这种影响更大,发生倍率为 1.103。而对于各胎次生育均在流入地的乡城流动人口,这种影响呈现负向关系,居住时长每增加一年,二胎生育的发生比是原来的 0.939 倍,这与文献回顾中 Bean 等(1984)的研究结果是一致的。通常来说,在流入地的居住时长越长,则社会融合程度越高,那么生育率应该越低。经计算,各胎次生育均在流入地的乡城流动人口在流入地的平均居住时长为 8.07 年,一胎生育在流出地的乡城流动人口为 4.87 年。然而实际情况更为复杂,从乡城流动人口总体的二胎生育模型看到,各胎次生育均在流入地的乡城流动人口二胎生育的发生比是一胎生育在流出地的乡城流动人口 1.486 倍,在流入地居住时长较长的各胎次生育均在流入地的乡城流动人口生育水平反而较高。又经计算,一胎生育在流出地的乡城流动人口第一次离开户籍地时间与生育一胎时间之间的平均间隔时长为 5.90 年,各胎次生育均在流入地的乡城流动人口平均年龄为 28.47 岁,一胎生育在流出地的乡城流动人口为 34.93 岁,这或许是因为部分一胎生育在流出地的乡城流动人口由于受到迁移流动带来的生育中断效应的影响,而被迫放弃了二胎生育。

四、本章小结

(一)乡城流动人口生育水平现状

本章通过对 2000 年人口普查 0.95‰抽样调查数据的描述性统计,

从总和生育率、递进生育率、Logistic 回归、婚后年数别生育率四个指标详细刻画了乡城流动人口生育水平现状，四个指标均显示乡城流动人口的生育水平低于农村本地人口，且已远低于更替水平。但由于各生育率指标计算原理不同，最终计算出的生育水平出现了差异。根据总和生育率计算出的乡城流动人口与农村本地人口的生育水平分别为 0.821 和 1.273，而乡城流动人口一孩生育水平仅为 0.567，农村本地人口为 0.822，一孩生育水平均显著低于 1。这主要是因为两类人口都受到一孩生育推迟的时期进度效应影响。乡城流动人口一孩生育水平低于农村本地人口，还受到婚姻状况的影响，表 4-1 显示乡城流动人口未婚的比例高出农村本地人口近 13 个百分点。2000 年普查年份婚后年数别生育率显示乡城流动人口与农村本地人口一孩总和婚后年数别生育率均显著提高，两者分别提高至 0.742 与 1.047。婚后年数别生育率不受年龄结构的影响，同时又控制住了婚姻结构，且受初婚年龄结构的影响较小，但仍然要受到生育年龄变动的影响，也就是生育模式的影响，其机理与生育年龄变动对总和生育率影响类似。初育模式的不稳定是乡城流动人口一孩总和婚后年数别生育率仍然低于 1 的重要原因。乡城流动人口的总和生育率与总和婚后年数别生育率的计算结果也说明了乡城流动人口生育水平测量的复杂性。采用递进生育率，同时控制了婚姻结构与时期进度效应，结果发现未婚与初婚的乡城流动人口一孩递进生育率为 0.905，农村本地人口一孩递进生育率为 0.968，剔除掉婚姻结构的影响后，乡城流动人口的一孩递进生育率变为 0.916，已接近于实际的一孩终身生育水平，较之于婚后年数别生育率计算出来的值增长了 0.174，与农村本地人口一孩递进生育率相差 0.052。另外，本章基于 2014 年全国流动人口动态监测数据与 CFPS2010 年数据分析了乡城流动人口和农村本地人口的生育间隔年数别生育率。生育间隔年数别生育率是对真实生育队列的追踪性考察计算得来的，有效地避免了采用假想队列计算出的生育水平失真的问题。其作为累计生育水平指标也显示出乡城流动人口的二孩、三孩生育水平低于农村本地人口。

（二）人口的乡城流动对生育水平的影响

1.递进生育率

本书从 2000 年人口普查 0.95‰的抽样调查数据中选取农村本地妇女与乡城流动妇女，在采用倾向值得分匹配法删除掉乡城流动的选择性后，基于递进生育率这一生育指标分析了农村本地人口和乡城流动人口在一孩、二孩与三孩递进生育上的差异，并分析了人口的乡城流动对生育水平的影响结果。研究发现：农村本地人口的一孩递进生育率为 0.945，二孩递进生育率为 0.387，三孩递进生育率为 0.009；乡城流动人口分别为 0.916、0.227 与 0.004。乡城流动人口二孩、三孩递进生育率小于农村本地人口，人口的乡城流动与生育水平降低之间有着因果影响关系。进一步计算得到：农村本地人口一孩平均生育年龄为 24.40 岁，二孩平均生育年龄为 29.23 岁，三孩平均生育年龄为 32.57 岁；乡城流动人口的分别为 25.58 岁、29.28 岁与 29.64 岁。乡城流动人口一孩生育年龄较大，人口的乡城流动对生育水平影响的进度效应存在。

2.时期孩次递进比

本书基于倾向值得分匹配法删除掉乡城流动的选择性后，发现各孩次生育均在流入地的乡城流动人口一孩平均生育年龄，一孩生育在流出地的乡城流动人口二孩、三孩平均生育年龄，一孩、二孩生育均在流出地的乡城流动人口三孩平均生育年龄均比匹配出的农村本地人口大，乡城流动推迟了生育。在分孩次的平均生育年龄上，各孩次生育均在流入地的乡城流动人口的一孩平均生育年龄大于农村本地人口 0.60 岁，通过了显著性检验。二孩、三孩平均生育年龄均与农村本地人口没有差异；一孩生育在流出地的乡城流动人口二孩、三孩平均生育年龄均比农村本地人口分别大 2.43 岁与 2.76 岁，且都通过了显著性检验。一孩、二孩生育均在流出地的乡城流动人口三孩平均生育年龄比农村本地人口大 4.08 岁，也通过了显著性检验。总体来看，人口流动对生育影响的进度效应存在。这可以用中断理论来解释，这种中断效应既发生在流动前、流动中，也发生在流动后。

基于时期孩次递进比指标，本书最终计算得到的各孩次生育均在流入地的乡城流动人口前三孩累计生育水平为 1.586，一孩生育在流出地的乡城流动人口前三孩累计生育水平为 1.462。此两类乡城流动人口三孩累计生育水平均低于匹配出来的农村本地人口。一孩、二孩生育均在流出地的乡城流动人口三孩累计生育水平虽未算出具体数值，但三孩时期孩次递进比仍然小于与之匹配的农村本地人口。而以上的数据结果均是在乡城流动人口的抽样出现偏差导致生育率偏高的情况下计算出来的。因此，可以得到一个结论：乡城流动人口的生育水平低于农村本地人口，乡城流动与生育水平降低之间有着因果影响关系。需要强调的是，以上结论并不针对现实中的全部乡城流动人口与农村本地人口，而是指倾向值得分匹配选取出两者各自的一部分人口，随后依据时期孩次递进比计算出的生育率只有为考察乡城流动对生育水平的影响而在两者之间进行比较时才有意义。从全国数据来看，乡城流动人口并没有为了突破本地计划生育政策而流动到城镇区域逃生、超生与多生。或者即便这种情况存在，发生的概率也要小于农村本地人口。但仍不能否定在生育政策实施初期区域性存在这种现象。

3. 生育间隔年数别生育率

生育间隔年数别生育率的计算结果显示：各孩次生育均在流入地的乡城流动人口在各一孩生育年代上二孩生育率明显低于农村本地人口；各孩次生育均在流入地的乡城流动人口的三孩生育率高于农村本地人口。这同样很有可能是 2014 年流动监测样本搜集带来的问题。而在乡城流动人口二孩生育率明显偏低的情况下，三孩最终的生育率并不一定会高于农村本地人口。

一孩生育在流出地的乡城流动人口，在各一孩生育年代上，二孩生育间隔年数别生育率均低于农村本地人口；二孩生育年代在 2000—2009 年的乡城流动人口三孩生育率略高于农村本地人口。原因解释同上。

一孩、二孩生育在流出地的乡城流动人口，在各二孩生育年代上，三孩的生育率均低于农村本地人口。

4. Cox 比例风险回归

本书选取"中国家庭追踪调查(CFPS)2010"中的成人问卷数据库与国家卫计委组织实施的 2014 年全国流动人口卫生计生动态监测调查项目中的"2014 年全国个人 A 卷"数据库,构建纵向生育史数据后,采用时依 Cox 回归模型分析了各分孩次分生育地类型的乡城流动人口对各孩次递进生育的影响过程。研究并不聚焦于乡城流动人口真实的生育水平到底是怎样的,而是考察人口流动对生育水平的影响,并结合融合理论、中断理论分析了人口流动对生育水平降低作用的背后机制。

研究结果显示,流入地居住时间越长则乡城流动人口二孩、三孩递进生育的概率越大,人口流动增大了二孩及以上孩次生育年龄,人口流动对生育水平影响的进度效应存在,这可以用中断理论来解释。相比较于农村本地人口,人口流动确实减小了乡城流动人口在二孩及更高孩次递进生育的概率,减少了生育孩子的个数,人口流动对生育水平影响的数量效应存在,人口流动与生育水平降低之间存在着因果关系,这或许可以从融合理论得到解释。因此,从全国数据来看,农村本地人口为了突破本地计划生育政策而流动到异地逃生、超生与多生的现象可以忽略不计,但仍不能否定在计划生育政策实施初期区域性存在这种现象。相比较于城镇本地人口,乡城流动人口二孩及以上孩次递进生育的概率有些较大,有些较小。

按照陈卫、吴丽丽(2006)将 2000 年人口普查 0.95‰抽样数据库中流动迁移发生在五年以前的归于远期流迁人口,发生在五年以内的归于近期流迁人口计算,则近期流迁人口所占比例为 45.71%,因此,当以截面数据中"前一年的生育情况"为生育水平来计算时,如陈卫、吴丽丽(2006)根据普查前一年的生育情况计算总和生育率,周皓(2015)基于倾向值得分匹配后对以"普查前一年的生育"为因变量的 t 检验都将受到中断带来的进度效应的作用。本书采用 Cox 回归模型很好地处理了截尾数据的问题,也就很好地处理了由中断效应而导致的尚未完成生育的问题,从结果上来说更具有说服力。

本书采用回顾性调查的生育史数据区分出了孩子生育与流动在时间上的先后顺序，从而可以利用观察型数据进行因果关系的推断，所以解决了周皓（2015）仍未解决的流动与生育之间因果关系的判断问题。之前的以"曾经生育子女数"为生育水平指标的研究以及周皓（2015）基于倾向值得分匹配后对以"曾生子女数"为因变量的 t 检验与线性回归分析，基于此种种指标分析并没有能够判定流动对生育影响的因果关系，甚至据此计算的流动人口生育水平是否准确都是有待考究的，因为存在着一种极可能的情况，就是调查时点的流动人口是在结束生育后才开始流动的，但在实际意义上，这些人口在调查时点上仅仅改变了一个身份，他们所拥有的子女数并不能作为流动人口的生育水平。本书的研究有效解决了这一问题。

乡城流动人口的生育水平低于农村本地人口这一结论也在揭示着进一步探究生育水平下降的原因，这些或许就是融合理论所要研究的内容。人口的乡城流动也就是城镇化的发展过程，而城镇化对育龄妇女的生育观念将产生重大的影响作用，如：城镇化可以提高育龄妇女的收入水平，从而提高她们社会地位，使她们对于生育、生孩子数量更有自主决定权；城镇的社会保障制度可以改变农村地区养儿防老的养老模式，从而削弱男孩偏好，而男孩偏好的削弱也会降低生育水平；城镇化也可以直接改变育龄妇女落后的生育观念。对于这些原因的分析，可以有效解决石人炳、熊波（2011）在研究评述中所提到的"国内研究人口迁移流动对生育水平的影响有不同结论，对此尚无令人信服的解释"这一问题。

（三）乡城流动人口生育率下降的原因

本书结合社会互动理论与杜蒙特的"社会毛细管学说"分析了社会融合理论对生育率的影响机制，基于 2012 年上海市流动人口动态监测数据库，采用离散时间 Logit 模型分析了乡城流动人口的社会融合对二胎生育的影响。在控制住乡城流动人口的个人因素与流动因素后，研究发现社会融合对于二胎生育具有一定的影响。在城市地区有稳定住房、有城镇职工养老保险、有读书看报学习活动、在老家不再有农村承包地、较长的流入地居住时间这五个社会融合因素将会显著减小全部或部分乡城流动人口二胎生育的概率,而较高的家庭月收入则会增大二胎生育的概率。

Bernardi(2003)从四个方面解释社会互动对生育影响的动力机制,分别是社会支持、社会压力、社会影响与社会学习。社会支持指的是从社会网络成员中获取经济、物质与情感的机会,常见的如从父母那里获得的照料孩子的帮助。社会压力指通过权威或者奖励来影响生育,如父母表达的想要看到孙子女的愿望。社会影响指的是无意识中受到的情感反应,如跟孕妇或者新生儿母亲的接触会激发自己想要孩子的欲望。社会学习指的是从社会网络中接触到的新信息、新思想对自己的生育决策产生影响作用,认为这种影响机制格外有效。

在城镇化的发展过程中,哪一个机制会影响到乡城流动人口生育? 根据融合理论,社会影响与社会学习两者的作用最为重要。融合理论认为迁移后移民的生育态度与生育行为将会为适应迁入地的社会经济、文化和物质环境而发生改变(Hervitz,1985)。社会学习机制强调城镇居民社会范式给乡城流动人口带来的生育孩子信念的改变,如乡城流动人口将会看到城镇居民少生孩子带给他们生活的变化。Rossier 和 Bernardi(2009)认为生育行为不仅仅被社会学习机制所控制,同时也被趋同性的规则所影响。这种规则是由一种无意识的去适应社会网络中其他群体成员行为的倾向所引致的。Masanja(2017)的研究发现乡城女性移民价值观、行为范式从传统到现代的转变来自城镇地区的生活经验与经历。长期居住于城镇社区,周围的邻居以市民居多,城镇居民的生育行为无形中将引导乡城流动人口在心理上趋向于他们的生育规则。

西方人口学者把社会流动分为水平流动和垂直流动。水平流动是指人口在地域间的流动,主要是人口迁移流动。垂直流动指人们在社会地位(社会阶梯)上的上升或下降。一场伟大革命的最显著的作用就是带来了垂直社会流动强度和速度的提升。无所不能的君主大臣们突然发现自己身陷监狱,以前的罪犯上升到政治权力的顶峰。享有高收入的个人和家庭沦为穷人或者流亡者,赤贫的家庭或者个人开始享受奢侈品。在革命时期以外,垂直的社会流动也可能是激烈的、迅速的,而这个时候影响的是个人而不再是整个群体。革命时期,由于价值观的革命性重新调整,整个群体沿着社会阶梯上向流动或者下向流动。非革命时期,垂直的流动就像一个人在建筑物里面上上下下地移动,有的人走在楼梯上慢慢地移动,有的人坐上了较慢的电梯,有的人坐上了较快的电梯。他们交换着各自的位置,这个位置逐渐形成了一个稳定的系统。提高个人身份地位的欲望是一个缩小家庭规模的重要动机,因为养育孩子消耗了父母大量的能量与资本,这些本可以用来提高他们的社会等级(Espenshade,1980;Mincer et al.,1982;Hofferth,1984)。Zimmer(1981)对没有经历过社会流动的妇女按照社会地位进行分类,对经历过上向流动与下向流动的妇女按照在迁出地和目的地的社会地位进行分类后,研究了社会流动与生育孩子数之间的关系,发现上向流动的妇女比迁出地社会地位相同的没有经历社会流动与经历下向流动的妇女生育孩子数都少,下向流动的妇女比迁出地社会地位相同的没有经历社会流动与经历上向流动的妇女生育孩子数都多。在城市地区有稳定住房、有读书看报学习活动、在老家不再有农村承包地都是影响乡城流动人口垂直流动的重要因素。

　　从模型的回归结果看,本书操作化后的社会融合变量并不完全对二胎生育产生显著性影响,如衡量社会融合程度的户口迁入意愿与长期居住意愿两个指标,以及参加本地活动因子与城市适应因子两个定距变量指标。这主要是人们普遍有着二胎生育意愿的缘故。因为一个全面的生育转变过程包括从多生到少生、从早生到晚生与从性别偏好到无性别偏好的转变,而这三个方面是相互关联、交错作用的。乡城流动人口由于长时间处于一个性别偏好文化强烈和小农经济的大环境中,往往视男孩质量高于女孩,而从表 4-41 中乡城流动人口总体的一胎性别结构对二胎生育的影响看,一胎中有男孩的乡城流动人口二胎生育的发生比仅仅是没有男孩的 0.292 倍,乡城流动人口仍然保留着男孩偏好。当乡城流动人口一胎是女孩时,社会融合部分因素对二胎生育的影响会因为男孩偏好不再有差异;当乡城流动人口的一孩性别为男孩时,儿女双全的思想也许会继续影响部分妇女二孩的生育。从回归模型 R^2 看,社会融合因素对整个二胎生育的影响有限,起主要作用的仍然是乡城流动人口的个人因素与流动因素。所以从这一点上看,后续仍然需要从全国范围更大样本数据来检验社会融合对二胎甚至更高胎次的影响效果。

附录 4-A.递进生育率的计算步骤

我国学者马瀛通等(1986)创建了年龄别孩次递进比指标。马瀛通(1993)证明了这个指标比分孩子次总和生育率在计算准确性上更具优势。郭志刚(2004)将马瀛通先生创建的年龄别孩次递进比这个生育率指标叫作年龄递进模型。后续研究中,这个指标得到了广泛应用,以研究我国育龄妇女生育行为上的变化,并进行人口预测。如郭志刚(2004)介绍了年龄递进生育模型在我国人口预测方面的应用,姜全保(2006)则从普查数据计算年龄别孩次递进比、依据递进生育率推算出生数和根据递进生育率进行预测三个方面讨论了郭志刚(2004)的方法;王广州(2004,2005)则在对递进生育模式优点进行了充分讨论后,先后采用分孩次递进生育模型对我国育龄妇女的递进生育模式的基本特点与基本规律进行了分析。随后,基于孩次递进方法论,杨书章、王广州(2006a,2006b)则进一步拓展了孩次性别递进比人口发展模型及孩次性别递进比的系列指标。

递进生育率的计算过程是先求出孩次递进比,然后根据孩次递进比与递进生育率的关系再计算。

第 1 步,计算孩次递进比。

年龄别一孩递进比的计算公式为

$$p_{x,1}^t = B_{x,1}^t / W_{x,0}^{t-} \text{。}$$

其中,x 表示年龄,$W_{x,0}^{t-}$ 表示 t 年期初(用"$t-$"表示)x 岁组处于孩次 0 状态的妇女人数,$B_{x,1}^t$ 为 t 年份中 $W_{x,0}^{t-}$ 育龄妇女队列所生育的所有一孩数量,$p_{x,1}^t$ 则为 x 岁的育龄妇女在 t 年份中的一孩递进比。根据普

查数据计算的普查前一年的年龄别一孩递进比公式为

$$p_{x,1}^{t} = \Delta W_{x+1,0\to1}^{t-} / (W_{x+1,0}^{t-} + \Delta W_{x+1,0\to1}^{t-}),$$

年龄别二孩递进比为

$$p_{x,2}^{t} = \Delta W_{x+1,1\to2}^{t-} / (W_{x+1,1}^{t-} - \Delta W_{x+1,0\to1}^{t-} + \Delta W_{x+1,1\to2}^{t-}),$$

年龄别三孩递进比为

$$p_{x,3}^{t} = \Delta W_{x+1,2\to3}^{t-} / (W_{x+1,2}^{t-} - \Delta W_{x+1,1\to2}^{t-} + \Delta W_{x+1,2\to3}^{t-}).$$

第 2 步,根据孩次递进生育率与孩次递进比之间的关系计算。

随后本书将计算得到的分年龄的孩次递进比转换成相应的递进生育率。总和递进生育率是分孩次总和递进生育率的加总,即

$$\text{TPFR} = \sum_{i} \text{TPFR}_{i},$$

i 表示的是孩次。而分孩次的总和递进生育率 TPFR_{i} 又可以根据 $\sum_{x} \text{Pf}_{x,i}$ 求出,$\text{Pf}_{x,i}$ 是分孩次的年龄别递进生育率,x 表示年龄;$\text{Pf}_{x,i}$ 又可以进一步分解为不同孩次间隔的递进生育率之和,即

$$\text{Pf}_{x,i} = \sum_{d} \text{Pf}_{x,i,d},$$

d 表示间隔。

一孩的年龄别递进生育率为

$$\text{Pf}_{x,1} = N\%_{x,1} \times p_{x,1},$$

$N\%_{x,1}$ 表示的是在年龄初期仍未生育的比例,$N\%_{x,1}$ 的计算公式为

$$1 \times q_{15,1} \times q_{16,1} \times q_{17,1} \times \cdots \times q_{x-1,1}.$$

一孩总和递进生育率 $\text{TPFR}_{1} = \sum_{x} \text{Pf}_{x,1}$。二孩、三孩年龄别递进生育率与总和递进生育率计算分别见表 A1 与表 A2。

表 A1　各年龄二孩递进生育率计算

年龄	$\text{Pf}_{x,2,d=1}$	$\text{Pf}_{x,2,d=2}$	$\text{Pf}_{x,2,d=3}$	$\cdots$	$\text{Pf}_{x,2,d=34}$	年龄别二孩递进生育率
15	0					$\text{Pf}_{15,2} =$ 本行 $\sum$
16	$\text{Pf}_{15,1} \times p_{16,2}$					$\text{Pf}_{16,2} =$ 本行 $\sum$

续表

年龄	$Pf_{x.2,d=1}$	$Pf_{x.2,d=2}$	$Pf_{x.2,d=3}$	⋯	$Pf_{x.2,d=34}$	年龄别二孩递进生育率
17	$Pf_{16,1} \times p_{17,2}$	$Pf_{15,1} \times q_{16,2} \times p_{17,2}$				$Pf_{17,2} =$ 本行 $\sum$
18	$Pf_{17,1} \times p_{18,2}$	$Pf_{16,1} \times q_{17,2} \times p_{18,2}$	$Pf_{15,1} \times q_{16,2} \times q_{17,2} \times p_{18,2}$			$Pf_{18,2} =$ 本行 $\sum$
⋮	⋮	⋮	⋮	⋮		⋮
49	$Pf_{48,1} \times p_{49,2}$	$Pf_{47,1} \times q_{48,2} \times p_{49,2}$	$Pf_{46,1} \times q_{47,2} \times q_{48,2} \times p_{49,2}$		$Pf_{15,1} \times q_{16,2} \times \cdots \times q_{48,2} \times p_{49,2}$	$Pf_{49,2} =$ 本行 $\sum$
15 - 49						$TPFR_2 =$ 本列 $\sum$

表 A2　各年龄三孩递进生育率计算

年龄	$Pf_{x.3,d=1}$	$Pf_{x.3,d=2}$	$Pf_{x.3,d=3}$	⋯	$Pf_{x.3,d=34}$	年龄别三孩递进生育率
15	0					$Pf_{15,3} =$ 本行 $\sum$
16	$Pf_{15,2} \times p_{16,3}$					$Pf_{16,3} =$ 本行 $\sum$
17	$Pf_{16,2} \times p_{17,3}$	$Pf_{15,2} \times q_{15,3} \times p_{17,3}$				$Pf_{17,3} =$ 本行 $\sum$
18	$Pf_{17,2} \times p_{18,3}$	$Pf_{16,2} \times q_{17,3} \times p_{18,3}$	$Pf_{15,2} \times q_{16,3} \times q_{17,3} \times p_{18,3}$			$Pf_{18,3} =$ 本行 $\sum$
⋮	⋮	⋮	⋮	⋮		⋮
49	$Pf_{48,2} \times p_{49,3}$	$Pf_{47,2} \times q_{48,3} \times p_{49,3}$	$Pf_{46,2} \times q_{47,3} \times q_{48,3} \times p_{49,3}$		$Pf_{15,2} \times q_{16,3} \times \cdots \times q_{48,3} * p_{49,3}$	$Pf_{49,3} =$ 本行 $\sum$
15 - 49						$TPFR_3 =$ 本列 $\sum$

附录 4-B. 婚后年数别生育率与生育间隔年数别生育率

婚后年数别生育率（marital duration-specific fertility rate）不分孩次的计算公式如下：

$$f(j)=B(j)/W(j),$$

$f(j)$ 为婚后年数别生育率，$B(j)$ 为结婚后第 j 到 $j+n$ 年之间生育的育龄妇女人数，$W(j)$ 为婚后年数为 j 到 $j+n$ 年的育龄妇女人数。

分孩次的婚后年数别生育率为

$$f(j,i)=B(j,i)/W(j),$$

i 表示的是孩次。

生育间隔年数别生育率（birth-interval-specific fertility rate）计算公式如下：

$$f(k,i)=B(k,i)/w(i-1),$$

$f(k,i)$ 为生育第 $i-1$ 个孩子之后经过 $(k,k+n)$ 年之后生育第 i 孩的频率，$B(k,i)$ 为在生育 $i-1$ 个孩子之后经过 $(k,k+n)$ 年生育第 i 孩的妇女人数，$w(i-1)$ 为该队列所有生育过 $i-1$ 孩的仍然存活的妇女人数。

附录 4-C. 时期孩次递进比的发展过程、优势及其计算

孩次表示的是某一时期内有生育的妇女在该期内所生的是她生育的第几个活产孩子。孩次递进比（parity progression ratios，简写作 PPR）是测量生育动力与家庭构建过程的一个重要指标，通常也被视作反映人口出生间隔模式与生育节奏的指数。孩次递进比也被视作是评估家庭计划项目与分析生育决定因素的一项重要技术（Feeney，1983）。孩次递进比可以反映"无孩生一个，有孩再生一个"的递进关系，最初由法国人口学者路易·亨利提出。亨利把妇女的初婚到初育、初育到第二次生育、第二次生育到第三次生育等看成是一系列依次发生的人口事件。从 i 到 $i+1$ 孩的孩次递进比可以表示为

$$a_i=\frac{\text{有 } i+1 \text{ 个孩子的育龄妇女人数}（N_{i+1}）}{\text{至少有 } i \text{ 个孩子的育龄妇女人数}（N_i）}, i=0,1,2,\cdots。$$

但这一模型只有在妇女队列度过完整的生育期之后才可以运用，随后，亨利又提出了时期孩次递进比（period parity progression ratios，简写为 PPPR）：

$$时期孩次递进比(a_i) = \frac{某年实际生育第 i+1 孩育龄妇女人数}{可能在该年生育第 i+1 孩的妇女人数}$$

$$= \frac{N}{(\alpha_0 N_0 + \alpha_1 N_1 + \cdots + \alpha_w N_w)}。$$

$N_0, N_1, \cdots, N_w$ 分别表示当年,前一年,$\cdots$,前 w 年时生第 i 孩的妇女人数;$\alpha_0, \alpha_1, \cdots, \alpha_w$ 表示当年,前一年,$\cdots$,前 w 年各妇女队列中进而在该年生育第 $i+1$ 孩的可能性分布,其取决于生育间隔。

通过追溯孩次递进比的变化,可以发现社会、经济和人口政策对不同孩次妇女生育行为的影响。但这种方法在推出后应用得并不是很多,这主要是与它的测量方法、数据需求、时期和队列要求的概念化有关。

20 世纪 80 年代,Feeney(1883)创建了胎次递进模型,胎次递进模型是一个完整的、正式的、有别于传统的基于年龄去研究生育率与人口增长的方法,它将生育间隔分布与胎次递进比结合起来进行分析,这个模型同时提供了一个人口预测方法与稳定人口理论。之后 Feeney和 Ross(1984)、Feeney(1988)建议使用生育间隔数据来计算 PPR。Feeney 创建的胎次递进模型后来被我国学者郭志刚(2004)称为间隔递进模型。Feeney(1985)进一步介绍了使用胎次递进模型进行人口预测的方法技术。Feeney 和 Yu(1987)在亨利的时期孩次递进比基础上,进一步改进了计算方法,核心思想就是将假设同期群的概念引入这个指标的计算中,并据此计算方法对我国 1955—1981 年的生育史进行了分析,发现我国总和生育率从 1970 年的 5.4 下降到 1981 年的 2.6。之后,国内学者谢康(1996)则采用 Feeivy 和 Yu(1987)的计算方法反映翼城县妇女的生育水平,发现 1985 年及其以后的人口控制效果好于 1985 年以前,就翼城县而言,是晚婚晚育加间隔的生育办法的人口控制效果好。本书同样将采用 Feeney 和 Yu(1987)改进后的时期孩次递进比作为测量生育水平指标,从孩次递进比的使用优势上看,孩次递进比区分了育龄妇女的孩次构成及生育间隔分布,将两者联系起来去考察一个人口的生育水平,克服了传统总和生育率指标的缺点。更为重要的是,对于农村本地人口与乡城流动人口各自生育间隔的分析,可以帮助本书更好地分析流动人口在流入地的居住时长对生育水平的影响作用,从而能更好地辨别中断与追赶理论、融合理论是否在我国适用，也尝试着提供一个"令人信服的解释"。

本书中时期孩次递进比指标的计算过程如下。记 A 代表某孩次生育事件，B 代表 A 的后续孩次生育事件。对于一个给定的年份 t，定义 Qe 为 t 年内既经历了 A 事件又经历了 B 事件的妇女比例，Qx 为 t 年以前的第 x 到第 $x+1$ 年间经历了 A 事件的妇女在 t 年又经历 B 事件的概率（$x=0,1,2,\cdots$），则 t 年后从 A 事件到 B 事件的时期孩次递进比为

$$PB,A(t) = 1 - (1-Qe)(1-Q0)(1-Q1)(1-Q2)\cdots(1-Qk),$$

其中，k 为经历 A 事件到 B 事件两事件之间的最大可能的间隔年份数，$Qe,Q0,Q1,Q2,\cdots,Qk$ 可以在本书整理出来的数据库中直接计算获得。对于任意给定的年份 t，在 t 年内经历了 B 事件的妇女人数为 $PB(t)$，这些妇女的前继事件 A，有的是在 t 年发生的，设人数为 $PA(t,e)$，有的是在 t 年以前的第 x 到第 $x+1$ 年间发生的，设人数为 $PA(t,x)$。其中 $x=0,1,2,\cdots,k$。也就是说，$PB(t)$ 全部由 $PA(t,e)$ 和 $PA(t,x)$（$x=0,1,2,\cdots,k$）两部分组成，即

$$PB(t) = PA(t,e) + \sum_{x=0}^{k} PA(t,x),$$

再设 t 年内经历了 A 事件又经历了 B 事件的妇女比例为 Qe，t 年以前的第 x 到 $x+1$ 年间经历了 A 事件的妇女在 t 年又经历了 B 事件概率为 Qx，$x=0,1,2,\cdots,k$，则有：

$$Qe = PB(t,e)/PA(t),$$

$$Q0 = PB(t,0)/[PA(t-1) - PB(t-e)],$$

$$Qx = PB(t,x)/[PA(t-x-1) - PB(t-x-1,e) -$$

$$\sum_{j=1}^{x}(t-x-1+j,j-1)].$$

其中，$x=1,2,\cdots,k$。本书中 k 值不设限制，也就是说无论生育间隔多少年后生育，本书都统计进来。对于农村本地人口，令 $t=2009$；对于乡城流动人口，令 $t=2013$。

第五章　人口的乡城流动与生育时间

一、乡城流动人口生育时间现状

（一）孩次别平均生育年龄

关于生育时间，最准确的是依据育龄妇女生育胎次的信息来计算。而下文中，关于生育间隔的计算主要是依据上文中计算出来的生育间隔年数别生育率进行，所以本书按照孩次计算生育间隔。这也是为了充分使用上文已经调整准确的数据库，以获取计算上的便捷性与精准性。而每一胎次中生育二孩或多孩的概率毕竟非常小，依据孩次来计算生育间隔的同样是准确的。另外，以往也有学者采用孩次间隔来分析的案例（巫锡炜，2010）。本书将采用如下的平均生育年龄（mean age at childbearing，简写为 MAC）计算公式

$$\mathrm{MAC}_i = \sum \left[f_{i,x}(x + 0.5) / \mathrm{TFR}_i \right]$$

计算乡城流动人口与农村本地人口的平均生育年龄。根据 2000 年第五次人口普查 0.95‰数据的计算结果详见表 5-1。乡城流动人口在各孩次的生育年龄均增大。

表 5-1　2000 年乡城流动人口与农村本地人口孩次别平均生育年龄

单位:岁

人口类型	总计	一孩	二孩	三孩[+]
乡城流动人口	28.11	26.16	30.30	34.54
农村本地人口	26.20	24.47	28.98	31.75

(二)孩次别生育间隔

1.用赖德(Ryder)方法估算

根据 2000 年第五次人口普查数据,本书采用赖德(Ryder)方法计算乡城流动人口与农村本地人口初婚初育间隔,具体计算过程详见本章附录 5-A。根据 2000 年第五次人口普查数据计算得到农村本地人口该年的平均初婚年龄[①]为 23.09 岁,乡城流动人口为 23.96 岁,对 α_1 取 0.99 来计算,农村本地人口一孩生育间隔为 1.39 年,乡城流动人口的为 2.22 年,大于农村本地人口 0.83 年。

2.用生命表法估算

在生育间隔年数别生育率已知的情况下,还可以依此来计算平均生育间隔。平均生育间隔的计算公式如下:

$$\overline{g_i} = \frac{\sum_k \left[(k + 0.5n) f(k,i) \right]}{\sum_k f(k,i)}。$$

本书同样将采用 Cutler 和 Ederer(1958)提出的生命表法来估算生育间隔的平均数,并计算生育间隔的中位数。因为生命表法可以很好地解决开区间间隔处理的问题。如已经生育过一孩的育龄妇女有一部分将不再生育二孩,不可以直接将妇女生育过二孩时的平均年龄与一孩生育平均年龄相减,而生命表法有效解决了这一问题。对于完整填写初婚年月与各孩次出生年月信息的样本,本书将间隔年数直接计算到月份,对于缺少填写月份的样本,本书只根据填写的年份信息进行计算。在计算初婚初育间隔均值时,不将未婚先育的样本计算在内;在计算初婚初育间隔中位数时,将未婚先育的样本计算在内。

①　平均初婚年龄的计算根据普查年份分年龄初婚人数所占比重加权。

表 5-2 显示,在乡城流动人口与农村本地人口各孩次生育间隔的中位数上,除一孩生育年代在 2000—2009 年的两种类型的乡城流动人口的二孩生育间隔中位数均小于农村本地人口外,其余在任何初婚年代上的一孩生育间隔、任何一孩生育年代上的二孩生育间隔、任何二孩生育年代上的三孩生育间隔均大于农村本地人口。在 2000—2009 年小,这或许与观察时间较短有关系,对于 2000—2009 年生育一孩的乡城流动妇女,根据生命表技术,最长只观察了十年。在这十年间,2010 年加权的乡城流动人口二孩生育率为 0.292,2014 年监测时点的乡城流动人口二孩生育率为 0.258,均远远低于农村本地人口的 0.616。但是当本书进一步分析一孩生育年代在 2000—2013 年,观察期延长至十四年的时候,这时 2014 年监测时点上的乡城流动人口的二孩生育率为 0.451,生育率在四年内增长了近一倍,但仍低于农村本地人口。而相应的生育间隔的中位数延长至 60.13 月,生育间隔远大于农村本地人口。

表 5-2 显示:在乡城流动人口与农村本地人口各孩次生育间隔的平均数上,两类乡城流动人口的一孩生育间隔在各初婚年代上均大于农村本地人口;两类乡城流动人口的二孩生育间隔除一孩生育年代在 2000—2009 年小于农村本地人口外,其余一孩生育年代上的二孩生育间隔均大于农村本地人口,在 2000—2009 年小于农村本地人口的原理同上;两类乡城流动人口的三孩生育间隔在 1970—1979 年与 1980—1989 年小于农村本地人口,在 1990—1999 年与 2000—2009 年均大于农村本地人口。

表 5-2　乡城流动人口与农村本地人口分时间的生育间隔

孩次	初婚初育间隔统计指标	人口类型	时间					
			1960—1969 年	1970—1979 年	1980—1989 年	1990—1999 年	2000—2009 年	2000—2013 年
一孩	均值/月	乡城流动人口(2010 年加权)	—	32.92	24.75	23.67	18.86	—
		乡城流动人口(2014 年)	—	34.93	25.48	24.17	18.51	19.10
		农村本地人口	35.14	30.92	21.89	18.64	16.76	—

续表

孩次	初婚初育间隔统计指标	人口类型	时间					
			1960—1969年	1970—1979年	1980—1989年	1990—1999年	2000—2009年	2000—2013年
一孩	中位数/月	乡城流动人口（2010年加权）	—	17.83	15.66	15.26	14.53	—
		乡城流动人口（2014年）	—	18.79	15.82	15.36	14.55	14.48
		农村本地人口	19.20	15.92	12.24	11.66	11.08	—
	样本量	乡城流动人口（2010年加权）	—	46	1633	4923	5992	—
		乡城流动人口（2014年）	—	147	2241	5086	7210	10175
		农村本地人口	538	859	1615	1319	845	—
二孩	均值/月	乡城流动人口（2010年加权）	—	55.00	49.73	72.90	49.94	—
		乡城流动人口（2014年）	—	48.08	47.47	71.31	49.42	63.97
		农村本地人口	41.16	42.52	38.87	59.00	52.49	
	中位数/月	乡城流动人口（2010年加权）	—	39.00	36.21	63.05	47.48	—
		乡城流动人口（2014年）	—	39.00	35.15	62.13	45.69	60.13
		农村本地人口	32.60	32.67	28.22	48.38	51.44	—
	样本量	乡城流动人口（2010年加权）	—	25	1174	4567	6152	—
		乡城流动人口（2014年）	—	87	1711	4809	6989	9900
		农村本地人口	258	649	1499	1360	842	—

孩次	初婚初育间隔统计指标	人口类型	时间					
			1960—1969 年	1970—1979 年	1980—1989 年	1990—1999 年	2000—2009 年	2000—2013 年
三孩	均值/月	乡城流动人口（2010 年加权）	—	—	33.09	47.37	35.57	—
		乡城流动人口（2014）	—	36.61	35.32	43.92	29.56	41.83
		农村本地人口	38.01	44.29	38.43	35.16	29.85	—
	中位数/月	乡城流动人口（2010 年加权）	—	—	26.50	32.43	30.20	—
		乡城流动人口（2014 年）	—	32.50	27.40	29.90	25.00	32.37
		农村本地人口	30.90	31.07	26.09	24.78	24.18	—
	样本量	乡城流动人口（2010 年加权）	—	—	405	1617	3119	—
		乡城流动人口（2014 年）	—	21	677	1783	3096	4680
		农村本地人口	182	546	1137	981	848	—

二、人口的乡城流动对生育间隔的影响

本部分将基于第四章剔除乡城流动选择性后的计算生育间隔年数别生育率的数据来考察乡城流动对生育间隔的影响，所用样本特征详见表 4-26。具体的计算方法仍然采用生命表来计算。

（一）各孩次生育均在流入地

人口的乡城流动对各孩次生育均在流入地的乡城流动人口初婚到一孩生育间隔的影响最为显著，在任何年代上，乡城流动人口初婚到一孩生育间隔的均值与中位数都要大于农村本地人口（见表 5-3）。

表 5-3　各孩次生育在流入地的乡城流动人口分初婚与孩次生育年代的生育间隔

孩次	生育间隔统计指标	人口类型	初婚/一孩生育/二孩生育年代			
			1980—1989年	1990—1999年	2000—2009年	2000—2013年
一孩	均值/月	乡城流动人口（2014年）	45.17	32.41	22.48	23.27
		农村本地人口	21.72	17.48	15.89	—
	中位数/月	乡城流动人口（2014年）	15.50	18.77	16.11	15.61
		农村本地人口	11.98	11.25	10.68	—
	样本量	乡城流动人口（2014年）	50	335	403	440
		农村本地人口	156	316	329	—
二孩	均值/月	乡城流动人口（2014年）	34.90	69.72	52.07	66.33
		农村本地人口	38.10	66.63	57.21	—
	中位数/月	乡城流动人口（2014年）	27.00	58.49	50.78	58.01
		农村本地人口	27.83	60.94	56.84	—
	样本量	乡城流动人口（2014年）	27	277	429	·561
		农村本地人口	126	279	352	—
三孩	均值/月	乡城流动人口（2014年）	—	44.30	43.97	40.92
		农村本地人口	36.60	31.14	27.65	—
	中位数/月	乡城流动人口（2014年）	—	36.50	32.25	30.98
		农村本地人口	30.50	21.75	22.60	—
	样本量	乡城流动人口（2014年）	12	74	204	286
		农村本地人口	59	129	218	—

人口的乡城流动对流动人口一孩到二孩生育间隔的影响，在不同的一孩生育年代上表现出了不同的特征。一孩生育年代在 1980—1989 年、2000—2009 年的乡城流动人口一孩二孩生育间隔的均值与中位数均小于农村本地人口；一孩生育年代在 1990—1999 年的乡城流动人口一孩二孩生育间隔的均值大于农村本地人口，但中位数小于

农村本地人口。

人口的乡城流动对流动人口二孩到三孩生育间隔的影响显著,在任何年代上,乡城流动人口三孩生育间隔均大于农村本地人口。

另外本书还发现,无论是乡城流动人口还是农村本地人口,初婚到一孩生育间隔的平均值均大于中位数,这说明了初婚到一孩生育间隔呈现右偏分布,平均数受到了生育间隔中的偏大数的影响。而乡城流动人口均值与中位数之间的差值在大部分初婚年代、生育年代上均大于农村本地人口,这说明了乡城流动人口各孩次的生育间隔更是要受到其中的偏大数的影响。

(二)一孩生育在流出地

人口的乡城流动对一孩生育在流出地的乡城流动人口的一孩二孩生育间隔、二孩三孩生育间隔均有着显著性影响,在任何一孩生育年代、二孩生育年代上,乡城流动人口的一孩二孩生育间隔、二孩三孩生育间隔均大于农村本地人口(见表5-4)。

表5-4　一孩生育在流出地的乡城流动人口分孩次的生育间隔

孩次	生育间隔统计指标	人口类型	一孩生育/二孩生育年代			
			1980—1989年	1990—1999年	2000—2009年	2000—2013年
二孩	均值/月	乡城流动人口(2014年)	121.64	111.15	69.88	78.54
		农村本地人口	40.01	63.21	52.82	—
	中位数/月	乡城流动人口(2014年)	114.50	112.03	70.52	75.21
		农村本地人口	27.28	52.61	51.77	—
	样本量	乡城流动人口(2014年)	440	1131	563	593
		农村本地人口	543	847	727	—

续表

孩次	生育间隔统计指标	人口类型	一孩生育/二孩生育年代			
			1980—1989 年	1990—1999 年	2000—2009 年	2000—2013 年
三孩	均值/月	乡城流动人口（2014 年）	—	78.36	38.73	30.95
		农村本地人口	38.65	31.76	30.58	—
	中位数/月	乡城流动人口（2014 年）	—	68.50	40.28	41.13
		农村本地人口	29.25	22.66	24.63	—
	样本量	乡城流动人口（2014 年）	6	58	316	472
		农村本地人口	543	847	727	—

（三）一孩二孩生育在流出地

人口的乡城流动对一孩二孩生育在流出地的乡城流动人口的二孩三孩生育间隔均有着显著性影响，在任何二孩生育年代上，乡城流动人口的二孩三孩生育间隔均大于农村本地人口（见表 5-5）。

表 5-5　一孩二孩生育在流出地的乡城流动人口分二孩生育年代的二孩三孩生育间隔

生育间隔统计指标	人口类型	二孩生育年代			
		1980—1989 年	1990—1999 年	2000—2009 年	2000—2013 年
均值/月	乡城流动人口（2014 年）	41.17	81.00	45.00	53.25
	农村本地人口	36.46	35.21	31.00	
中位数/月	乡城流动人口（2014 年）	45.50	64.80	44.10	42.60
	农村本地人口	28.70	24.42	25.75	

续表

生育间隔统计指标	人口类型	二孩生育年代			
		1980—1989 年	1990—1999 年	2000—2009 年	2000—2013 年
样本量	乡城流动人口（2014 年）	421	843	582	644
	农村本地人口	477	663	715	—

三、影响乡城流动人口生育间隔的因素分析

本部分将采用 2012 年上海市流动人口动态监测数据对影响乡城流动人口生育间隔的因素进行分析。

（一）数据整理

上文在研究乡城流动人口生育率下降影响因素时，笔者初步筛选了只流动过一次且流入地为上海的、初婚的、户口性质为农业的育龄妇女，样本量为 3901 份。从初婚年龄看，679 份样本的初婚年龄小于法定结婚年龄，占 3898 份样本（比 3901 份减少了 3 份，3 份没有填写初婚年龄）的 17.42%，其中小于 15 岁结婚的样本有 28 份，占 3898 份样本的 0.72%。从受教育程度看，小于法定婚龄的样本主要集中在初中及以下受教育程度，所占比例为 16.32%，高中或中专学历占 1.08%，大专及以上受教育程度所占比例可以忽略不计。因为受教育程度低的妇女往往结婚都比较早，所以本书不再根据初婚年龄对样本数据进行调整，依然认为调查样本数据是真实的。

在 3898 份问卷中共有 3668 份样本生育过一胎，230 份样本没有生育，这 230 份样本也是下文中进行 Cox 比例风险回归样本的组成部分。在 3668 份生育过一胎的样本中有 10 份样本生育年龄小于 15 岁，占生育过一胎的样本量 0.30%，本书在研究中将这 10 份样本删去，则生育过一胎的样本量变成了 3658 份。在生育过一胎的育龄妇女中，有一部分属于未婚先育，样本数为 224 份，所占比例为 6.10%，本书在研究一

胎生育间隔时将这部分育龄妇女剔除，在研究二胎生育间隔时仍然保留，这样生育过一胎的样本范围缩减至 3434 份。接着本书根据一胎生育时间与流入上海的时间，将生育过一胎的育龄妇女分为来上海前生育与来上海后生育，由于本次调查中，题目"q10112 本次流入本地时间"只统计到年份，而相应的子女的出生年月 q303b1、q303b2、q303b3、q303b4 与 q303b5 却统计到了月份，所以在两者年份相同的情况下，本书没有办法判定该胎次生育是发生在流入地上海还是原居住地，为了更为精准地统计到流动因素对生育间隔的影响，本书将流入本地时间与子女出生年份相同的这一部分样本舍弃。

这样得到一胎来上海前生育的样本 2350 份，一胎来上海后生育的样本 876 份，这两个数据构成了本书通过单因素方差分析来研究一胎生育年龄的基础。一胎来上海后生育的样本 876 份与上文的 230 份共计 1106 份样本构成了本书通过 Cox 比例风险回归来研究流动人口一胎生育间隔影响因素的基础。

在所有生育过一胎的 3658 份样本中，共有 1563 份生育二胎，其中一胎流动前生育的样本共有 1251 份生育了二胎，一胎流动后生育的样本共 251 份生育了二胎。在一胎流动前生育的 1251 份样本中有 60 份是在流动当年生育，907 份是在流动前生育，284 份是在流动后生育。一胎流动后生育的 251 份样本与一胎流动前生育但二胎流动后生育的 284 份样本构成了本书通过单因素方差分析来研究二胎生育年龄的基础。2691(3658－60－907)份样本构成了本书通过 Cox 比例风险回归来研究流动人口二胎生育间隔影响因素的基础。

在 1563 份生育二胎的样本中，共有 193 份生育三胎，1354 份没有生育三胎。在生育三胎的样本中有 1 份是在流动当年生育，136 份是在流动前生育，56 份是在流动后生育。1410 份(1354＋56)份样本构成了本书通过 Cox 比例风险回归来研究流动人口三胎生育间隔影响因素的基础。

(二)变量介绍

本书在进行 Cox 比例风险回归时，分别采取一胎、二胎、三胎生育间隔作为生存时间,将是否生育一胎、是否生育二胎、是否生育三胎作为事件,基于偏最大似然估计向前逐步回归分析。协变量中选取人口学因素即年龄、初婚年龄、受教育程度、民族性质、丈夫受教育程度、丈夫年龄、丈夫民族性质、丈夫户口性质、一胎生育年龄、一胎生育间隔、一胎是否符合政策生育、流动时间选择(婚前流动、婚后流动或结婚当年流动)、流动方式选择(妻子后流动、夫妻一起流动、妻子先流动)、一胎生育地类型(流入地、流出地)、一二胎生育地类型(一胎二胎原住地三胎流入地、一胎原住地二胎三胎流入地、一胎二胎三胎均流入地)、居留时间、一胎是否有男孩、前两胎是否有男孩;协变量中选取社会交往与社会融合因素即是否参加社区文体活动、是否参加社会公益活动、是否参加计划生育协会活动、业余时间与谁来往最多、是否愿意融入本地人中、是否打算在本地长期居住;协变量中选取经济因素即整个家庭每月总收入、是否在本地享有城镇职工养老保险。

(三)单因素方差分析

单因素方差分析显示,乡城流动人口的生育年龄较大,初婚年龄也较大。

表 5-6 显示,流动人口的一胎、二胎生育年龄比非流动人口有所增大,一胎生育年龄由流动前的 23.25 岁增大至 24.41 岁,增大了 1.16 岁。二胎生育年龄由流动前的 26.32 岁增大至 29.77 岁,增大了 3.45 岁。在二胎生育年龄内部,一胎原住地二胎流入地的育龄妇女生育年龄较大,为 31.26 岁;一胎、二胎均流入地的育龄妇女生育年龄相对较小,为 28.43 岁,但仍大于非流动人口的二胎生育年龄。三胎生育年龄的单因素方差分析结果显示,流动也会增大三胎的生育年龄,非流动人口的三胎生育年龄为 28.11 岁,流动后的三胎生育年龄为 30.92 岁。从三胎生育年龄内部结构看,一胎原住地二胎、三胎流入地的生育年龄最大,为 32.61 岁;一胎、二胎、三胎均流入地的生育年龄其次,为 30.25 岁;一胎、二胎原住地三胎流入地的生育年龄最小,为 30.19 岁,但也大于非流动人口的三胎生育年龄。

表 5-6　上海市乡城流动人口分胎次生育年龄的单因素方差分析

胎次及类型		非流动人口		流动人口	
		生育年龄/年	样本量	生育年龄/年	样本量
一胎		23.25***	2350	24.41***	876
二胎	一胎、二胎均原住地	26.32***	907		
	二胎流入地总体			29.77***	535
	一胎原住地、二胎流入地			31.26**	284
	一胎、二胎均流入地			28.43**	251
三胎	一胎、二胎、三胎均原住地	28.11**	136		
	三胎流入地总体			30.92**	46
	一胎、二胎原住地，三胎流入地			30.19***	13
	一胎原住地，二胎、三胎流入地			32.61***	16
	一胎、二胎、三胎均流入地			30.25***	17

注：*** 代表 $p<0.05$，** 代表 $p<0.01$。此处的非流动人口不是指上海本地人口，而是指来自全国各地的在原住地生育完一胎、二胎、三胎之后才流入上海的人口。四胎与五胎生育年龄由于样本量较小，不再进行计算。

图 5-1 显示，结婚前流动的妇女初婚年龄最大，为 23.40 岁，结婚后流动的妇女初婚年龄为 21.95 岁，结婚当年流动的妇女初婚年龄为 22.89 岁。流动人口的初婚年龄确实较大。

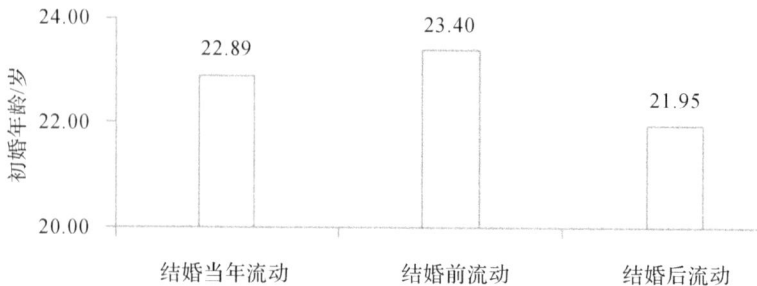

图 5-1　按照婚前婚后流动计算的初婚年龄（$N=3898$，$p=0.000$）

（四）Cox 比例风险回归

Cox 比例风险回归显示，年龄、受教育程度等多因素对胎次间隔产生显著性影响。

表 5-7 显示了 Cox 回归模型分析的结果，模型采用逐步回归的方式计算，将不显著的协变量逐一剔除。

表 5-7　上海市乡城流动人口生育间隔的 Cox 比例风险回归分析[①]

协变量	一胎生育间隔		二胎生育间隔		三胎生育间隔	
	Exp(B)	显著性	Exp(B)	显著性	Exp(B)	显著性
年龄	0.969	0.000	1.868	0.000	1.106	0.085
受教育程度（本科及以上）		0.000		0.074		
受教育程度（初中及以下）	2.363	0.007	0.521	0.270		
受教育程度（高中或中专）	2.231	0.013	0.387	0.114		
受教育程度（大专）	1.218	0.568	0.752	0.690		
丈夫户口性质（其他/非农业）		0.010	2.130	0.038		
丈夫户口性质（农业）	1.733	0.448				
丈夫户口性质（非农业）	1.192	0.811				
是否参加社区文体活动（否）	1.210	0.055				
是否参加社会公益活动（否）	1.209	0.015			0.580	0.040
在本地是否有城镇职工养老保险（不清楚）		0.002		0.000		

———————

① 空白单元格中横线"—"表示该协变量不参与某胎次生育间隔 Cox 比例风险回归的计算，其余空白单元格表示该协变量对某胎次生育间隔的 Cox 比例风险回归不具有显著性影响，故省去。

续表

协变量	一胎生育间隔		二胎生育间隔		三胎生育间隔	
	Exp(B)	显著性	Exp(B)	显著性	Exp(B)	显著性
在本地是否有城镇职工养老保险(是)	1.771	0.014	1.072	0.838		
在本地是否有城镇职工养老保险(否)	1.983	0.002	1.805	0.067		
全家月收入	1.375	0.033	1.364	0.069	0.241	0.054
流动时间(婚后流动)		0.000		0.000		
流动时间(结婚当年流动)	3.557	0.000	1.253	0.149		
流动时间(婚前流动)	4.920	0.000	0.488	0.000		
居留时间	1.061	0.000	1.157	0.000	1.166	0.000
一胎是否有男孩(没有)	—		0.310	0.000		
一胎生育间隔	—		0.953	0.060		
一胎生育地类型(流出地)	—		0.341	0.000		
初婚年龄	—		1.101	0.000		
丈夫年龄			0.946	0.002	0.831	0.001
流动方式(妻子后流动)				0.044		
流动方式(夫妻一起流动)			0.931	0.490		
流动方式(妻子先流动)	—		0.600	0.017		
前两胎是否有男孩(没有)	—		—		0.043	0.000
二胎生育间隔	—		—		0.799	0.003

续表

协变量	一胎生育间隔		二胎生育间隔		三胎生育间隔	
	Exp(B)	显著性	Exp(B)	显著性	Exp(B)	显著性
一胎、二胎生育地类型（一胎、二胎均流入地）	—		—			0.000
一胎、二胎均流出地	—		—		0.200	0.000
一胎流出地二胎流入地	—		—		1.814	0.143

　　流动育龄妇女的年龄对一胎、二胎、三胎的生育间隔都产生显著性影响，年龄越大短时间内生育一胎、二胎的风险越小，风险比分别为0.969与0.868；但短时间内生育三胎的风险越大，风险比为1.106。生育年龄不仅解释了受孕因素而且解释了生育最接近因素（proximate determinant of fertility）的影响作用（Larry et al.，1986；Chakraborty et al.，1996），这些最接近的因素通常是不可测量的。有着相同胎次的育龄妇女，年轻的妇女由于某种不可测量的原因仍会有较强的生育能力，年龄大的妇女生育能力比较弱。如年龄越大的妇女性交的频率会越低，哺乳期会延长，避孕药具使用得越多，流产次数也越多。短时间内生育三胎的风险变大，主要是因为对于想要生育三胎的育龄妇女，尤其是一胎、二胎没有男孩的想要生育三胎的育龄妇女，相比较于那些年龄较小的育龄妇女，一胎、二胎生育间隔的延长缩短了她们在健康的生育年龄范围的时间长度。

　　受教育程度对一胎生育间隔有着积极影响，受教育程度越高，则一胎生育间隔越长，因为较高的受教育程度往往隐含着较高的健康意识（Al-Nahedh，1999），更加注重孩子的教育，知道更多的避孕节育的知识与措施以及价值观的改变，诸如此类。受教育程度对二胎生育间隔的综合检验显著但哑变量的检验全不显著，从风险比来看，本科及以上受教育程度的育龄妇女短时间内生育二胎的风险最大。可能的解释是一些受教育程度较高的育龄妇女如果确实想要生育第二个孩子，将会加速二胎的生育，如果一个家庭想要两个孩子后停止生育，在等待生育二孩的过程中就会有一种焦急。Larry 等(1986)的一项研究中提到教育、包办婚姻的改变与性交频率的相互作用可以用来解释这一现象。亚洲国家包办婚姻模式的改变将会提高性交频率,而婚姻模式的改变与教育有着很大关系,这就加速了受教育程度较高的妇女在低胎次生育上的转变。而从本书的研究结果看,也有可能是因为受教育程度较高的妇女收入水平也较高,这样就较早地拥有了生育二胎的经济条件。

丈夫户口性质这个变量对一胎、二胎生育间隔影响显著,均表现为农业户口在短时间内生育一胎、二胎的风险均大于非农业户口。

是否参加社会公益活动与是否参加社区文体活动对一胎生育间隔影响显著。参加社会公益活动与社区文体活动的妇女与不参加的相比有着较高的一胎生育风险,风险比分别为 1.209 与 1.210。这主要是因为流动人口本身的初婚年龄相对非流动人口要大,她们有着较为迫切的生育需求,而育龄妇女参加社会公益活动与社区文体活动社会融合程度往往较高,这为她们提供了一个熟悉的生育环境。但是否参加社会公益活动对三胎生育间隔产生负影响,参加社会公益活动会缩小短时间内生育三胎的风险,风险比为 0.580,社会融合的逐步深入将改变着人们的生育观念。

在本地是否有城镇职工养老保险对一胎、二胎生育间隔产生显著性影响,有城镇职工养老保险的妇女比没有城镇养老保险的妇女在较短时间内生育一胎的风险要小,前者的风险比为 1.771,后者的风险比为 1.983。有着城镇职工养老保险的妇女可能会淡化"养儿防老"这种观念而延缓了一胎、二胎的生育,从而将更多的时间与精力暂时先放到个人能力提升和财富积累的层面上去。

整个家庭在本地每月总收入对一胎、二胎、三胎生育间隔有着显著性影响,一胎生育间隔的风险比为 1.375,二胎生育间隔的风险比为 1.364,这主要是因为对于确实想要生育孩子的育龄妇女而言,生育与抚养孩子需要一定的经济基础做支撑。而另一个原因可能是为了避免在收入水平提高后由于违背计划生育政策的超生而缴纳更多的社会抚养费。但三胎生育间隔的风险比为 0.241,流动人口家庭月收入高则会延缓三胎的生育。

流动时间选择对一胎、二胎生育间隔具有显著性影响,其中:婚前流动的在短时间内生育一胎的风险最大,风险比为 4.920;结婚当年流动的生育间隔相对也较小,风险比为 3.557;婚后流动的在短时间内生育一胎的风险比最低。这主要是因为婚前流动的妇女在流入地居留的时间较长,工作相对稳定,同时也积攒了生育与抚养孩子的资本并增进了对流入地的适应。流动时间选择这一协变量对二胎生育间隔也有着显著性影响,但出现了相反的结果,婚后流动的妇女比婚前流动的妇女更倾向于在短时间内生育。这主要是因为婚后流动的育龄妇女一胎有男孩的比例为 62.6%,婚前流动的育龄妇女一胎有男孩的比例为 48.6%,而根据下文的计算一胎有男孩的育龄妇女在短时间内生育二胎的风险较小。

居留时间越长,短时间内生育一胎、二胎、三胎的风险越大。

一胎是否有男孩与前两胎是否有男孩分别对二胎生育间隔和三胎生育间隔产生显著性影响,有过男孩的在短时间内生育二胎、三胎的风险要小于没有男孩的,生育间隔在生育一个男孩后明显变大,暗示了一个更有价值的投资在男孩身上的观念。Hemochandra 等(2010)认为这主要是心里与情感上的压力所致;Maitra 和 Pal(2004)则认为由于存在性别偏好,生育女孩之后将提供更多的生育男孩的机会;也有学者认为与男孩相比,女孩往往会受到歧视,其中的表现之一就是母乳哺育期将会缩短,因此下一胎次生育间隔将会缩短(Nath et al.,2000)。

一胎、二胎生育间隔分别对二胎生育间隔与三胎生育间隔产生显著性影响,两者的风险比分别为 0.953 与 0.799,一胎、二胎生育间隔越大则短时间内生育二胎、三胎的风险越小。因为一胎中没有男孩的育龄妇女往往倾向于有着较小的二胎生育间隔,同样前两胎没有男孩的育龄妇女在短时间内生育三胎的风险也就越大。

一胎生育地类型对二胎生育间隔有着显著性影响作用,一胎流出地生育的育龄妇女在短时间内生育二胎的风险比一胎流入地生育的育龄妇女小,风险比为 0.341。主要是因为流动人口在流入地需要有一个适应、稳定、融入的过程。同理，一、二胎生育地分类中，一胎、二胎均流出地生育的育龄妇女短时间内生育二胎的风险比一胎、二胎均流入地生育的育龄妇女也要小，风险比为 0.200。

一胎生育间隔本应该与初婚年龄的关系最为密切，但研究发现一胎的生育间隔并不受初婚年龄的影响，也就是婚姻与一胎生育间隔之间的关系不再紧密。原因主要是流动人口的婚前性行为与未婚先孕的增多，婚姻不再是生育的前提。吴鲁平（2002）实施的"中国农村青年状况调查"结果显示有婚前性行为（性交）的比例，在异地打工青年中为 20.8%，比本地从业青年的 16.8% 要多出 4 个百分点。如果单独考察农村已婚青年的状况，其婚前性行为（性交）的发生率更高。在本地从业青年中，这一比例为 17.3%；在异地打工青年中，这一比例为 29.1%。同样，2011 年全国流动人口监测数据的分析显示，"新生代农民工第一胎为婚前怀孕的比例为 42.7%"（李木元，2012）。而本次调查的结果显示，流动育龄妇女未婚先育的比例为 7.7%。初婚年龄越大则二胎的生育间隔越小，这与上文中巫锡炜（2010）的研究结果一致。

丈夫年龄对二胎、三胎生育间隔产生显著性影响，二胎与三胎生育间隔的风险比分别为 0.946 与 0.831，年龄越大则短时间内生育二胎、三胎的风险越小。这或许与妇女年龄对二胎生育间隔影响的部分机制是一致的。

夫妻流动方式选择对二胎生育间隔有着显著性影响。妻子先流动的二胎生育风险比低于妻子后流动的，风险比为 0.600。这或许是因为丈夫的先流入为二胎的生育奠定了坚实的经济基础。

四、本章小结

本章采用 2000 年人口普查 0.95‰数据对乡城流动人口生育时间的研究结果显示，乡城流动人在一孩、二孩与三孩及以上孩次的平均生育年龄均大于农村本地人口。本书采用 2014 年全国流动监测数据与 CFPS2010 年数据，基于生命表技术计算的乡城流动人口生育间隔显示，当以生育间隔的中位数为生育间隔集中趋势的指标时，乡城流动人口在各孩次上的生育间隔均大于农村本地人口。以生育间隔的平均数为生育间隔集中趋势测量指标时,乡城流动人口的一孩、二孩生育间隔均大于农村本地人口。二孩生育年代在 1970—1979 年与 1980—1989 年的三孩生育间隔小于农村本地人口,在 1990—1999 年与 2000—2009 年的三孩生育间隔均大于农村本地人口。总体来看,乡城流动人口的一孩、二孩与三孩的生育间隔大于农村本地人口。

剔除掉乡城流动的选择性后,本章发现人口的乡城流动对生育间隔有着重要的影响。人口的乡城流动将会扩大生育间隔,对于离流动最近的下一孩次的生育,这种影响最为显著。

最后,本章采用国家卫计委 2012 年组织调查的北京、上海、广州特大城市流动人口动态监测数据的上海部分,使用单因素方差分析对乡城流动人口的生育年龄进行了分析。在单因素方差分析中,笔者不只是简单地比较了乡城流动人口与非流动人口在各胎次生育年龄的差异,更是比较了乡城流动人口各胎次分生育地的内部生育年龄差异,从而更具创造性地考察了中断理论在乡城流动人口与非流动人口之间、乡城流动人口内部生育时间差异的存在。在 Cox 回归模型中,笔者同样加入了一胎生育地类型、一二胎生育地类型这样的因素考察了乡城流动人口内部生育间隔的差异。

单因素方差分析的结果显示,相比较于非流动人口,流动人口的初婚年龄以及一胎、二胎、三胎的生育年龄均较大。在二胎生育间隔内部,一胎原住地、二胎流入地育龄妇女的生育年龄比一胎、二胎均流入地的妇女要大。可见中断理论不只是在乡城流动人口与非流动人口之间的生育间隔问题上,也在乡城流动人口内部得到验证。在理论上,流动人口各胎次生育年龄的增大与各胎次生育间隔的扩大对降低流动人口生育率起着重要的作用,因此中断理论可以用来解释我国流动人口生育率低的原因。但从三胎生育间隔内部结构看,一胎、二胎原住地,三胎流入地的育龄妇女生育三胎的平均生育年龄最小,这或许主要是因为这部分乡城流动人口的二胎生育年龄最小,因为从第四章表 4-36 的全国流动人口数据看到,各孩次生育均在流入地的乡城流动人口二孩平均生育年龄为 28.28 岁,一孩生育在流出地的乡城流动人口二孩平均生育年龄为 30.06 岁,一孩、二孩生育在流出地的乡城流动人口三孩平均生育年龄为 27.33 岁。

Cox 回归实证结果表明,协变量年龄、受教育程度等对各胎次的生育间隔有着显著性的影响作用。协变量一胎生育地类型与一、二胎生育地类型分别对二胎、三胎生育间隔的影响作用也印证了上文中通过单因素方差分析对二胎生育间隔内部结构与三胎生育间隔内部结构的结果,也证明了中断理论的解释。一胎是否有男孩与一、二胎是否有男孩分别对二胎生育间隔和三胎生育间隔产生影响,有过男孩则二胎、三胎生育间隔将会扩大,这主要还是体现了性别偏好对生育间隔的影响,间接影响了生育率水平,同时也暗示了一个较高的价值投资在男孩身上的观念,因此淡化性别偏好将会扩大生育间隔与降低生育率。而社会交往和社会融合中的因素"是否参加社会公益活动"与经济因素"在本地是否有城镇职工养老保险"对二胎、三胎生育间隔的影响也在启示政府、社区管理应进一步促进流动人口的社会融合并完善流动人口的社会保障制度。

附录 5-A. 生育间隔估算的赖德(Ryder)方法[①]

赖德(Ryder)生育间隔方法的计算公式为:

$$\overline{X}_{i+1} - \overline{X}_i(1) = (\overline{X}_{i+1} - \overline{X}_i)/\alpha_i + \{(1-\alpha_i)[\overline{X}_i(2) - \overline{X}_{i+1}]\}/\alpha_i 。$$

等式的左边是需要计算 i 孩到 $i+1$ 孩的平均生育间隔。$\overline{X}_i(1)$ 表示生育过 i 孩的妇女且继续生育 $i+1$ 孩的在生育 i 孩时的平均年龄,$\overline{X}_i(2)$ 表示生育过 i 孩的妇女且不再生育 $i+1$ 孩的在生育 i 孩时的平均年龄,α_i 表示生育过 i 孩的妇女将再生育 $i+1$ 孩的概率,$\overline{X}_i$ 表示所有的生育过 i 孩的妇女。

---

① 详见:曾毅.中国人口分析[M].北京:北京大学出版社,2004:239。

第六章　人口的乡城流动与生育男孩偏好

一、乡城流动人口生育男孩偏好现状

在生育男孩偏好的操作逻辑上,本书借鉴了李树茁等(2006)的方法。李树茁教授等将第一孩是女孩后,农民工选择"停止生育"的视为无男孩偏好,选择"再要一个,不管男女"的视为弱男孩偏好,选择"不管怎样都要更多的孩子,直到有一个儿子为止"的视为强男孩偏好。本书将后两种合并,将在一孩是女孩后,生育二孩的算作有男孩偏好,不再生育二孩的算作无男孩偏好。同理,将在前两孩为女孩后,生育三孩的算作有男孩偏好,不再生育三孩的算作无男孩偏好。

表 6-1 显示,除 2000—2009 年这一一孩生育年代上,乡城流动人口在前一孩没有男孩的情况下,二孩递进生育的概率均小于农村本地人口,说明了乡城流动人口二孩生育男孩偏好弱化,而在 2000—2009 年这个一孩生育年代上略大,很可能跟本书所采用的流动监测样本有关。

表 6-1　乡城流动人口与农村本地人口的二孩男孩偏好

单位:%

前一孩性别结构	人口类型	一孩生育年代				
		1970—1979 年	1980—1989 年	1990—1999 年	2000—2009 年	2000—2013 年
0 个男孩	农村本地人口	96.08	92.77	87.76	53.21	—
	乡城流动人口	93.33	82.54	73.53	53.61	40.83
1 个男孩	农村本地人口	86.29	74.97	67.39	37.19	
	乡城流动人口	71.43	63.63	44.69	31.43	24.30

注:样本量同表 4-10。

表 6-2 显示,在各二孩生育年代上,乡城流动人口在前两孩没有男孩的情况下,三孩递进生育的概率均小于农村本地人口,说明了乡城流动人口三孩生育男孩偏好弱化。

表 6-2　乡城流动人口与农村本地人口的三孩男孩偏好

单位:%

前两孩性别结构	人口类型	二孩生育年代				
		1970—1979 年	1980—1989 年	1990—1999 年	2000—2009 年	2000—2013 年
0 个男孩	农村本地人口	85.71	68.75	50.43	34.30	—
	乡城流动人口	75.49	55.46	43.81	34.29	23.22
1 个男孩	农村本地人口	64.86	31.12	19.73	6.84	—
	乡城流动人口	22.22	19.32	10.79	6.28	4.67
2 个男孩	农村本地人口	58.11	35.09	22.42	10.98	—
	乡城流动人口	20.00	18.29	11.25	5.72	4.65

注:样本量同表 4-10。

二、人口的乡城流动对生育男孩偏好的影响

在本部分,笔者拟采用 2010 年中国家庭追踪调查(CFPS)与 2014 年全国流动人口动态监测数据库,结合生育数量来研究乡城流动人口与农村本地人口在具体地生育男孩偏好行为上的差异,以期再次检验乡城流动人口是否弱化了生育男孩偏好。

(一)数据整理与变量特征

本部分从 2010 年中国家庭追踪调查(CFPS)数据库选取农村本地人口,从 2014 年全国流动人口动态监测数据库选取乡城流动人口,同时采用倾向值得分匹配法对两类人口进行一对一配对,控制的混淆变量包括受教育程度、民族、年龄、年龄平方、出生地省份、初婚年龄、一孩生育年龄、一孩中男孩数量、二孩生育年龄、前两孩中男孩数量。从配对后数据调查范围看,两类人口均涵盖了除新疆、青海、内蒙古、宁夏与海南五地以外的所有省份,具有全国代表性。另外,配对后数据使乡城流动在各协变量上的分布趋于平衡,有效消除了由乡城流动选择的非随机性引致的内生性偏差。所以,配对后的数据非常适合做生育男孩偏好研究。对于全部家庭,匹配后的数据跟第四章用来计算乡城流动人口时期孩次递进比时的表 4-19 是一样的,样本量及变量特征详见表 6-3。表 6-3 中的已完成生育家庭是指从全部家庭中筛选出来的已经度过育龄期的妇女家庭。具体的筛选标准详见下文的"研究方法"中的介绍。

表 6-3 基于倾向值得分匹配筛选后的样本变量特征描述

变量		各孩次生育均在流入地				一孩生育在流出地				一孩、二孩生育在流出地			
		全部家庭		已完成家庭		全部家庭		已完成家庭		全部家庭		已完成家庭	
		农村本地人口	乡城流动人口	农村本地人口	乡城流动人口	农村本地人口	乡城流动人口	农村本地人口	乡城流动人口	农村本地人口	乡城流动人口	农村本地人口	乡城流动人口
年龄/岁	均值	34.02	34.15	40.48	37.58	37.73	38.54	41.57	42.11	40.73	39.74	42.15	39.74
	标准差	8.04	7.25	4.64	6.34	7.56	8.09	4.49	5.80	5.99	7.20	4.47	7.20

续表

变量		各孩次生育均在流入地				一孩生育在流出地				一孩、二孩生育在流出地			
		全部家庭		已完成家庭		全部家庭		已完成家庭		全部家庭		已完成家庭	
		农村本地人口	乡城流动人口	农村本地人口	乡城流动人口	农村本地人口	乡城流动人口	农村本地人口	乡城流动人口	农村本地人口	乡城流动人口	农村本地人口	乡城流动人口
初婚年龄/岁	均值	22.42	22.22	23.04	22.56	21.78	21.71	21.92	21.91	21.37	21.33	21.45	21.33
	标准差	2.73	2.77	3.00	2.91	2.63	2.79	2.76	2.91	2.59	2.62	2.62	2.62
一孩生育年龄/岁	均值	23.12	24.14	23.49	24.65	23.18	22.95	23.38	23.26	22.63	22.43	22.75	22.43
	标准差	4.21	3.39	4.74	3.68	2.87	3.08	2.99	3.24	2.61	2.67	2.63	2.67
二孩生育年龄/岁	均值	28.11	28.17	28.62	28.17	27.36	29.79	27.49	31.40	26.90	26.78	27.01	26.78
	标准差	4.14	4.26	4.38	4.26	4.28	4.78	4.50	4.55	4.15	4.17	4.26	4.17
初婚到一孩生育间隔/年	均值	1.06	1.97	1.02	2.15	1.39	1.24	1.46	1.35	1.26	1.11	1.30	1.11
	标准差	1.83	2.42	2.16	2.73	1.79	2.02	1.94	2.16	1.66	1.63	1.71	1.63
一孩到二孩生育间隔/年	均值	4.62	4.62	4.69	4.62	4.37	7.27	4.36	8.35	4.28	4.34	4.26	4.34
	标准差	3.07	2.98	3.33	2.98	3.23	4.11	3.39	4.26	3.19	3.12	3.29	3.12
生育孩子数/个	均值	1.51	1.40	1.86	1.61	1.82	1.25	1.97	1.24	2.29	2.03	2.31	2.03
	标准差	0.83	0.61	0.75	0.65	0.77	0.51	0.78	0.50	0.61	0.18	0.63	0.18
一孩中男孩数	0个	52.5%	47.9%	51.9%	49.0%	43.0%	49.0%	41.5%	44.1%	50.4%	59.3%	49.9%	59.3%
	1个	47.5%	52.1%	48.1%	51.0%	57.0%	51.0%	58.5%	55.9%	49.6%	40.7%	50.1%	40.7%
两孩中男孩数	0个	23.7%	21.4%	25.3%	21.4%	18.7%	22.4%	18.7%	22.4%	19.1%	18.6%	19.0%	18.6%
	1个	59.3%	59.3%	57.7%	59.3%	55.9%	60.5%	55.9%	60.5%	55.8%	65.2%	55.5%	65.2%
	2个	17.0%	19.3%	17.0%	19.3%	25.4%	17.1%	25.4%	17.1%	25.1%	16.1%	25.6%	16.1%
民族	少数民族	7.5%	7.6%	5.2%	7.4%	7.4%	9.9%	6.4%	7.9%	7.6%	8.5%	7.3%	8.5%
	汉族	92.5%	92.4%	94.8%	92.6%	92.6%	90.1%	93.6%	92.1%	92.4%	91.5%	92.7%	91.5%
居住地区域划分	东部	27.1%	23.1%	28.2%	23.8%	24.6%	18.5%	25.1%	18.5%	22.8%	16.3%	22.7%	16.3%
	中部	31.3%	30.7%	30.3%	33.2%	30.6%	31.3%	30.5%	30.3%	32.5%	42.5%	32.6%	42.5%
	西部	30.5%	31.8%	29.1%	30.6%	34.3%	35.2%	33.8%	33.8%	39.5%	35.1%	39.4%	35.1%
	东北	11.1%	14.4%	12.5%	12.3%	10.5%	15.1%	10.9%	17.3%	5.3%	6.1%	5.3%	6.1%

续表

变量		各孩次生育均在流入地				一孩生育在流出地				一孩、二孩生育在流出地			
		全部家庭		已完成家庭		全部家庭		已完成家庭		全部家庭		已完成家庭	
		农村本地人口	乡城流动人口	农村本地人口	乡城流动人口	农村本地人口	乡城流动人口	农村本地人口	乡城流动人口	农村本地人口	乡城流动人口	农村本地人口	乡城流动人口
受教育程度①	小学及以下	27.4%	26.1%	32.5%	29.9%	56.5%	58.1%	60.8%	64.6%	65.7%	71.0%	67.5%	71.0%
	初中	59.4%	67.4%	52.0%	65.0%	37.4%	41.3%	33.3%	34.9%	29.9%	28.0%	27.8%	28.0%
	高中	11.5%	6.3%	14.4%	4.9%	5.3%	0.6%	5.4%	0.4%	4.1%	1.0%	4.3%	1.0%
	大专及以上	1.6%	0.2%	1.1%	0.1%	0.7%	0.0%	0.4%	0.0%	0.3%	0.0%	0.3%	0.0%
16—49岁初婚妇女人数/人		1053	1053	554	692	2179	2179	1580	1629	1587	1587	1418	1587

(二)研究方法

通过具体生育行为来研究男孩偏好的方法已被学者广泛采用。如陈萍(1993)就曾提出"通过被访对象的生育史和避孕史,来分析研究性别偏好在具体生育行为上的表现"。国外的研究通常也在考察男孩偏好对生育行为影响中观察人们的男孩偏好。研究方法通常有以下三种(Haughton et al.,1998):一是风险模型,因变量是距离上次生育的时间,协变量是一个男孩、两个男孩等这样的哑变量,以及一系列的经济社会变量与地理变量。这种方法的操作原理是,对于有着强烈男孩偏好的父母,如果没有男孩或者没有足够多的男孩,他们再生育的风险更大。二是在将已完成生育的家庭从所有家庭分离出来后,可以采用 Logistic 回归,因变量是个二分类变量,如果这个家庭继续生育下一个孩子则标注为 1,不再生育标注为 0,协变量同风险回归模型。三是通过避孕药具的使用来研究,该操作原理是男孩数量尚未满足需求的父母与没有男孩偏好的父母相比,很可能不再使用避孕药具。是否使用避孕药具通常也用 Logistic 回归计量。本书将

---

① 因为"大专及以上"受教育程度的人数较少,在回归模型中不再单独设置哑变量,而是与"高中"受教育程度放在一起。

采用如下两种回归方法分析人口的乡城流动对生育男孩偏好的影响。

对于所有家庭,采用 Cox 比例风险回归。Cox 回归的优势在于能够解决删截问题(censoring),因为有一部分家庭在调查时处于一孩生育或者二孩生育状态中,他们之后是否生育二孩或者三孩并没有观测到,Cox 回归作为事件史分析中的重要研究方法,能够较好地解决数据存在的右删截问题。Cox 回归建模时,因变量采取截至调查时点时上一孩次持续时间作为生存时间,将下一孩次是否生育作为事件,已有男孩的家庭下一孩次递进生育的概率小暗示了男孩偏好的存在。协变量为人口类型(乡城流动人口与农村本地人口)与前有孩子性别结构这一交互作用变量。这样设置的原理是,如果性别偏好对于孩次递进生育的影响受到乡城流动的调节作用,那么本书就认为乡城流动对于性别偏好有影响。其余被控制的协变量包括居住地区域、受教育程度、民族性质、初婚年龄、孩次生育间隔这些社会人口学变量,这些协变量在以往的研究中已经被证明是影响生育率的重要因素(陈卫等,2002;Li et al.,1993)。本书将基于偏最大似然估计进行回归分析。

对于已完成生育的家庭,采用 Logistic 回归。Haughton 和 Haughton(1998)在使用越南数据研究男孩偏好时,将满足以下三个条件中任一种的定义为已完成生育的家庭:一是只拥有一个孩子且在调查时孩子年龄大于等于 10 岁的;二是拥有两个及以上孩子且在调查时最小孩子年龄大于 7 岁的;三是母亲年龄大于等于 37.417 岁(依据越南数据,95% 的育龄妇女生育发生在这个年龄以前)。本书借鉴了这一界定方法,但对于第三个条件,根据样本数据略有调整。各孩次生育均在流入地的乡城流动人口选取大于等于 34 岁,在 34 岁及以后生育的占 4.33%;一孩生育在流出地的乡城流动人口选取大于等于 34 岁,在 34 岁及以后生育的占 4.63%;一孩、二孩生育均在流出地的乡城流动人口选取大于等于 33 岁,在 33 岁及以后生育的占 5.42%。建模时,将是否生育下一孩次作为因变量,协变量同上文 Cox 回归。

(三)研究结果及其分析

本部分对上文筛选出的样本进行参数估计和相应分析。利用

CFPS2010 年与 2014 年全国流动人口监测原始数据库样本,基于与农村本地人口的比较,分析了已完成生育的乡城流动人口家庭孩次递进生育情况,并对乡城流动人口男孩偏好进行 Logistic 与 Cox 回归分析。两个模型中似然比统计量均显著。

对于已经完成生育的家庭,皮尔逊卡方检验的结果显示是否生育二孩与三孩跟前有孩次的性别结构和人口类型高度相关(详见表 6-4)。在二孩递进生育上,无论乡城流动人口还是农村本地人口,在前一孩没有男孩的情况下,二孩递进生育的概率均大于已有男孩的情况,说明了两类人口都有男孩偏好。而在前一孩是女孩的情况下,乡城流动人口的二孩递进生育概率均要小于农村本地人口,说明乡城流动人口至少有一个男孩的偏好在弱化。而在前一孩为男孩的情况下,乡城流动人口的二孩递进生育概率同样小于农村本地人口,这既有可能是乡城流动人口儿女双全的偏好在弱化,也可能是想要多个男孩的偏好在弱化。在三孩递进生育上,卡方检验呈现了与二孩生育相类似的结果。对于农村本地人口,还存在着一种女孩偏好,在前两孩没有女孩的情况下,农村本地人口三孩递进生育的概率均大于前两孩为一男一女的,儿女双全是他们最想要的家庭结构。但对于乡城流动人口,这一特征并不显著。

表 6-4 已完成生育家庭孩次递进生育情况

流动人口类型	前一(两)孩性别结构	人口类型	是否生育二孩				是否生育三孩			
			否	是	样本量	卡方检验	否	是	样本量	卡方检验
各孩次生育均在流入地	0 个男孩	农村本地人口	15.11%	84.89%	278	$\chi^2 = 17.2896$; Pr=0.000	53.68%	46.32%	95	$\chi^2 = 7.1193$; Pr=0.008
		乡城流动人口	29.31%	70.69%	331		72.94%	27.06%	85	
	1 个男孩	农村本地人口	44.96%	55.04%	258	$\chi^2 = 3.1991$; Pr=0.074	87.73%	12.27%	220	$\chi^2 = 6.5101$; Pr=0.011
		乡城流动人口	52.33%	47.67%	344		94.49%	5.51%	236	
	2 个男孩	农村本地人口	—	—	—		85.71%	14.29%	63	$\chi^2 = 6.5385$; Pr=0.011
		乡城流动人口	—	—	—		97.40%	2.60%	77	

续表

流动人口类型	前一(两)孩性别结构	人口类型	是否生育二孩				是否生育三孩			
			否	是	样本量	卡方检验	否	是	样本量	卡方检验
一孩生育在流出地	0个男孩	农村本地人口	14.50%	85.50%	655	χ²=418.9508; Pr=0.000	51.36%	48.64%	220	χ²=3.1674; Pr=0.075
		乡城流动人口	67.22%	32.78%	719		63.16%	36.84%	76	
	1个男孩	农村本地人口	33.19%	66.81%	925	χ²=553.6238; Pr=0.000	82.55%	17.45%	659	χ²=10.1314; Pr=0.001
		乡城流动人口	85.46%	14.54%	910		91.71%	8.29%	205	
	2个男孩	农村本地人口	—	—	—	—	79.60%	20.40%	299	χ²=7.6570; Pr=0.006
		乡城流动人口	—	—	—	—	94.83%	5.17%	58	
一孩、二孩生育在流出地	0个男孩	农村本地人口	—	—	—	—	47.37%	52.63%	266	χ²=135.4291; Pr=0.000
		乡城流动人口	—	—	—	—	91.95%	8.05%	298	
	1个男孩	农村本地	—	—	—	—	83.29%	16.71%	790	χ²=145.6449; Pr=0.000
		乡城流动人口	—	—	—	—	98.74%	1.26%	1031	
	2个男孩	农村本地人口	—	—	—	—	79.01%	20.99%	362	χ²=41.1790; Pr=0.000
		乡城流动人口	—	—	—	—	96.90%	3.10%	258	

乡城流动对男孩偏好影响的多因素回归结果详见表 6-5、表 6-6。

表 6-5　已完成生育家庭孩次递进生育影响因素的 Logistic 回归分析

变量		各孩次生育均在流入地		一孩生育在流出地		一孩、二孩在流出地
		二孩	三孩	二孩	三孩	三孩
人口类型*已有男孩数（农村*0个男孩）	农村*1个男孩	0.180***	0.111***	0.278***	0.173***	0.140***
		(0.041)	(0.038)	(0.040)	(0.033)	(0.024)
	农村*2个男孩		0.124***		0.178***	0.165***
			(0.057)		(0.039)	(0.032)
	乡城*0个男孩	0.433***	0.500*	0.0665***	0.646*	0.0762***
		(0.102)	(0.188)	(0.010)	(0.326)	(0.020)

续表

变量		各孩次生育均在流入地		一孩生育在流出地		一孩、二孩在流出地
		二孩	三孩	二孩	三孩	三孩
乡城 * 1 个男孩		0.135***	0.0431***	0.0179***	0.0797***	0.00807***
		(0.031)	(0.018)	(0.003)	(0.036)	(0.003)
乡城 * 2 个男孩			0.0202***		0.0456***	0.0178***
			(0.016)		(0.033)	(0.007)
受教育程度（小学及以下）	初中	0.812	0.708	0.655***	0.653***	0.695**
		(0.129)	(0.186)	(0.066)	(0.104)	(0.104)
	高中及以上	0.604*	1.209	0.459***	1.131	1.216
		(0.158)	(0.474)	(0.115)	(0.359)	(0.371)
居住地区域（东北部）	东部	5.676***	7.357*	5.980***	5.976***	36.49***
		(1.372)	(7.795)	(1.050)	(3.764)	(37.450)
	中部	9.639***	6.657*	9.670***	5.408***	32.66***
		(2.320)	(7.017)	(1.643)	(3.387)	(33.430)
	西部	6.261***	5.689	6.876***	4.183**	24.61***
		(1.510)	(6.052)	(1.154)	(2.623)	(25.170)
初婚年龄		0.853***	0.900**	1.109	0.982	0.787
		(0.022)	(0.039)	(0.152)	(0.201)	(0.176)
一孩生育间隔		0.804***	0.859***	0.883***	0.936	0.934*
		(0.026)	(0.049)	(0.022)	(0.040)	(0.037)
二孩生育间隔			0.702***		0.741***	0.789***
			(0.039)		(0.027)	(0.022)
汉族（少数民族）		0.557*	1.397	0.760*	0.439***	0.445***
		(0.171)	(0.698)	(0.137)	(0.116)	(0.102)
人口类型 * 二孩生育间隔			1.141**		−0.0711	
常数项		129.900***	7.453	1.645	5.272	9.146
		(97.100)	(12.190)	(2.651)	(12.830)	(24.760)

续表

变量		各孩次生育均在流入地		一孩生育在流出地		一孩、二孩在流出地
		二孩	三孩	二孩	三孩	三孩
模型检验	log likelihood	−629.43646***	−237.69880***	−1468.96990***	−646.60159***	−827.39083***
	Pseudo R^2	0.1957	0.2744	0.3029	0.1834	0.2901

注:括号内为参照组;*** 表示 $p<0.01$,** 表示 $p<0.05$,* 表示 $p<0.1$。

表 6-6　所有家庭孩次递进生育影响因素的 Cox 回归分析

变量		各孩次生育均在流入地		一孩在流出地		一孩、二孩在流出地
		二孩	三孩	二孩	三孩	三孩
人口类型＊已有男孩数（农村＊0个男孩）	农村＊1个男孩	0.540*** (0.050)	0.156*** (0.039)	0.607*** (0.033)	0.232*** (0.032)	0.217*** (0.027)
	农村＊2个男孩		0.161*** (0.059)		0.256*** (0.041)	0.254*** (0.037)
	乡城＊0个男孩	0.688*** (0.062)	0.723* (0.195)	0.210*** (0.015)	0.679 (0.221)	0.142*** (0.031)
	乡城＊1个男孩	0.3400*** (0.034)	0.0909*** (0.030)	0.0725*** (0.007)	0.0738*** (0.029)	0.0157*** (0.005)
	乡城＊2个男孩		0.0490*** (0.000)		0.0369*** (0.028)	0.0355*** (0.013)
受教育程度（小学及以下）	初中	0.819*** (0.061)	0.695* (0.148)	0.835*** (0.042)	0.607*** (0.077)	0.698*** (0.087)
	高中及以上	0.714** (0.094)	1.125 (0.345)	0.718*** (0.090)	0.931 (0.226)	1.038 (0.244)

续表

变量		各孩次生育均在流入地		一孩在流出地		一孩、二孩在流出地
		二孩	三孩	二孩	三孩	三孩
居住地区域(东北部)	东部	3.325*** (0.539)	6.262* (6.380)	3.828*** (0.445)	5.234*** (3.089)	27.070*** (27.260)
	中部	4.587*** (0.724)	5.379* (5.467)	4.817*** (0.541)	4.573*** (2.690)	24.290*** (24.430)
	西部	3.829*** (0.613)	4.945 (5.053)	4.422*** (0.498)	3.602** (2.124)	19.180*** (19.280)
初婚年龄		0.788** (0.078)	0.955 (0.196)	0.791*** (0.009)	0.955** (0.020)	0.963 (0.175)
一孩生育间隔		0.935*** (0.016)	0.899*** (0.036)	0.942*** (0.012)	0.945* (0.032)	1.175*** (0.046)
二孩生育间隔			0.746*** (0.037)		0.732*** (0.025)	0.804*** (0.021)
人口类型 * 二孩生育间隔					1.173*** (0.067)	
汉族(少数民族)		0.806* (0.104)	0.950 (0.368)	0.839** (0.075)	0.646** (0.126)	0.530*** (0.095)
模型检验	log likelihood	−6032.7186***	−660.7177***	−13984.4390***	−2277.6110***	−2744.5149***

注:括号内为参照组;*** 表示 $p<0.01$,** 表示 $p<0.05$,* 表示 $p<0.1$。

1.人口类型

在二孩递进生育上,无论乡城流动人口还是农村本地人口,两种回归结果都显示前一孩为男孩的二孩递进生育的概率较小,如各孩次生育均在流入地的乡城流动人口中,农村本地人口前一孩为男孩生育二孩的概率是前一孩为女孩的 0.180 倍,而根据乡城流动人口前一孩为女孩的发生比 0.433 与前一孩为男孩的发生比 0.135 也可以得出这个结论。这说明了无论是乡城流动人口还是农村本地人口都存在着男孩偏好,而从发生比上可以看出,乡城流动人口的男孩偏好弱于农村本地人口。而在三孩递进上,同样显示了无论是乡城流动人口还是农村本地人口都有着男孩偏好,各类乡城流动人口男孩偏好都要弱于农村本地人口。农村本地人口仍然表现出一定的儿女双全的偏好。

2.受教育程度

二孩的递进生育上,相比较于小学及以下受教育程度的育龄妇女,两种回归结果均显示了初中受教育程度在二孩、三孩的递进生育上发生比均较低,且在 Cox 回归中均显示出显著性差异。三孩的递进生育上,高中及以上受教育程度妇女与小学及以下受教育程度妇女并没有显著差异,这主要是高中及以上受教育程度妇女生育过二孩的样本量太小的缘故。总体来看,这与受教育程度越高的育龄妇女生育水平越低的常识是相符的。

3.居住区域

无论二孩还是三孩,两种回归结果均显示居住在东北区域的育龄妇女递进生育的概率最小。这与东北区域特殊的移民文化有关。其次是东部区域,再次是西部区域,而中部区域二孩与三孩递进生育的概率最大。

4.生育间隔

两种回归均显示一孩生育间隔越大则二孩递进生育概率越小、二孩生育间隔越大三孩递进生育概率越小的特征,且基本都通过了显著性检验。这主要是因为生育间隔越大则育龄妇女剩余的育龄期将会被压缩,有些妇女觉得年龄大自己就放弃了下一孩次的生育。

5.民族

少数民族在二孩、三孩递进生育的概率基本均要大于汉族。

三、影响乡城流动人口生育男孩偏好的因素分析

(一)数据与变量

本部分采用国家卫计委 2012 年组织调查的北京、上海、广州特大城市流动人口动态监测数据的上海数据库,考察乡城流动人口生育男孩偏好的影响因素,以检验融合理论的适用性。原数据库的整理详见第四章"三、影响乡城流动人口生育水平的因素分析"部分。

关于乡城流动人口生育男孩偏好的主要解释变量,笔者同样借鉴了周皓(2015)所归纳评述的社会融合理论。根据周皓(2015)对社会融合五个维度概念的界定,选取相应题目来对变量进行操作化,操作化的具体过程详见第四章表4-39。

在操作逻辑上,本部分同样借鉴了李树茁等(2006)的方法。需要说明的是,乡城流动对男孩偏好影响部分用到的是孩次,在影响因素解释这部分用到的是胎次,两者的区别在于是否区分双胞胎与多胞胎,但双胞胎与多胞胎的生育比例毕竟非常小,在不影响研究结论的情况下,为尽可能使用上文已经调整准确的数据,不再将胎次与孩次加以区分。受限于样本量,本书只选取一胎中只有女孩的乡城流动人口样本,以检验其男孩偏好的影响因素,样本量总计1127份。

在乡城流动人口男孩偏好影响因素的解释上,本书同样采用Cox回归,以研究第一胎为女孩的情况下,融合理论在弱化男孩偏好上是否适用。因变量采取截至调查时点时上一胎持续时间作为生存时间,将二胎是否生育作为事件。协变量选取表6-7中的社会融合因素。此外,在Cox回归中还加入了:年龄、受教育程度、一胎生育间隔等人口学家庭背景因素,这些因素已经被证明是影响生育的重要因素(陈卫等,2002;Li et al.,1993);流入地居住时长、一胎生育地分类等流动因素,这些因素已经被认为是在研究迁移流动人口生育时需重点考虑的因素(Gunnar,2004;李树茁等,2006)。

为了进一步观察自变量(如流入地居住时长)在不同妇女群体中作用强度甚至作用方向的差异,本书按照一胎生育地类型将生育过一胎的全部妇女细分为一胎生育在流出地的妇女和一胎生育在流入地的妇女,下文将同样对两组妇女群体进行独立回归操作。变量特征详见表6-7。

表 6-7　用于解释乡城流动人口男孩偏好影响因素的样本变量特征描述

变量	变量特征	全部一胎	一胎生育在流出地	一胎生育在流入地	变量	变量特征	全部一胎	一胎生育在流出地	一胎生育在流入地
年龄/岁	均值	33.27	35.63	30.97	是否参加文艺体育活动	是	11.45%	8.45%	14.36%
	标准差	7.04	7.26	6.00		否	88.55%	91.55%	85.64%
流入地居住时长/年	均值	8.16	6.16	10.11	是否有稳定住房	是	8.07%	5.58%	10.51%
	标准差	5.76	4.94	5.83		否	91.93%	94.42%	89.49%
城市适应因子	均值	0.05	0.01	0.09	在老家是否有农村承包地	是	43.92%	45.14%	42.73%
	标准差	1.02	1.04	1.01		否	56.08%	54.86%	57.27%
参加本地活动因子	均值	0.05	0.01	0.08	是否打算在本地长期居住	打算	83.41%	81.65%	85.11%
	标准差	1.03	1.01	1.05		不打算	4.88%	5.76%	4.03%
全家月收入对数	均值	3.75	3.73	3.77		没想好	11.71%	12.59%	10.86%
	标准差	0.24	0.24	0.23	是否愿意把户口迁入本地	愿意	81.99%	80.40%	83.54%
一胎生育间隔/年	均值	1.25	1.26	1.24		不愿意	7.28%	8.09%	6.48%
	标准差	1.81	1.79	1.83		没想好	10.74%	11.51%	9.98%
受教育年限①/年	均值	10.46	10.44	10.49	业余时间与谁来往最多	同乡，户口在本地	9.85%	8.27%	11.38%
	标准差	2.90	3.06	2.75		同乡，户口在老家	56.88%	58.63%	55.17%
是否读书、看报、学习	是	40.91%	33.99%	47.64%		其他本地人	13.40%	13.13%	13.66%
	否	59.09%	66.01%	52.36%		其他外地人	9.58%	8.45%	10.68%
是否有城镇职工养老保险	有	23.25%	22.48%	23.99%		很少与人来往	10.29%	11.51%	9.11%
	没有	73.74%	73.92%	73.56%					
	不清楚	3.02%	3.60%	2.45%	样本量		1127	556	571

①　受教育年限标准：未上过学，0 年；小学，6 年；初中，9 年；高中，12 年；中专，12 年；大专，15 年；本科及以上，16 年。

（二）回归结果分析

乡城流动人口男孩偏好影响因素的回归结果见表 6-8。

表 6-8 上海市乡城流动妇女二胎生育男孩偏好影响因素的 Cox 回归分析

变量		生育过一胎的全部妇女	一胎生育在流出地的妇女	一胎生育在流入地的妇女
年龄_时依变量		1.103*** (0.024)	1.256*** (0.036)	0.898** (0.042)
流入地居住时长_时依变量		0.856*** (0.024)	0.757*** (0.024)	1.053 (0.037)
一胎生育在流入地*流入地居住时长_时依变量（一胎生育在流出地*流入地居住时长_时依变量）		0.996 (0.021)		
城市适应因子		0.982 (0.056)	1.059 (0.077)	0.929 (0.088)
是否读书、看报、学习（否）		0.802* (0.121)	0.891 (0.173)	0.689** (0.185)
是否参加文艺体育活动（否）		0.98 (0.181)	0.871 (0.286)	0.958 (0.246)
参加本地活动因子		0.934 (0.055)	0.873* (0.081)	1.035 (0.079)
业余时间与谁来往最多（同乡，户口在本地）	同乡，户口在老家	1.011 (0.173)	1.057 (0.235)	1.098 (0.26)
	其他本地人	0.931 (0.204)	1.26 (0.285)	0.939 (0.303)
	其他外地人	0.803 (0.248)	0.668 (0.34)	1.082 (0.381)
	很少与人来往	0.923 (0.228)	0.937 (0.302)	0.978 (0.347)

续表

变量		生育过一胎的全部妇女	一胎生育在流出地的妇女	一胎生育在流入地的妇女
在老家是否有农村承包地（否）		0.935 (0.107)	1.038 (0.148)	0.926 (0.167)
是否愿意把户口迁入本地（愿意）	不愿意	1.059 (0.255)	1.039 (0.335)	0.989 (0.409)
	没想好	1.312 (0.187)	1.467 (0.236)	1.021 (0.322)
是否打算在本地长期居住（打算）	不打算	0.366** (0.398)	0.456 (0.534)	0.371 (0.605)
	没想好	1.029 (0.202)	1.064 (0.252)	1.179 (0.36)
是否享有城镇职工养老保险（有）	没有	1.621*** (0.143)	1.68*** (0.193)	1.889*** (0.224)
	不清楚	1.031 (0.371)	1.868 (0.452)	0.535 (0.769)
是否有稳定住房（是）		1.523** (0.207)	3.579*** (0.401)	0.846 (0.254)
全家月收入对数		1.439* (0.212)	1.532* (0.268)	1.231 (0.347)
受教育程度		0.844** (0.070)	0.703*** (0.094)	0.942 (0.110)
一胎生育在流入地（一胎生育在流出地）		0.497 (0.575)		
一胎生育间隔		0.984 (0.026)	0.952 (0.041)	0.988 (0.042)
模型检验	log likelihood	−2244.5897***	−1095.7746***	859.3276**

注：括号内为参照组；*** 表示 $p<0.01$，** 表示 $p<0.05$，* 表示 $p<0.1$。

1. 社会融合因素

在周皓(2015)提出的社会融合的五个维度中,经济融合这一低层次上的融合因素与男孩偏好均相关。全家平均月收入越高则二胎生育男孩的可能性越大。李子联(2016)认为"收入的提高能够有效地应付生育所带来的成本支付,因而能够促进生育率的上升",从这个角度讲,全家平均月收入的提高为男孩偏好的实现提供了客观条件。没有城镇职工养老保险的妇女二胎生育男孩的可能性较大,因为完善的社会养老保险制度可以替代子女行使赡养的义务,从而使妇女摒弃"养儿防老"的传统观念,弱化了男孩偏好。没有稳定住房的妇女二胎生育男孩的概率较大。李仲生(2006)认为生育胎次与家庭社会地位和经济状况密切相关,通常家庭社会地位和经济收入越高的往往越不愿意多生孩子,从而导致生育水平下降,男孩偏好实现的概率因此变小。能在上海本地有稳定住房的妇女往往有着较高的经济收入与社会地位。文化适应维度中,读书、看报、学习的妇女将会减小二胎生育男孩的概率,发生比为 0.082。读书、看报、学习将会提高妇女文化知识水平,改变妇女落后的生育观念。结构融合维度中,参加本地活动的一孩生育在流出地的乡城流动人口减小了二胎生育男孩的概率。身份认同维度中,是否打算在本地长期居住这一因素也影响了二胎生育男孩的可能性,不打算在本地长期居住的妇女相较于打算长期居住的妇女将会减小二胎生育男孩的概率,发生比为 0.366。不打算在本地长期居住的妇女在现在及以后仍将受到迁移过程带来的干扰,不稳定的生活状态降低了她们二胎生育男孩的可能性。

2. 流动因素

流入地居住时长对一胎生存状态的作用与时间有关,随着个体在流入地居住时间逐渐变长,二胎生育男孩的风险率在变小。这说明了这一部分流动人口自愿放弃了二胎生育,或许是因为在城镇地区生活的时间越长,城镇地区的生育文化和其他因素对她们的生育观有潜移默化的影响,融合理论对于其二胎生育就开始起了作用。

3.个人人口学因素

年龄对一胎生存状态的作用与时间有关,随着一胎持续时间的变长,二胎生育男孩的概率在变大。但同样看到,这种影响作用在一胎生育在流出地的乡城流动人口与一胎生育在流入地的乡城流动人口相反,前者的发生比是 1.256,后者的发生比是 0.898,说明随着一胎时间的延长,一胎生育在流出地的乡城流动人口二胎生育男孩的概率变大,但一胎生育在流入地的乡城流动人口二胎生育男孩的概率变小。这一方面是由于一胎生育在流出地的乡城流动人口仍然要受到很大的中断效应的作用,这从表 5-6"一胎原住地二胎流入地的乡城流动人口二胎平均生育年龄为 31.26 岁,一胎、二胎均流入地的乡城流动人口二胎生育年龄 28.43 岁"可以看出。而一胎生育在流入地的乡城流动人口由于较早地流入到上海,在上海的居住时间变长将会削弱中断效用的作用,表 6-7 显示一胎生育在流入地的妇女在上海市的平均居住时长比一胎生育在流出地妇女长近四年,而流入地居住时长越长二胎生育男孩的风险概率同样越小。此外,由于一胎生育在流入地的妇女年龄比一胎生育在流出地的妇女小,前者的平均年龄是 30.97 岁,后者的平均年龄是 35.63 岁。理论上,年龄越大的妇女男孩偏好越强烈。受教育程度越高则二胎生育男孩的概率越小,这与相关理论与常识均符合。

四、本章小结

本章基于 2014 年全国流动监测数据与 CFPS2010 年数据的分析显示,乡城流动人口的二孩、三孩生育男孩偏好弱于农村本地人口。

本章使用 CFPS2010 年、2014 年全国流动人口动态监测、2012 年上海市流动人口动态监测三个数据库,采用 Logistic 回归与 Cox 回归模型,从具体生育行为上研究了乡城流动人口与农村本地人口男孩偏好的差异,并结合融合理论对产生这种差异的影响因素进行了分析。从研究结果来看,无论是单因素卡方检验还是多因素回归分析,均显示了:无论乡城流动人口还是农村本地人口都存在着明显的男孩偏好;一孩为女孩的乡城流动人口二孩生育概率小于农村本地人口,前两孩为女孩的乡城流动人口三孩生育概率小于农村本地人口,人口的乡城流动对削弱男孩偏好的作用显著;对于农村本地人口而言,还有着一定程度的儿女双全的偏好。乡城流动人口男孩偏好的弱化也在一定程度上解释了乡城流动人口生育水平更低的原因。而乡城流动人口在降低自己的生育水平过程中,并没有因为生育孩子数量的减少而强化了男孩偏好。在我国普遍实施一孩半生育政策的农村地区,乡城流动人口生育男孩偏好的弱化也在一定程度上缓解了农业户籍人口生育空间狭小与二孩以及更高孩次出生性别比偏高之间的矛盾。

本书通过对融合理论在削弱乡城流动人口生育男孩偏好的考察,发现经济融合维度的影响较大,尤其是社会养老保险对全部乡城流动人口男孩偏好都起着重要的作用,因为这在一定程度上间接地改变了孩子的价值,尤其是男孩的"养儿防老"的价值。城市中进一步完善农民工的养老保险制度对削弱男孩偏好以及对人口再生产活动都有重要意义。建议市政部门多渠道地向农民工宣传养老保险的好处,使他们明晰在养老保险上所拥有的权利,并加强对企业主为农民工缴纳养老保险的监管,以提高农民工的参保率。因为这不仅影响到国家的经济发展,而且对社会协调发展也很有帮助。文化适应中的读书、看报、学习因素与结构融合中的参加本地活动因素也会弱化男孩偏好,这些或许就是辜胜阻、陈来(2005)提到的城镇化改变生育舆论环境所致。建议市政部门多开展社区文体活动,加强社区文化建设,完善软硬件设施。结构融合中的业余时间与谁来往最多这一社会网络成员因素并没有对男孩偏好产生显著性影响,乡城流动妇女并没有因为与"其他本地人"来往最多而弱化了男孩偏好,城镇居民对流入人口男孩偏好的直接影响仍需在后续研究中进一步检验。

第七章 结论、讨论与研究展望

本书的以上各章重点进行了这样三方面的研究:一是对我国乡城流动人口的生育三维性现状进行了描述性分析;二是考察了乡城流动对生育三维性的影响,突出了中断理论与融合理论的解释性作用;三是考察了影响乡城流动人口群体生育三维性的因素。本章首先对以上的研究内容进行回顾与总结,随后指出本书在乡城流动人口生育问题研究上的可能贡献以及存在的不足,最后对后续的研究方向与研究内容进行延伸。

一、主要结论

本书对乡城流动人口生育三维性现状的描述性分析初步得出了乡城流动人口的二孩、三孩生育水平低于农村本地人口,乡城流动人口的一孩、二孩与三孩生育间隔均长于农村本地人口,乡城流动人口的二孩、三孩生育男孩偏好均弱于农村本地人口的结论。

进一步,通过对理论以及现有实证研究的回顾与分析,本书发现在我国迁移流动人口生育水平的研究上,仍然存在着一些不足,这些不足集中表现在生育水平的测量指标选取不能契合现有理论,生育水平指标的选取不能考察流动对生育影响作用的因果关系,以往研究往往采用截面数据,对迁移流动人口在流入地居住的时间长度研究不够重视,违法生育、计划外生育与多育在概念上混淆以及缺少一个严格意义上可以参照的非流动人口群体等方面。另外,妇女的生育遵循严格的递进生育规律,没有孩子的妇女才会生育一孩,生育过一孩的妇女才会生育二孩。因此,笔者对育龄妇女内部孩次结构进行区分后,重新考察了乡城流动对生育水平的影响。

采用倾向值得分匹配法剔除掉乡城流动的选择性后,本书的研究发现人口的乡城流动确实推迟了育龄妇女的生育,中断理论在我国乡城流动人口生育问题的研究上适用。递进生育率、时期孩次递进比与生育间隔年数别生育率三个不同的生育水平测量指标均显示了乡城流动人口二孩、三孩生育水平低于农村本地人口。Cox 比例风险回归的研究结果显示,流入地居住时间越长则乡城流动人口二孩、三孩递进生育的概率越大,人口流动同样延迟了二孩及以上孩次生育。相比较于农村本地人口,人口流动确实减小了乡城流动人口在二孩及更高孩次递进生育的概率,减少了生育孩子的个数。

随后,本书结合社会互动理论与杜蒙特的"社会毛细管学说"分析了社会融合理论对生育率的影响机制,基于 2012 年上海市流动人口动态监测数据库,采用离散时间 Logit 模型分析了乡城流动人口的社会融合对二胎生育的影响。研究发现社会融合因素将会显著减小全部或部分乡城流动人口二胎生育的概率,社会融合理论在我国乡城流动人口生育率下降的解释中适用。

对流动人口生育问题的研究不能仅仅停留在生育水平上,生育间隔的研究可以帮助我们进一步地认识流动人口生育密度水平,流动人口与非流动人口生育间隔差异的分析可以帮助我们发现流动人口生育行为的变化,对影响流动人口生育间隔因素的分析又可以帮助我们找到生育行为变化的内在机制。而最佳的生育间隔对于降低生育率与母婴的死亡率有显著的作用。但目前关于流动人口生育间隔影响因素的研究很少,所以本书第五章的研究主题就是对乡城流动人口的生育间隔及其影响因素的分析。

本书发现流动确实扩大了乡城流动人口的一孩、二孩、三孩的生育间隔。对于离流动最近的下一孩次的生育,这种影响最为显著。Cox 回归实证结果显示上一胎生育地为流出地的育龄妇女下一胎在流入地的生育间隔将会被扩大。由此证明了中断理论的存在。这一方面是因为迁移流动带来了压力;另一方面,绝大部分迁移流动的育龄妇女迁入城镇地区是为了寻找工作机会,当她们变成养家糊口的人或者为后续家庭成员的到来做准备的时候,即便她们在迁入地工作生活几年,也仍然不会生育。

本书对乡城流动人口生育间隔影响因素的研究发现,乡城流动人口的生育间隔受到生物体本身与整个家庭社会经济背景因素影响。母亲的年龄、受教育程度、是否参加社区活动、是否有城镇职工养老保险、月收入、前有孩子的性别结构等因素是乡城流动人口生育间隔出现差异的重要原因。

除了生育水平与生育间隔外,生育的性别也是生育问题研究中重要组成部分。在我国迁移流动人口生育男孩偏好的研究上,本书指出以往的研究过多地倚重于生育男孩偏好意愿的分析,而缺少男孩偏好实际生育行为的分析。以往研究还存在一个问题是单单就生育男孩偏好论男孩偏好,本书强调生育男孩偏好应该置于生育数量这一大环境下去考虑。另外在研究方法与迁移流动人口生育男孩偏好的影响因素上还需要进一步补充。

有鉴于此,本书拟采用 2010 年中国家庭追踪调查(CFPS)与 2014年全国流动人口动态监测数据库,对人口的乡城流动是否弱化了男孩偏好再次进行检验。另外,本书采用国家卫计委 2012 年组织调查的北京、上海、广州特大城市流动人口动态监测数据的上海数据库,考察乡城流动人口生育男孩偏好的影响因素,以检验融合理论的适用性。

研究结果表明:无论乡城流动人口还是农村本地人口都仍有着生育男孩偏好,但乡城流动人口生育男孩偏好明显弱化;各孩次生育均在流入地的乡城流动人口、一孩生育在流出地的乡城流动人口、一孩二孩生育在流出地的乡城流动人口在没有男孩的情况下,二孩与三孩递进生育的概率均小于农村本地人口。社会融合理论在乡城流动人口男孩生育偏好弱化的解释上适用,尤其是社会养老保险制度将会弱化生育男孩偏好。

因此,从平衡出生婴儿性别比的角度,建议市政部门多渠道地向农民工宣传养老保险的好处,使他们明晰在养老保险上所拥有的权利,并加强对企业主为农民工缴纳养老保险的监管,以提高农民工的参保率。因为这不仅影响到国家的经济发展,对社会协调发展也很有帮助。另外进一步增加文化体育公共事业设施的供给,强化对于农民工的公共服务意识。尤其在农民工聚居的城中村、开发区等地,积极开展社区文体活动,加强社区文化建设,完善软硬件设施。

二、可能的贡献与不足

本书的研究意义或许可以从以下几个方面来体现。第一,本书系统性地分析了乡城流动人口的生育三维性。本书从人口学科内部微观机制对乡城流动人口生育水平下降的原因进行了分析,发现乡城流动人口孩次平均生育年龄的增大、生育间隔的扩大以及男孩偏好的弱化是生育水平下降的重要原因。本书对流动人口生育模式进行了尝试性分析,这本身既有助于理解我国迁移流动人口生育水平的现状,又有助于理解我国人口生育水平下降的原因。第二,在实际意义上,本书解决了以往研究中有争议的问题。以往的研究中对于流动人口究竟是否是"超生游击队"尚无定论,本书基于全国范围数据的实证结果显示,人口的乡城流动有助于降低生育水平,人口的乡城流动与生育水平降低之间有着因果影响关系,"超生游击队"的说法并不成立。

但限于调查统计资料,本书的研究仍存在着一些需要改进的地方。如在研究乡城流动对生育水平的影响时,一来本书并没有解决以往研究中存在的所有不足,如周皓(2015)曾经提到,"现在的关键问题在于,无法匹配终身生育水平与人口流迁的关系",本书使用的四个生育率指标或者是时期生育率,或者是累计生育率,均没有采用终身生育率。而从表4-8看出,初婚的乡城流动女性出生年份主要集中在1970—1996年,也就是18—44岁年龄组,占所有初婚乡城流动女性的82.09%,也就是大部分乡城流动女性并没有结束她们的生育期,所以终身生育率的计算有着客观上的实现难度。还有,本书也存在着与以往研究同样不严谨的地方,从 CFPS2010 年数据库中筛选出的农村本地育龄妇女与从未发生过流动的农村育龄妇女是否是一个群体仍然不知道,而在我国目前处于一个史无前例的人口大流迁的发展时期,这一问题的彻底解决或许要依靠以后专门的调查数据。最后,本书只是基于乡城流动人口计算了人口流动对生育水平的影响,对于其他三类流动人口,这种影响是否存在,背后的机制是否一致,这些也需要在后续的研究中进一步考察。

在研究乡城流动对生育间隔的影响时,本书不足之一在于从理论上还可以进一步验证与完善,如本书没有对 Bongaarts(1978)提出的已婚比例、产后不孕、避孕与流产这四个直接影响生育间隔的协变量进行分析,而这些因素有的已经被证明是重要影响因素(Hailu et al.,2016)。不足之二在于只选取了只流动过一次且流入地为上海这一特大城市的流动人口,这样的研究使得我们没有办法计算那些在经历过多次流动而最后流动到上海的流动人口的生育间隔情况。不足之三是缺少对于上海这一特大城市特有的影响生育间隔因素的分析。这些不足之处都需要笔者在日后的相关研究中进一步跟踪与完善。

三、研究展望

上文总结出来的研究不足是笔者后续需要进一步努力改进的地方,除此之外,还有几个跟流动人口生育相关的研究内容值得我们在后续的研究中进一步拓展。

一是迁移流动人口在我国人口生育转变过程中作用的测量问题。从 20 世纪 70 年代以来,在经济、政策因素的影响下,总和生育率从 1970 年的 5.79 快速下降至 1979 年的 2.75,在整个 80 年代一直徘徊在 2.19 到 2.85 之间[①],90 年代的生育水平步入到更替水平以下并进一步下降,进入到新世纪则逐渐步入极低生育水平。而 70 年代末实施改革开放政

---

① 数据来自:郭志刚.中国的低生育水平与被忽略的人口风险[M].北京:社会科学文献出版社,2012:64。

策以来,大量流动人口的出现也成了社会变革中的一个重要现象。本书的研究发现乡城流动人口的生育水平低于农村本地人口,那么如何精确度量迁移流动人口的生育对我们国家总人口生育率下降的影响就成了一个重要的研究内容。

二是我国总人口的时期生育水平该如何度量的问题。时期总和生育率可以控制育龄妇女的年龄结构,计算起来简便,并且含义上的时效性较强,所以一直作为最常用的衡量生育水平的生育率指标被大家使用。但20世纪90年代以来,我们国家的生育水平究竟有多高,就像个谜一样。多位学者或者对普查数据漏报率进行评估,并依此重新计算时期总和生育率(王金营,2003;张广宇等,2004;朱勤,2012;李汉东等,2012;陈卫,2014;赵梦晗,2015;陈卫等,2015),或者直接另辟蹊径,采用户籍人口数据、教育数据或者多种来源数据直接估计(杨凡等,2013;翟振武等,2007;陈卫,2014)。然而,时期总和生育率度量的一个最大的缺点就是最容易受到生育进度效应的影响,即婚育年龄增大导致的时期总和生育率计算上的失真,由此并不能如实反映育龄妇女真实的终身生育水平。本书第四章、第五章的研究发现乡城流动人口的一孩、二孩与三孩的生育年龄均增大,一孩、二孩与三孩的生育间隔均扩大。已有的研究发现,自90年代以来我国妇女的平均生育年龄就呈现增大的趋势(赵梦晗,2016),那么流动人口生育年龄的增大也是我国妇女生育年龄增大的重要影响因素。

而同样不可否认的是,我们国家正在经历一个史无前例的人口大流迁的时期,从本书第一章中的结果发现,第六次人口普查时流动育龄妇女人口数量占所有育龄妇女人数的比重超过了五分之一。流动育龄妇女的大量存在无疑为我们国家时期总和生育率的度量带来了新的挑战。这不仅仅是因为流动育龄妇女的人数之多,更是因为流动育龄妇女人数处于不断变化的过程中,流动人口数量的不断增加也带来了流动人口整体年龄结构的变动,这样就为每一年份时期总和生育率的度量又带来了更多不确定的复杂因素。另外,从第四章乡城流动人口样本特征的描述性分析中也发现,乡城流动人口与农村本地人口不仅在年龄结

构上，在其他的社会经济结构特征上也存在着明显的差异。自
Bongaarts 和 Feeney(1988)提出去进度效应总和生育率后，国内学者相
继对这一指标进行了介绍、检验并将其应用到我国生育水平的度量中来
（郭志刚，2000;郭震威，2000;曾毅，2004;郝娟等，2012;赵梦晗，2016)。
后续研究中，在采用 Bongaarts 和 Feeney(1988)提出的去进度效应总和
生育率对总和生育率受到时期进度效应作用的探讨中，是否需要将流动
人口与非流动人口分开讨论也是要重点考虑的问题。

参考文献

[1] Abdel-Aziz A. A study of birth intervals in Jordan[EB/OL]. (1983 – 09). https://www. popline. org/node/403348.

[2] Alam N. Birth spacing and infant and early childhood mortality in a high fertility area of Bangladesh: Age-dependent and interactive effects[J]. Journal of Biosocial Science,1995(4):393 – 404.

[3] Alba R, Nee V. Rethinking assimilation theory for a new era of immigration[J]. International Migration Review,1997(4):826 – 874.

[4] Alders M. Cohort fertility of migrant women in the Netherlands. Developments in fertility of women born in Turkey,Morocco,Suriname, and the Netherlands Antilles and Aruba[EB/OL]. (2000 – 08 – 31). https://www. cbs. nl/-/media/imported/documents/2001/49/paper-nvd-31-08-00-01. pdf.

[5] Allison P D. Discrete-time methods for the analysis of event histories[J]. Sociological Methodology,1982(13):61 – 98.

[6] Al-Nahedh N. The effect of sociodemographic variables on child spacing in rural Saudi Arabia[J]. Eastern Mediterranean Health Journal,1999(1):136 – 140.

[7] Anderson B A. Regional and cultural factors in the decline of marital

fertility in Europe[M]//The Decline of Fertility in Europe. Princeton: Princeton University Press,1986:293 - 313.

[8] Andersson G. Childbearing after migration: Fertility patterns of foreign-born women in Sweden[J]. International Migration Review, 2004(2):747 - 775.

[9] Andersson G,Scott K. Labour-market status and first-time parenthood: The experience of immigrant women in Sweden, 1981-97 [J]. Population Studies,2005(1):21 - 38.

[10] Baschieri A,Hinde A. The proximate determinants of fertility and birth intervals in Egypt: An application of calendar data [J]. Demography Research,2007(3):59 - 96.

[11] Coale A J,Watkins S C. The decline of fertility in Europe[M]. Princeton:Princeton University Press,1986.

[12] Aparicio Diaz B,Fent T,Prskawetz A,et al. Transition to parenthood:The role of social interaction and endogenous networks[J]. Demography,2011 (48):559 - 579.

[13] Arnold F. Measuring the effect of sex preference on fertility:The case of Korea[J]. Demography,1985(2):280 - 288.

[14] Asphjell M K, Hensvik L, Nilsson P. Businesses, buddies, and babies:Fertility and social interactions at work[EB/OL]. (2013 - 08). http://www. ucls. nek. uu. se/digitalAssets/171/171480 _ 20138. pdf.

[15] Bacal R A. Migration and fertility in the Philippines:Henderson's selectivity model revisited[J]. Philippine Population Journal,1988 (14):53 - 67.

[16] Bach R L. Migration and fertility in Malaysia: A tale of two hypotheses[J]. International Migration Review, 1981(3):502 - 521.

[17] Bairagi,Radheshyam,Langsten R L. Sex preference for children

and its implications for fertility in rural Bangladesh[J]. Studies in Family Planning,1986(6):193 - 210.

[18] Bean F D,Cullen R M,Stephan E H,et al. Generational differences in fertility among Mexican Americans:Implications for assessing the effects of immigrants[J]. Social Science Quarterly,1984(65): 573 - 582.

[19] Becker G S. An economic analysis of fertility[J]. Nber Chapters, 1960(5),209 - 240.

[20] Becker G S,Barro R J. A reformulation of the economic theory of fertility[J]. Quarterly Journal of Economics,1988(1):1 - 25.

[21] Benefo K,Schultz T P. Fertility and child mortality in Cote d'ivoire and Ghana[J]. World Bank Econ Rev,1994(1):123 - 158.

[22] Bernardi L. Channels of social influence on reproduction [J]. Population Research and Policy Review,2003(5-6):427 - 555.

[23] Billari F C. Lowest-low fertility in Europe:Exploring the causes and finding some surprises[J]. Japanese Journal of Population, 2008(1):2 - 18.

[24] Blanchard R,Bogaert A F. Additive effects of older brothers and homosexual brothers in the prediction of marriage and cohabitation[J]. Behavior Genetics,1997(27):45 - 54.

[25] Blau F D. The fertility of immigrant women:Evidence from high-fertility source countries[M]//George J B,Freeman R B. Immigration and the Work Force:Economic Consequences for the United States and Source Areas. Chicago and London:The University of Chicago Press,1992:93 - 133.

[26] Blurton-Jones N J. Bushman birth spacing:A test for optimal interbirth intervals[J]. Ethol Sociobiol,1986(7):91 - 105.

[27] Bongaarts J. A framework for analyzing the proximate determinants of fertility[J]. Population and Development Review,1978(4):105 -

132.

[28] Bongaarts J, Watkins S C. Social interactions and contemporary fertility transitions [J]. Population and Development Review, 1996:639 - 682.

[29] Bongaarts J, Feeney G. On the quantum and tempo of fertility[J]. Population and Development Review, 1988(2):271 - 291.

[30] Brockerhoff M, Yang X S. Impact of migration on fertility in Sub-Saharan Africa[J]. Social Biology, 1994(1-2):19 - 43.

[31] Brockerhoff M. Fertility and family-planning in African cities: the impact of female migration[J]. Journal of Biosocial Science, 1995 (3):347 - 358.

[32] Bumpass L. Age at marriage as a variable in socio-economic differentials in fertility[J]. Demography, 1969(1):45 - 54.

[33] Bumpass L L, Mburugu E K. Age at marriage and completed family size[J]. Social Biology, 1977(1):31 - 37.

[34] Bumpass L, Rindfuss R, Hanosik R B. Age and marital status at first birth and the pace of subsequent fertility[J]. Demography, 1978(15):75 - 86.

[35] Caldwell J C. Toward a restatement of demographic transition theory[J]. Population & Development Review, 1976(3/4):321 - 366.

[36] Carlson E D. The impact of international migration upon the timing of marriage and childbearing[J]. Demography, 1985(1):61 - 72.

[37] Carter M. Fertility of Mexican immigrant women in the U.S.: A closer look[J]. Social Science Quarterly, 2000(1):404 - 420.

[38] Chakraborty N, Sharmin S, Islam M A. Differential pattern of birth interval in Bangladesh[J]. Asia Pacific Population Journal, 1996 (4):73 - 86.

[39] Chattopadhyay A, White M J, Debpuur C. Migrant fertility in Ghana:

Selection versus adaptation and disruption as causal mechanisms[J].
Population Studies,2006(2):189 - 203.

[40] Chiswick B R. The effect of Americanization on the earnings of foreign born men[J]. Journal of Political Economy, 1978(86): 897 -922.

[41] Chiswick B R. The economic progress of immigrants:Some apparently universal patterns[C]//Contemporary Economic Problems. Washington: American Enterprise Institute,1979.

[42] Ciliberto F,Miller A R,Nielsen H S,Simonsen M. Playing the fertility game at work:An equilibrium model of peer effects[EB/ OL]. http://mpra. ub. uni-muenchen. de/45914/.

[43] Cleland J,Wilson C. Demand theories of the fertility transition:An iconoclastic view[J]. Population Studies,1987(1):5 - 30.

[44] Cleland J G,Sathar Z A. The effect of birth spacing on childhood mortality in Pakistan[J]. Population Studies,1984(38):401 - 418.

[45] Coale A J,Watkins S C. The decline of fertility in Europe[M]. Princeton:Princeton University Press,1986.

[46] Coale A J,Ryder N B,Zaba B,et al. The demographic transition reconsidered[J]. Folia Medica,1993(3 - 4):15 - 54.

[47] Courgeau D. Family formation and urbanization[J]. Population:An English Selection,1989(1):123 - 146.

[48] Cox D R. Regression models and life-tables[J]. Journal of the Royal Statistical Society,1972(2):187 - 220.

[49] Cutler S J,Ederer F. Maximum utilization of the life table method in analyzing survival [J]. Journal of Chronic Diseases,1958(6): 699 - 713.

[50] Narayan D. Sex preference pattern and its stability in India:1970— 1980[J]. Demography India,1984(13):108 - 119.

[51] Narayan D. Sex preference and fertility behavior:A study of recent

Indian data[J]. Demography,1987(24):517 - 530.

[52] Davis K. The world demographic transition[J]. Annals of the American Academy of Political & Social Science,1945(1):1 - 11.

[53] De Silva W I. Influence of son preference on the contraceptive use and fertility of Sri Lankan women[J]. Journal of Biosocial Science, 1993(3):319 - 331.

[54] Dehejia W. Propensity score matching methods for nonexperimental causal studies[J]. Review of Economics and Statistics, 2002(1): 151 - 161.

[55] Desta H,Teklemariam G. Determinants of short interbirth interval among reproductive age mothers in Arba Minch district,Ethiopia [J]. International Journal of Reproductive Medicine,2016(3).

[56] Dewey K G,Cohen R J. Does Birth spacing affect maternal or child nutritional status? A systematic literature review[J]. Maternal and Child Nutrition,2007(3):151 - 173.

[57] Dr. Charles Ochola Omondi,Ayiemba E H O. Migration and fertility relationship:A case study of Kenya[J]. African Population Studies,2011(1):614 - 616.

[58] Eini-Zinab H,Agha H Z. Demographic and socio-economic determinants of birth interval dynamics in Iran:A hazard function analysis[EB/OL]. (2005 - 07 - 23). http://www. demoscope. ru/weekly/knigi/tours_2005/papers/iussp2005s50792. pdf.

[59] Mussino E,Strozza S. The fertility of immigrants after arrival:The Italian case[J]. Demographic Research,2012(26):99 - 130.

[60] Espenshade T J. 33 percent rise in three years:Raising a child can now cost ＄85000[J]. Intercom,1980(9):1 - 10.

[61] Ethiopia Central Statistical Agency,ICF International MEASURE DHS. Ethiopia 2011 demographic and health survey:Key findings [J]. Addis Ababa Ethiopia Central Statistical Agency,2012(1):

592 – 599.

[62] Farber S C,Lee B S. Fertility adaptation of rural-to-urban migrant women:A method of estimation applied to Korean women[J]. Demography,1984(3):339 – 345.

[63] Feeivy G,Ross J A. Analysing open birth interval distribution[J]. Population Studies,1984(38):473 – 478.

[64] Feeney G,Yu J. Period parity progression measures of fertility in China[J]. Population Studies,1987(1):77 – 102.

[65] Feeney G. Population dynamic,based on birth intervals and parity progression[J]. Population Studies,1983(37):75 – 89.

[66] Feeney G. Parity Progression Projection[R]. Florence:International Population Conference,1985.

[67] Feeney G. The use of parity progression models in evaluating family planning programmes [R]. Senegal: African Population Conference,1988.

[68] Findley S E. A suggested framework for analysis of urban-rural fertility differentials with an illustration of the Tanzanian case[J]. Population & Environment,1980(3 – 4):237 – 261.

[69] Ford K. Duration of residence in the United States and the fertility of U. S. immigrants[J]. International Migration Review,1990(1): 34 – 68.

[70] Fred A. Sex preference and its demographic and health implications[J]. International Family Planning Perspectives,1992(18):93 – 101.

[71] Freedman R. Theories of fertility decline:A reappraisal[J]. Social Forces,1979(1):1 – 17.

[72] Freedman R,Slesinger D P. Fertility differentials for the indigenous non-farm population of the United States[J]. Population Studies, 1961(2):161 – 173.

[73] Fricke T,Teachman J D. Writing the names:Marriage style,living

arrangements, and first birth interval in a Nepali society[J]. Demography,1993(30):175 – 188.

[74] Myers G C, Morris E W. Migration and fertility in Puerto Rico[J]. Population Studies,1966(1):85 – 96.

[75] Goldberg D. The fertility of two-generation urbanites[J]. Population Studies,1959(3):214 – 222.

[76] Goldberg D. Another look at the Indianapolis fertility data[J]. Milbank Memorial Fund Quarterly,1960(1):23 – 36.

[77] Goldsheider C. Nativity, generation, and Jewish fertility [J]. Sociological Analysis,1965(26):137 – 147.

[78] Goldstein J R, Sobotka T, Jasilioniene A. The end of lowest-low fertility? [J]. Population and Development Review,2009(4):663 – 699.

[79] Goldstein S. Interrelations between migration and fertility in Thailand[J]. Demography,1973(2):225 – 241.

[80] Goldstein S. Migration and fertility in Thailand,1960—1970[J]. Canadian Studies in Population,1978(5):167 – 180.

[81] Goldstein S, Goldstein A. Inter-relations between migration and fertility-their significance for urbanization in Malaysia[J]. Habitat International,1984(1):93 – 103.

[82] Goldstein S, Goldstein A. Migration and fertility in peninsular Malaysia:An analysis using life history data[EB/OL]. (1983 – 01). https://pdf. usaid. gov/pdf_docs/PNAAP939. pdf.

[83] Goldstein S, Goldstein A. The impact of migration on fertility:An 'own children' analysis for Thailand[J]. Population Studies,1981 (2):265 – 281.

[84] Gordon M M. Assimilation in American life:The role of race, religion, and national origins[M]. New York:Oxford University Press,1964.

[85] Andersson G. Childbearing after migration: Fertility patterns of foreign-Born women in Sweden [J]. International Migration Review, 2004(2):747 - 774.

[86] Hailu D, Gulte T. Determinants of short interbirth interval among reproductive age mothers in Arba Minch district, Ethiopia [J]. International Journal of Reproductive Medicine, 2016(4):1 - 17.

[87] Hajian-Tilaki K O, Asnafi N, Aliakbarnia-Omrani F. The Patterns and determinants of birth intervals in multiparous women in Babol, Northern Iran [J]. Southeast Asian Journal of Tropical Medicine & Public Health, 2009(40):852 - 860.

[88] Haughton J, Haughton D. Are simple tests of son preference useful? An evaluation using data from Vietnam [J]. Journal of Population Economics, 1998(4):495 - 516.

[89] Haughton J. Falling fertility in Vietnam [J]. Population Studies, 1997(2):203 - 211.

[90] Haughton J, Haughton D. Son preference in Vietnam [J]. Studies in Family Planning, 1995(6):325 - 327.

[91] Hemochandra L, Singh N S, Singh A A. Factors determining the closed birth interval in rural Anipur [J]. Journal of Human Ecology, 2010(3):209 - 213.

[92] Hendershot G E. Social class, migration, and fertility in the Philippines [M]// The Dynamics of Migration: Internal Migration and Fertility. Washington: Smithsonian Institution, 1976:197 - 258.

[93] Hervitz H M. Selectivity, adaptation, or disruption? A comparison of alternative hypotheses on the effects of migration on fertility: The case of Brazil [J]. International Migration Review, 1985(19):293 - 317.

[94] Hiday V A. Migration, urbanization, and fertility in the Philippines [J]. International Migration Review, 1978(3):370 - 385.

［95］ Hill L E, Johnson H P. Fertility changes among immigrants: generations, neighborhoods, and personal characteristics［J］. Social Science Quarterly, 2004(3):811 – 826.

［96］ Hirschman C. Why fertility changes［J］. Annual Review of Sociology, 1994(1):203 – 233.

［97］ Hirschman C, Rindfuss R. Social, cultural and economic determinants of age at birth of first child in Peninsular Malaysia［J］. Population Studies, 1980(34):507 – 518.

［98］ Hobcraft J N, Mcdonald J W, Rutstein S O. Demographic determinants of infant and early child motality—a comparative analysis［J］. Population Studies, 1985(50):51 – 68.

［99］ Hofferth S L. Long-term economic consequences for women of delayed childbearing and reduced family size［J］. Demography, 1984(2):141 – 155.

［100］ Reed H E, Andrzejewski C S, White M J. Men's and women's migration in coastal Ghana: An event history analysis［J］. Demographic Research, 2010(25):771 – 812.

［101］ Robards J, Berrington A. The fertility of recent migrants to England and Wales［J］. Demographic Research, 2016(34):1037 – 1052.

［102］ Trussell J, Martin L G, Feldman R, et al. Determinants of birth-interval length in the Philippines, Malaysia, and Indonesia: A hazard-model analysis［J］. Demography, 1985 (2):145 – 168.

［103］ Caldwell J C. Theory of Fertility Decline［M］. New York: Academic Press, 1982.

［104］ Macisco J J, Jr, Leon F. Bouvier and Martha Jane Renzi. Migration status, education and fertility in Puerto Rico, 1960［J］. Milbank Memorial Fund Quarterly, 1969(2):167 – 187.

［105］ Kahn J R. Immigrant selectivity and fertility adaptation in the united states［J］. Social Forces, 1988(1):108 – 128.

[106] Kahn J R. Immigrant and native fertility during the 1980s: adaptation and expectations for the future [J]. International Migration Review,1994(3):501-519.

[107] Choi K H. Fertility in the context of Mexican migration to the united states: A case for incorporating the premigration fertility of immigrants[J]. Demographic Research,2014(1):703-737.

[108] Kirk D. Recent demographic trends and present population prospects for Mexico[J]. Food Research Institute Studies,1983(19):93-111.

[109] Knodel J,Walle E V D. Lessons from the past:Policy implications of historical fertility studies [J]. Population & Development Review,1979(2):217-245.

[110] Kohler H P. Fertility and Social Interaction:An Economic Perspective [M]. New York:Oxford University Press,2001.

[111] Kotte M,Ludwig V. Intergenerational transmission of fertility intentions and behaviour in Germany:The role of contagion[J]. Vienna Yearbook of Population Research,2011(1):207-226.

[112] Kulu H. Migration and fertility:Competing hypotheses re-examined[J]. European Journal of Population,2005(21):51-87.

[113] Kulu H. Fertility of internal migrants:Comparison between Austria and Poland[J]. Population, Space and Place, 2006(3): 147-170.

[114] Bumpass L,Rindfuss R,Palmore J. Determinants of Korean birth intervals:The confrontation of theory and data[J]. Population Studies,1986(40):403-423.

[115] Long L H. The fertility of immigrants to and within North America[J]. Milbank Memorial Fund Quarterly,1970(3):297-316.

[116] Larsen U,Chung W,Das G M. Fertility and son preference in Korea[J]. Population Studies,1998(3):317-325.

[117] Lee B S,Farber S. Fertility adaptation by rural-urban migrants in

developing countries: A case of Korea[J]. Population Studies, 1984(38):141 – 156.

[118] Lee B S, Pol L G. The influence of rural-urban migration on migrants fertility in Korea, Mexico and Cameroon[J]. Population Research and Policy Review, 1993(12)(1):3 – 26.

[119] Lei L, Choe M K. A Mixture model for duration data: Analysis of second births in China[J]. Demography, 1997(34):189 – 197.

[120] Leibenstein H. The economic theory of fertility decline[J]. Quarterly Journal of Economics, 1975(1):1 – 31.

[121] Li J, Cooney R S. Son preference and the one child policy in china:1979—1988[J]. Population Research & Policy Review, 1993(3):277 – 296.

[122] Lindstrom D P. The impact of temporary U. S. migration on fertility in a rural mexican township[EB/OL]. (1997). https://www. popline. org/node/268789.

[123] Lindstrom D P, Saucedo S G. The short- and long-term effects of US migration experience on Mexican women's fertility[J]. Social Forces, 2002(4):1341 – 1368.

[124] Rosero-Bixby L, Casterline J B. Modelling diffusion effects in fertility transition[J]. Population Studies, 1993(1):147 – 167.

[125] Lyman S. The race relations cycle of Robert E. Park, Pacific[J]. Sociological Review, 1968(11):16 – 22.

[126] Lyngstad T H, Prskawetz A. Do siblings' fertility decisions influence each other? [J]. Demography, 2010(4):923 – 934.

[127] Macisco, Bouvier, Weller. The effect of labor force participation on the relation between migration status and fertility in San Juan, Puerto Rico[J]. Milbank Memorial Fund Quarterly, 1970 (46):51 – 70.

[128] Majid M, Abdolrahman R. The determinants of birth interval in

Ahvaz-Iran:A graphical chain modeling approach[J]. Journal of Data Sciences,2007(4):555 – 576.

[129] Mannan M A. Preference for son,desire for additional children and contraceptive use in Bangladesh[J]. Bangladesh Development Studies,1988(3):31 – 57.

[130] Montgomery M R,Casterline J B. The diffusion of fertility control in taiwan:Evidence from pooled cross-section time-series models[J]. Population Studies,1993(3):457 – 479.

[131] Masanja G F. Rural-urban residence modernism and fertility:A study of Mwanza region Tanzania [J]. African Population Studies, 2017(3):1399 – 1412.

[132] Massey D S,Mullen B P. A Demonstration of the effect of seasonal migration on fertility[J]. Demography,1984(21):501 – 518.

[133] Mcclelland G H. Determining the impact of sex preferences on fertility:A consideration of parity progression ratio,dominance, and stopping rule measures[J]. Demography,1979(3):377 – 388.

[134] McGirr N J,Hirschman C. The two-generation urbanite hypothesis revisited[J]. Demography,1979(1):27 – 35.

[135] Mcnicoll G. Institutional determinants of fertility change[J]. Population & Development Review,1980(3):441 – 462.

[136] Milewski N. Fertility of Immigrants:A Two-Generational Approach in Germany[M]. Heidelberg,Dordrecht,London,and New York: Springer,2010.

[137] Millman S R,Potter R G. The fertility impact of spousal separation [J]. Studies in Family Planning,1984(15):121 – 126.

[138] Mincer J,Ofek H. Interrupted work careers:Depreciation and rest oration of human capital[J]. Journal of Human Resources, 1982:3 – 24.

[139] Moataz A F,Tamer H,El S T I,et al. Determinants of birth

spacing among saudi women[J]. Journal of Family & Community Medicine,2007(3):103 - 111.

[140] Montgome M R,Casterline J B. Social learning,social influence, and new models of fertility [J]. Population and Development Review,1996(22):151 - 175.

[141] Montgomery M R, Casterline J B. Social networks and the diffusion of fertility control[J]. New York Population Council, 1998(1):33 - 66.

[142] Morgan S L,Harding D J. Matching estimators of causal effects: Prospects and pitfalls in theory and practice [J]. Sociological Methods&Research,2006(1):3 - 60.

[143] Mulder C H,Wagner M. The connection between family formation and first time home ownership in the context of West Germany and the Netherlands[J]. European Journal of Population,2001(2): 137 - 164.

[144] Murphy M J,Sullivan O. Housing tenure and family formation in contemporary Britain [J]. European Sociological Review,1985 (3):230 - 243.

[145] Mutharayappa R,Choe M K,Arnold F,et al. Son preference and its effect on fertility in India[J]. National Family Health Survey, 1997(3):1 - 48.

[146] Myers G C,Morris E W. Migration and fertility in Puerto Rico [J]. Population Studies,1966(1):85 - 96.

[147] Milewski N. First child of immigrant workers and their descendants in West Germany:Interrelation of events,disruption,or adaptation? [J]. Demographic Research,2007(17):859 - 896.

[148] Nath D C,Leonetti D L,Steele M S. Analysis of birth intervals in a non-contracepting Indian population:An evolutionary ecological approach[J]. Journal of Biosocial Science,2000(3):343 - 354.

[149] Nedoluzhko L, Andersson G. Migration and first-time parenthood: evidence from Kyrgyzstan[J]. Max Planck Institute for Demographic Research, Rostock, Germany, 2007(17): 741 – 774.

[150] Notestein F W. Population: The Long View[M]. Chicago: Chicago University Press, 1945.

[151] Notestein F W. Economic problems of population change[M]// Proceedings of the Eighth International Conference of Agricultural Economists. London: Oxford University Press, 1953.

[152] Ojha A. The effect of sex preference on fertility in selected states of India[J]. Journal of Family Welfare, 1998(1): 42 – 48.

[153] Parasuraman, Sulabha, Roy T K, et al. Sex composition of children and fertility behaviour in rural Maharashtra[M]//Pathak K B, Sinha U P, Pandey A, et al. Dynamics of Population and Family Welfare. Bombay: Himalaya Publishing House, 1994: 57 – 71.

[154] Polo V, Luna F, Fuster V. Detenninants of birthinterval in a rural mediterranean population (La Alpujurra, Spain) [J]. Human Biology, 2000(72): 877 – 890.

[155] Maitra P, Pal S. Birth spacing and child survival: Comparative evidence from India and Pakistan[EB/OL]. (2004). http://arrow. monash. edu. au/vital/access/manager/Repository/monash: 2209.

[156] Rahman M, Da V J. Gender preference and birth spacing in Matlab, Bangladesh[J]. Demography, 1993(3): 315 – 332.

[157] Ribe H, Schultz T P. Migrant and native fertility in Colombia in 1973: Are migrants selected according to their reproductive preferences [EB/OL]. (1980). https://www. econstor. eu/bitstream/10419/ 160280/1/cdp355. pdf.

[158] Rindfuss R, Parnell A, Hirschman C. The timing of entry into motherhood in Asia: A comparative perspective[J]. Population Studies, 1983(37): 253 – 272.

[159] Rindfuss R R. Fertility and migration: The case of Puerto rico [J]. International Migration,1976(2):191 – 203.

[160] Roig Vila M,Castro Martín T. Childbearing patterns of foreign women in a new immigration country: The case of Spain[J]. Population,2007(3):351 – 379.

[161] Rosenwaite I. Two generations of Italians in America: Their fertility experience[J]. International Migration Review, 1973(3): 271 – 280.

[162] Rossier C, Bernardi L. Social interaction effects on fertility: Intentions and behaviors[J]. European Journal of Population/ Revue européenne de Démographie,2009(4):467 – 485.

[163] Rutstein S. Effects of preceding birth intervals on neonatal,infant and under-five years'mortality and nutritional status in developing countries:Evidence from the demographic and health surveys[J]. International Journal of Gynecology and Obstetrics,2005(1):s7 s24.

[164] Rutstein S O. Further evidence of the effects of preceding birth intervals on neonatal infant and under-five-years mortality and nutritional status in developing countries: Evidence from the demographic and health surveys[J]. Calverton Maryland Macro International Measure Dhs Sep,2008(1):s7 – s24.

[165] Sanajaoba S N,Sharat S N,Narendra R K,et al. Demographic and socio-economic determinants of birth interval dynamics in Manipur: A survival analysis[J]. Online Journal of Health & Allied Sciences, 2011(4):1 – 5.

[166] Schoorl J J. Fertility adaptation of Turkish and Moroccan women in the Netherlands[J]. International Migration,1990(28):477 – 495.

[167] Singley S G, Landale N S. Incorporating origin and process in

migration fertility frameworks:The case of Puerto Rican women [J]. Social Forces,1998(4):1437-1464.

[168] Smith H L. Matching with multiple controls to estimate treatment effects in observational studies[J]. Sociological Methodology,1997 (1):325-353.

[169] Sobotka T. Overview Chapter 7:The rising importance of migrants for childbearing in Europe[J]. Demographic Research,2008(9): 225-248.

[170] Sping-Andersen G. The Three Worlds of Welfare Capitalism [M]. Oxford:Polity Press,1990.

[171] Lyman S M. The race relations cycle of Robert E. Park[J]. Pacific Sociological Review,1968(1):16-22.

[172] Stephen E H,Bean F D. Assimilation,disruption and the fertility of Mexican origin women in the United States[J]. International Migration Review,1992(1):67-88.

[173] Sufian A J. Socioeconomic factors and fertility in the Eastern Province of Saudi Arabia[J]. Biology and Society,1990(7):186-193.

[174] Thompson W S. Population[J]. American Journal of Sociology, 1929(6):959-975.

[175] Trivers R L. Parental investment and sexual selection[M]// Sexual Selection and the Descent of Man,1871—1971,London: Heinemann,1972:136-179.

[176] Trussell J,Martin L,Feldman R,et al. Determinants of birth-interval length in the Philippines,Malaysia,and Indonesia:A hazard-model analysis[J]. Demography,1985(2):145-168.

[177] Tu P. Birth spacing patterns and correlates in Shaanxi,China[J]. Studies in Family Planning,1991(4):255-263.

[178] Valente T W. Network models of the diffusion of innovations[J].

Computational and Mathematical Organization Theory,1996(2):
163 - 164.

[179] Van de Kaa D J. Europe's second demographic transition[J].
Population Bulletin,1987(1):1 - 59.

[180] Watkins S C. The fertility transition: Europe and the Third
World compared[J]. Sociological Forum,1987(4):645 - 673.

[181] Wenhua Z. Son preference and second birth in China[EB/OL].
(2011 - 10 - 20). http://www. diva-portal. org/smash/get/
diva2:457961/FULLTEXT01. pdf.

[182] Westoff C F,Rodriguez G. The mass media and family planning
in Kenya[J]. International Family Planning Perspectives,1995
(1):26 - 31,36.

[183] White M J,Moreno L,Guo S. The interrelation of fertility and
geographic mobility in Peru: A hazards model analysis [J].
International Migration Review,1995(2):492 - 514.

[184] Yadava K N S,Yadava G S. Socioeconomic factors and effect on
fertility of husband wife separation due to migration[J]. Biology
and Society,1990(7):139 - 144.

[185] Yigzaw M,Enquselassie F. Birth spacing and risk of child mortality at
Kalu District South Wollo Zone of Amhara Region. North East
Ethiopia[J]. Ethiopian Medical Journal,2010(2):105 - 115.

[186] Youssef R M. Duration and determinants of interbirth interval:
community-based survey of women in southern Jordan [J].
Eastern Mediterranean Health Journal,2005(4):559 - 572.

[187] Zarate A, Zarate A U De. On the reconciliation of research
findings of migrant nonmigrant fertility differentials in urban
areas[J]. International Migration Review,1975(2):115 - 156.

[188] Zelinsky W. The hypothesis of mobility transition[J]. Geographical
Review,1971(2):219 - 249.

[189] Zhang J. The influence of migration on Chinese Korean women's fertility behavior[J]. Studies in Asian Social Science,2016(1): 10 - 20.

[190] Zimmer B G. The impact of social mobility on fertility:A reconsideration [J]. Population Studies,1981(1):120 - 131.

[191] 闭健辉.我国农村性别偏好的经济学分析及对策[J].桂海论丛, 2003(5):67 - 70.

[192] 曹锐.新生代流动人口的生育期望及其影响因素[J].西北人口, 2012(2):103 - 107,113.

[193] 陈萍.性别偏好的量化衡量及其与生育率关系的探讨[J].中国人 口科学,1993(2):42 - 47.

[194] 陈卫.2000 年以来中国生育水平评估[J].学海,2014(1):16 - 25.

[195] 陈卫.性别偏好与中国妇女生育行为[J].人口研究,2002(2):14 - 22.

[196] 陈卫.中国近年来的生育水平估计[J].学海,2016(1):67 - 75.

[197] 陈卫,史梅.中国妇女生育率影响因素再研究——伊斯特林模型 的实证分析[J].中国人口科学,2002(2):49 - 53.

[198] 陈卫,吴丽丽.中国人口迁移与生育率关系研究[J].人口研究 2006(1):13 - 20

[199] 陈卫,张玲玲.中国近期生育率的再估计[J].人口研究,2015(2): 32 - 39.

[200] 陈文金.计划外生育成因研究[J].人口研究,1999(6):75 - 76.

[201] 陈颐.流动人口实际生育规模与人口控制——基于厦门市与全国 的调查样本的比较分析[J].福州大学学报(哲学社会科学版), 2008(1):94 - 98.

[202] 陈友华,虞沈冠.中国妇女孩次递进比的变动趋势和生育政策分 析[J].人口与经济,1993(2):16 - 22.

[203] 段成荣,袁艳,郭静.我国流动人口的最新状况[J].西北人口, 2013(6):1 - 7,12.

[204] 段成荣,孙玉晶.我国流动人口统计口径的历史变动[J].人口研究,2006(4):70－76.

[205] 冯建蓉.从强关系到弱关系:农民工社会网络转变的社会学分析[J].西南农业大学学报(社会科学版),2011(12):79－83.

[206] 高春凤,卢亚贞.流动人口生育行为的影响因素研究[J].产业与科技论坛,2009(12):174－177.

[207] 辜胜阻,陈来.城镇化效应与生育性别偏好[J].中国人口科学,2005(3):30－37,95.

[208] 顾宝昌.论生育和生育转变:数量、时间和性别[J].人口研究,1992(6):1－7.

[209] 顾炜,李小妹,李雪玲.可孕妇女与不孕妇女自尊的调查分析[J].护理学杂志,2002(1):21－22.

[210] 郭维明.文化因素对性别偏好的决定作用[J].人口学刊,2006(2):8－12.

[211] 郭震威.对"去进度效应总和生育率(TFR)方法"的一点看法[J].人口研究,2000(1):19－21.

[212] 郭志刚.从近年来的时期生育行为看终身生育水平——中国生育数据的去进度效应总和生育率的研究[J].人口研究,2000(1):7－18.

[213] 郭志刚.关于生育政策调整的人口模拟方法探讨[J].中国人口科学,2004(2):4－14,81.

[214] 郭志刚.孩次递进比的计算与调整生育指标的理解[J].中国人口科学,2006(5):84－88,96.

[215] 郭志刚.近年生育率显著"回升"的由来——对2006年人口和计划生育调查的评价研究[J].中国人口科学,2009(2):2－15,111.

[216] 郭志刚.历时研究与事件史研究[J].中国人口科学,2001(1):67－72.

[217] 郭志刚.流动人口对当前生育水平的影响[J].人口研究2010(1):19－29.

[218] 郭志刚.社会统计分析方法:SPSS 软件应用[M],北京:中国人民大学出版社,2015.

[219] 郭志刚.中国低生育进程的主要特征——2015 年 1‰人口抽样调查结果的启示[J].中国人口科学,2017(4):2-14,126.

[220] 郭志刚,李剑钊.农村二孩生育间隔的分层模型研究[J].人口研究,2006(4):2-11.

[221] 郝娟,邱长溶.对去进度效应总和生育率的检验与讨论[J].人口研究,2012(3):81-88.

[222] 胡安宁.倾向值匹配与因果推论:方法论述评[J].社会学研究,2012(1):221-242.

[223] 黄少宽,黄晔.性别偏好研究——潮汕地区一个村落的实地调查[J].南方人口,2007(4):13-18.

[224] 姜全保.孩次递进生育指标和生育指标的调整——与郭志刚教授商榷[J].中国人口科学,2006(5):79-83,96.

[225] 蒋耒文.中国高龄老人生育率个体差异研究[J].中国人口科学,2001(s1):27-31.

[226] 雷洪,史铮.农村青年生育性别偏好研究——基于湖北省 8 市 16 镇 31 村的调查[J].中国青年研究,2004(11):119-129.

[227] 李丁,郭志刚.中国流动人口的生育水平——基于全国流动人口动态监测调查数据的分析[J].中国人口科学,2014(3):17-29,126.

[228] 李汉东,李流.中国 2000 年以来生育水平估计[J].中国人口科学,2012(5):75-83,112.

[229] 李竞能.现代西方人口理论[M].上海:复旦大学出版社,2004.

[230] 李木元.未婚先育流动人口不应被遗忘[N].人民政协报,2012-09-12(B02).

[231] 李培林.流动民工的社会网络和社会地位[J].社会学研究,1996(4):42-52.

[232] 李树苗,伍海霞,靳小怡,费尔德曼.中国农民工的社会网络与性

别偏好——基于深圳调查的研究[J].人口研究,2006(6):5-14.

[233] 李仲生.人口经济学[M].北京:清华大学出版社,2006:35.

[234] 李子联.收入与生育:中国生育率变动的解释[J].经济学动态,2016(5):37-48.

[235] 廖学斌.城乡流动人口计划外生育的原因及对策[J].人口学刊,1988(2):45-48.

[236] 刘程.第二代农民工的市民化:从适应到融入[J].当代青年研究,2010(12):30-34.

[237] 刘传江,程建林.第二代农民工市民化:现状分析与进程测度[J].人口研究,2008(5):48-57.

[238] 马小红,段成荣,郭静.四类流动人口的比较研究[J].中国人口科学,2014(5):36-46,126-127.

[239] 马瀛通.人口控制实践与思考[M].兰州:甘肃人民出版社,1993:163.

[240] 马瀛通,王彦祖,杨书章.递进人口发展模型的提出与总和递进指标体系的确立[J].人口与经济,1986(2):40-43.

[241] 莫丽霞.当前我国农村居民的生育意愿与性别偏好研究[J].人口研究,2005(2):62-68.

[242] 任远,邬民乐.城市流动人口的社会融合:文献述评[J].人口研究,2006(3):87-94.

[243] 石人炳,熊波.迁移流动人口生育特点及相关理论——中外研究述评[J].人口与发展,2011a(3):73-79.

[244] 石人炳,熊波.流动经历对农民男孩偏好的影响[J].人口与经济,2011b(4):10-15.

[245] 宋健,陶椰.性别偏好如何影响家庭生育数量？——来自中国城市家庭的实证研究[J].人口学刊,2012(5):3-11.

[246] 田丽槟,徐望明,杨菁,毛宗福,殷旭光.湖北省农村育龄夫妇不孕症患病率现况调查[J].中国卫生统计,2008(6):593.

[247] 王广州.20世纪70年代以来中国育龄妇女递进生育史研究[J].

中国人口科学,2005(5):21－27,95.

[248] 王广州.中国育龄妇女递进生育模式研究[J].中国人口科学,2004(6):10－15,81.

[249] 王桂新.城市化基本理论与中国城市化的问题及对策[J].人口研究,2013(6):43－51.

[250] 王桂新.改革开放以来中国人口迁移发展的几个特征[J].人口与经济,2004(4):1－8,14.

[251] 王金营.1990—2000年中国生育模式变动及生育水平估计[J].中国人口科学,2003(4):36－42.

[252] 王鹏.生命历程、社会经济地位与生育性别偏好[J].山东社会科学,2015(1):83－89.

[253] 巫锡炜.初婚初育史对育龄妇女二孩生育间隔的影响[J].中国人口科学,2010(1):36－45.

[254] 吴鲁平.正确认识和评价中国青年的性存在[J].中国青年政治学院学报,2002(4):30.

[255] 伍海霞,李树苗,悦中山.城镇外来农村流动人口的生育观念与行为分析——来自深圳调查的发现[J].人口研究,2006(1):61－68.

[256] 武俊青,姜综敏,李成福,李昊.我国流动人口的避孕节育现况[J].人口与发展,2008(1):54－63.

[257] 谢康.从时期孩次递进比的变化看翼城县试行晚婚晚育加间隔的生育办法的人口控制效果[J].人口与经济,1996(2):41－47.

[258] 徐映梅,李霞.农村外出妇女的生育意愿分析——基于鄂州、黄石、仙桃三地数据[J].南方人口,2010(2):6,51－57.

[259] 严梅福.婚嫁模式影响妇女生育性别偏好的实验研究[J].中国人口科学,1995(5):11－16.

[260] 阎海琴.从计划外生育问题看人口控制[J].人口研究,1991(6):6－7.

[261] 杨凡,陶涛,杜敏.选择性、传统还是适应:流动对农村育龄妇女男孩偏好的影响研究[J].人口研究,2016(2):50－62.

[262] 杨凡,赵梦晗.2000 年以来中国人口生育水平的估计[J].人口研究,2013(2):54-65.

[263] 杨书章,王广州.孩次性别递进比研究[J].人口研究,2006a(2):10-19.

[264] 杨书章,王广州.孩次性别递进人口发展模型及孩次性别递进指标体系[J].中国人口科学,2006b(2):36-47,95.

[265] 杨子慧.论流动人口的生育行为[J].人口与经济,1991(3):3-13.

[266] 叶菊英.浙江省流动人口:政策外生育现象严重——"十一五"浙江省流动人口的公共卫生服务情况调查[J].观察与思考,2010(6):28-29.

[267] 尤丹珍,郑真真.农村外出妇女的生育意愿分析——安徽、四川的实证研究[J].社会学研究,2002(6):52-62.

[268] 悦中山,李树苗,靳小怡,费尔德曼.从先赋到后致:农民工的社会网络与社会融合[J].社会,2011(6):130-152.

[269] 曾毅,顾宝昌,郭志刚.低生育水平下的中国人口与经济发展[M].北京:北京大学出版社,2010.

[270] 曾毅,张震,顾大男,郑真真.人口分析方法与应用[M]北京:北京大学出版社,2011.

[271] 曾毅.对邦戈茨-菲尼方法的评述、检验与灵敏度分析[J].中国人口科学,2004(1):70-75,82.

[272] 曾毅.中国人口分析[M]北京:北京大学出版社,2004:239.

[273] 翟振武,陈卫.1990 年代中国生育水平研究[J].人口研究,2007(1):19-32.

[274] 张广宇,原新.对 1990 年代出生漏报和生育水平估计问题的思考[J].人口研究,2004(2):29-36.

[275] 赵梦晗.2000—2010 年中国生育水平估计[J].人口研究,2015(5):49-58.

[276] 赵梦晗.我国妇女生育推迟与近期生育水平变化[J].人口学刊,2016(1):14-25.

［277］郑百灵,高莉娟,李丽华.社会性别视角下的生育性别偏好研究
［J］.江西师范大学学报,2005(6):40－45.

［278］郑杭生.社会学概论新修:第四版［M］.北京:中国人民大学出版
社,2013.

［279］周皓.流动人口社会融合的测量及理论思考［J］.人口研究,2012
(3):27－37.

［280］周皓.人口流动对生育水平的影响:基于选择性的分析［J］.人口
研究,2015(1):14－28.

［281］朱勤.2000—2010年中国生育水平推算——基于"六普"数据的初
步研究［J］.中国人口科学,2012(4):68－77,112.

后记一

　　兜兜转转，又回到了学校开始攻读博士学位。这是出于对人口学学科的热爱，还是对命运安排的一种顺从或者妥协，思考过，但是没能得出一个答案给自己。而不管怎样，在这个略显燥热的季节里，本书的雏形，我的博士论文，最终如期完成，并得到了学院审阅老师的认可，也算是对博士阶段的学习，对过往的人生有了一个交代。我很欣慰。回忆整个写作过程，我不经意地就联想起了大量阅读文献时的枯燥，寻找数据资料的困难，学习新技术、新方法的枯燥，一次次做数据做模型的厌倦，当然也有新观点新想法得到验证的畅快，以及随之奖励给自己的那几瓶啤酒，还有被啤酒日渐撑大的肚子。论文得以顺利完成，离不开学院各位老师的帮助。

　　任远老师不弃本人之愚钝，给予了我继续攻读博士学位的机会，这是本书得以问世的前提，也是我现在以及以后能够从事自己热爱的学术研究工作的先决条件。写作过程中，任远老师总能孜孜不倦地进行指导，大到本书框架结构，小到语言文字的运用、模型中变量与变量之间的关系，每一次对学术问题的讨论都让我有所收获、有所成长。印象深刻的是，每次提出问题后，任远老师总能在一两天内给予回复，先生以自己的切身行动诠释着怎样做一个好的导师，这也为我以后执教工作树立了很好的榜样。任远老师思域广阔，勤勉努力，这些优秀的品质都是我需要学习的。于此,我对任远老师表示深深的谢意!

人口研究所王桂新老师严谨的治学态度、彭希哲老师渊博的学识、张力老师细致缜密的思想、郭有德老师温文尔雅的谦逊、张震老师炽热的学术追求、梁鸿老师清晰的思维逻辑,以及社会学系刘欣老师悉心耐心的传道授业,都在我心里烙下了深深的印记,各位老师言传身教,不仅帮助我顺利完成了博士阶段的学业,对于我后续的学术创作以及人生之路都很有启发与借鉴意义,受益匪浅。于此表示深深的谢意!

审阅小组中的程远老师、赵德余老师、吴开亚老师提出了颇有价值的修改意见,于此一并感谢!

学院办公室廖永梅老师一直不辞辛苦地为我个人以及其他同学的教务工作忙来忙去,于此同样表示感谢!

刘岱淞师兄、汤伟师兄常常在生活中指点迷津,表示感谢!

王庆荣、纪春艳、王新国、王伟、龙宇晓这几位同级同学在学习、生活中给予了很多的帮助,表示感谢!

华东师范大学几个已经参加工作的硕士师弟时常喊我过去打打牌,喝喝啤酒,以帮我消解本书写作过程中的枯燥与压抑,表示感谢!

后记二

天有际,思无涯——读郑也夫教授《给在读研究生的一封信》有感

　　无意中,本人有幸拜读到了郑也夫教授《给在读研究生的一封信》一文。我很欣慰。

　　文中,郑也夫教授主要传授了社会学研究中三个问题的应对方法,一是发现问题,二是思考问题,三是关于问题的写作。郑也夫教授首先介绍了非专业调查者发现社会问题的两个途径:媒体与日常生活。媒体既包括报纸、广播、电视等媒体,又包括专业化的理论图书;日常生活就是自己生活中及周围发生的问题。郑也夫教授认为"生活经验加上书本学习,两点很好地结合,才能发现和提出真正的、有质量的问题"。在发现问题之后就要思考,郑也夫教授认为"要做一个好学者,提高思想能力是关键"。年轻学者要学会伸展自己的触角和拓宽自己的视野,努力使自己变得敏感,只要留心去观察,那么处处都有新的发现,都有新的思想,而且大思想家同样是没有割裂思想与生活的。自己看过的书或者文章,可以结

合自己周围发生的问题,去解释,学会"思想"比学会怎么读书更为重要,因为读书人人都会,但不是每个人都可以将书与生活经验结合起来而获得有价值、闪光的思想,也可以将思想理解为读书基础上的再次升华。在思考之后就开始写作,郑也夫教授告知我们,除了理论探讨是理性的,写作一定是要有冲动的。要学写社会杂文,坚持一个礼拜写一篇东西,哪怕是自己的读书笔记。因为写作是帮助你梳理思路,锻炼自己逻辑思维能力的一个好方法。郑也夫教授在进一步分析社会学学术论文中提出,"统计是用来发现的,不是用来表述的",一个好的统计分析配合一个好的思想将会如虎添翼,相得益彰。

读完郑也夫教授这篇文章之后,本人被先生那缜密的思维、广阔的思域所折服,同时也为自己学术创作中存在的种种纰漏而惭愧。首要一点就是自己发现社会问题的途径仅仅依赖于书本与学术论文,对于广播、电视与报纸等传达的信息往往忽略,而从自己及周围的生活中获得问题的来源,更是没有这种导向意识。二来自己要学会从生活中的行为表现来深度思考,独立思考,来培养自己独立的思想。社会学是研究社会的,而人又是组成社会的基本单位,所以笼统讲社会学是研究人的,但研究的是群体,而不是个体。从自己以及周围个体、群体生活中的表现来领悟生活中的好多事情,将个人问题推演到社会问题,以验证书本中的理论或者升华已有的理论。记得郭志刚教授也曾说过,"怀疑是学术发展的动力之一"。所以,一般来说好的思想往往是具有怀疑与批判精神的。三来,坚持养成至少每周练笔的习惯,锻炼自己的逻辑思维能力,提升自己的论文写作水平。还要扎扎实实地学习统计知识,补充知识上的缺漏。何毓琦院士在教授年轻人做科研时,认为"有个好想法、写篇好文章、给个好报告"是三项独立却同等重要的工作。由此来看,前两项内容与郑也夫教授传授的相似,而写个好报告也是展示自己思想、拓展学术影响力从而进一步帮助自己提升思想的关键一步。

遇到学术创作的瓶颈时,本人经常会翻来这篇文章读读,将这三个问题联系起来操作,使得包括本书在内的学术创作慢慢地走上了正轨。所以在本书后记中,本人以读后感这一应用文体的形式表达与这篇文章邂逅的纪念,同时也是为了表达对这篇文章所提供的方法论在帮助自己顺利完成本书上的谢意。更是为了提醒自己,在以后的学术创作中要继续领悟、牢记并熟练运用郑也夫教授传授的这些创作理念以及实践经验。

附表　攻读博士学位期间的研究成果

作者	文章	期刊及期号
梁同贵	《乡城流动人口的社会融合与生育率下降——以上海市为例》	《农林经济管理学报》2018 年第 1 期
梁同贵	《人口的乡城流动会降低生育水平吗?——基于递进生育率指标的分析》	《学习与实践》2018 年第 2 期
梁同贵	《人口的乡城流动对生育水平的影响》	《南方人口》2018 年第 1 期
梁同贵	《乡城流动人口生育男孩偏好及其影响因素分析——基于与农村本地人口的比较》	《湖南农业大学学报(社会科学版)》2017 年第 6 期
梁同贵	《婚前同居与初婚离婚风险——基于 CFPS2010 数据的分析》	《南方人口》2017 年第 4 期
梁同贵	《乡城流动人口与农村本地人口的生育水平差异》	《中国人口科学》2017 年第 3 期
梁同贵、高向东	《流动人口的社会阶层、社会流动与未婚先孕——以上海市为例》	《北京社会科学》2017 年第 3 期
梁同贵	《省外劳动力迁入对浙江省县域经济发展差异及其变动的影响研究》	《西北人口》2017 年第 1 期
梁同贵	《乡城流动人口的生育间隔及其影响因素——以上海市为例》	《人口与经济》2016 年第 5 期